Zwischen Euphorie und Ernüchterung – Kroatien auf dem Weg in die EU

Sozio-ökonomische Perspektiven in Südosteuropa

Socio-Economic Perspectives in SouthEastern Europe

Herausgegeben von
Siniša Kušić/Slavko Kulić/Vladimir Cvijanović

Band 1

PETER LANG
Frankfurt am Main · Berlin · Bern · Bruxelles · New York · Oxford · Wien

Siniša Kušić

Zwischen Euphorie und Ernüchterung – Kroatien auf dem Weg in die EU

PETER LANG
Internationaler Verlag der Wissenschaften

Bibliografische Information der Deutschen Nationalbibliothek
Die Deutsche Nationalbibliothek verzeichnet diese Publikation in der Deutschen Nationalbibliografie; detaillierte bibliografische Daten sind im Internet über <http://www.d-nb.de> abrufbar.

Umschlaggestaltung:
Atelier Platen.

ISSN 1864-483X
ISBN 978-3-631-55224-7

www.peterlang.de

Für Lea, Lenny und Luka

Inhaltsverzeichnis

Vorwort

Während über einen möglichen Beitritt der Türkei zur EU bereits im Vorfeld heftig diskutiert wurde und dementsprechend zahlreiche Berichte und Studien zum Thema veröffentlicht wurden, ist der Annäherungsprozess des anderen Beitrittskandidaten - Kroatien - fast unbemerkt vor sich gegangen. Für manchen kam daher sowohl die Anerkennung des EU-Kandidatenstatus im Sommer 2004 als auch die Aufnahme der offiziellen Beitrittsverhandlungen mit Zagreb im Oktober 2005 überraschend. Die politische und wirtschaftliche Landschaft Kroatiens befindet sich allerdings seit einigen Jahren in einem rasanten Veränderungs- und Aufholprozess. Diesen darzustellen und den Weg Kroatiens in Richtung EU zu beleuchten ist Ziel der vorliegenden Arbeit. Sie richtet sich dabei nicht nur an Fachkreise, die ohnehin mit Transformation und der Entwicklung in Südosteuropa vertraut sind, sondern darüber hinaus an eine Leserschaft, die sich näher mit Kroatien und seinen EU-Aspirationen vertraut machen möchte.

Neben einem Überblick über die geschichtlichen Zusammenhänge bis zur Erlangung der staatlichen Unabhängigkeit liegt der Schwerpunkt dieses Buches auf politischen und wirtschaftlichen Aspekten. Im Einzelnen geht es um bislang Erreichtes, um notwendige und noch ausstehende Reformschritte, um die Perspektiven die sich dem Land mit Aufnahme der EU-Beitrittsverhandlungen eröffnen sowie um die Frage der Zukunft Kroatiens innerhalb der EU. Daneben geht es auch um die Beziehungen zu den Ländern der unmittelbaren Nachbarschaft im Rahmen der regionalen Kooperation, die einerseits Voraussetzung für den EU-Beitritt ist und andererseits zur Stabilität und Sicherheit in Südosteuropa beitragen kann.

Euphorie auf der einen, Ernüchterung auf der anderen Seite; dieser Gegensatz begleitete die Kroaten sowohl bei ihren Bemühungen nach Selbstbestimmung in den vergangenen Jahrhunderten als auch in der jüngeren Geschichte bei ihrem Streben nach staatlicher Unabhängigkeit. Phasen der Hoffnung folgte oftmals Verzweiflung, wie die tragischen Geschehnisse Anfang der 1990er Jahre zeigen. Das Wechselbad der Gefühle zwischen Euphorie und Ernüchterung begleitet die Kroaten aber auch auf dem schwierigen Weg in Richtung Demokratie und Markwirtschaft und findet sich auch beim Annäherungsprozess an die EU wieder. Dieser Gegensatz wurde daher zum Motiv des vorliegenden Buches gewählt.

Siniša Kušić,
Frankfurt am Main, Juni 2007

Vorwort von Franz-Lothar Altmann

In den gegenwärtigen Diskussionen um künftige Erweiterungsschritte der Europäischen Union wird Kroatien eher unauffällig behandelt. Dies mag sogar in einem gewissen Sinne günstig für das Land sein, denn zunehmend wird Skepsis darüber geäußert, ob die Zusage an Bulgarien und Rumänien, zum 1. Januar 2007 Mitglied der EU zu werden, nicht doch voreilig angesichts offensichtlich noch bestehender ernsthafter Probleme war. Die öffentliche Meinung gerät immer mehr in eine grundsätzlich ablehnende Stimmung, die noch dadurch verstärkt wird, dass Beitrittszweifel gegenüber dem zweiten derzeitig in den Verhandlungen stehenden Land, der Türkei, immer lauter und ablehnender artikuliert werden.

Kroatien, das denselben Status wie die Türkei erreicht hat, wird in dieser Diskussion nur selten erwähnt, was durchaus insofern berechtigt erscheint, als das Land in vielen Vergleichsbereichen mittlerweile sogar besser da steht als die derzeitigen Beitrittsländer Bulgarien und Rumänien oder das bereits aufgenommene Land Polen. Gemäß dem Bertelsmann-Transformations-Index BTI 2006, der sowohl den Stand der Transformation zur marktwirtschaftlichen Demokratie (Status-Index) für das Jahr 2006 als auch einen so genannten Management-Index für die politische Gestaltungsleistung auf dem Weg zur marktwirtschaftlichen Demokratie im großen internationalen Vergleich darstellt, belegt Kroatien beim Status-Index unter 119 untersuchten Ländern Platz 11 und liegt dabei nur knapp hinter Polen (Platz 9), jedoch deutlich vor Bulgarien (Platz 16), Rumänien (Platz 19) und der Türkei (Platz 34). In Bezug auf die Managementleistungen der politischen Entscheidungsträger unter Berücksichtigung der jeweiligen Schwierigkeitsgrade belegt Kroatien Platz 12 und liegt damit knapp hinter Tschechien (Platz 10), jedoch wiederum deutlich vor der Türkei (Platz 20), Bulgarien (Platz 21), Polen (Platz 23) und Rumänien (Platz 24). Kroatien hatte dabei lange unter dem Ballast seiner jüngsten Vergangenheit gelitten, weil es erst energischer Entscheidungen der Politiker bedurfte, um die Zusammenarbeit mit dem Internationalen Kriegsverbrechergerichtshof des ehemaligen Jugoslawien in Den Haag zufriedenstellend ausfallen zu lassen. Auch die Zuordnung zur Ländergruppe `Westlicher Balkan´, einer von der EU-Kommission in Brüssel geschaffene neue Ländergruppierung, der neben Kroatien noch Bosnien-Herzegowina, Serbien und Montenegro einschließlich des Kosovo, Makedonien und Albanien zugezählt werden, hat nicht gerade förderlich für die Imagebildung Kroatiens gewirkt. Dabei ist Kroatien auf Grund seiner Geschichte und seiner kulturellen Ausrichtung klar ein Teil Mitteleuropas, was schon früher in sozialistischen Zeiten den mitteleuropäischen

Touristen bei ihren Besuchen der dalmatinischen Küste ohne größeres Nachdenken bewusst war.

Kroatien hatte einen deutlich schwierigeren Weg aus der sozialistischen Vergangenheit des früheren Jugoslawien in die demokratische, marktwirtschaftliche Unabhängigkeit, weil dieser Prozess über knapp fünf Jahre von Krieg, Vertreibung und schwierigem grundsätzlichem Wiederaufbau begleitet war. Erst nach der erfolgreichen Wiederherstellung der territorialen Einheit konnte der eigentliche Transformationsprozess gestartet werden, allerdings waren die Fortschritte unter Präsident Franjo Tudjman sehr zögerlich und dementsprechend nicht sonderlich erfolgreich. Der Politikwechsel des Jahres 2000 stellt somit den eigentlichen Wendepunkt Kroatiens auf dem Weg zurück nach Europa dar, NATO und EU stellten die notwendigen Weichen und erklärten ihre Bereitschaft, das Land bei sichtbaren Transformationsfortschritten schnell in einen Aufholprozess zu geleiten. Hierbei erwies sich als hilfreich, dass auch die Abwahl der sozialdemokratisch-liberalen Regierung im Jahr 2003 keine Abbindung der pro-europäischen Politik bedeutete und die zurückgekehrte frühere Tudjman-Partei HDZ selbst einen internen Reformprozess unternahm.

Kroatien hat damit im Grunde die verlorenen 90er Jahre jetzt nach der Jahrtausendwende überraschend schnell und erfolgreich wettgemacht. Dass die Bürger Kroatiens angesichts der zunehmend deutlicher werdenden Erweiterungsmüdigkeit verunsichert sind, ob diese allgemeine Skepsis im alten Europa auch Kroatien betreffen könnte, wenn es nach Beendigung der Beitrittsverhandlungen zum alles entscheidenden Ratifizierungsprozess kommt, sollte in Brüssel und vor allem in den EU-Mitgliedsländern durchaus berücksichtigt und entsprechend beantwortet werden. Kroatien darf nicht mit einem anderen Maß als die bisherigen Beitrittsländer gemessen werden, die Erfüllung der Kopenhagener Kriterien muss die einzige Entscheidungsbasis bleiben. Hinzu kommt, dass Kroatien als Treppenland nach Südosteuropa eine wichtige geopolitische, kulturelle und auch wirtschaftliche Position einnimmt und die erfolgreiche Aufnahme des Landes eine Signalwirkung für den Rest der Region beinhaltet. Dies soll keineswegs dazu führen zu übersehen, dass Kroatien noch vor erheblichen Problemen insbesondere im wirtschaftlichen Bereich steht, es zeigt aber auch klar auf, wo die entsprechende Unterstützung seitens der Europäischen Union gefordert ist. Am Beispiel Kroatiens kann die Europäische Union ihre Glaubwürdigkeit in Bezug auf den weiteren europäischen Einigungsprozess eindrücklich unter Beweis stellen.

Dr. rer. pol. Franz-Lothar Altmann, Leiter der Forschungsgruppe Westlicher Balkan, Stiftung Wissenschaft und Politik - SWP

Vorwort von Ludwig Steindorff

Kroatien gehört zu den jüngsten Staaten in Europa; zugleich ist es ein Land, dessen Wurzeln von Staatlichkeit bis ins Frühmittelalter zurückreichen. Der Name des Volkes und der davon abgeleitete Landesname haben seit weit über tausend Jahren ihren Platz in der Geschichte Europas. Die Brücke zwischen den Polen der Kontinuität und des Neuaufbruches zu schlagen, ist Anliegen jeder Darstellung der kroatischen Geschichte.

Nationalgeschichten bilden einen Teil der Erinnerungskultur, wie wir sie in allen modernen Gesellschaften Europas finden. In ihrem Erzählstrang verflechten sich Geschichte der Bevölkerung, der Territorien und des Staates. Wie im historiographischen Diskurs des vergangenen Jahrzehntes immer wieder betont, ist Geschichtsschreibung (Re)konstruktion. So erweist sich auch die kroatische Geschichte im selben Maße wie jede andere Nationalgeschichte als gebaut, als das Ergebnis der Auswahl dessen, was man als die „eigene Geschichte" annimmt, was man für diese wichtig hält, als positiven oder negativen Einfluss bewertet. Aber unabhängig von dieser subjektiven Sicht können wir sehr wohl bestimmen, welche Darstellungen sachlich angemessen sind und welche im Widerspruch zu offensichtlichen Sachverhalten stehen. Besonders betrifft dies derzeit Ausführungen zu den Ursachen der jugoslawischen Nachfolgekriege mit dem Versuch, eine Gleichverantwortung aller Seiten zu postulieren.

Wir können sehr wohl objektivierbare Merkmale benennen, aufgrund derer wir entscheiden, was in den Lauf der Erzählung von der Geschichte eines Landes, eines Volkes gehört. Wir verfügen über die Möglichkeit, vielfachen Kontinuitätslinien nachzugehen, die in nähere oder fernere Vergangenheit zurückverweisen. Für die kroatische Geschichte sind dies in besonderem Maße die Dauerhaftigkeit des Volksnamens und die Staatlichkeit unter verschiedenen Rahmenbedingungen – von der mittelalterlichen Reichsbildung unter der nationalen Dynastie über die Jahrhunderte in der Personalunion mit Ungarn bis zur Stellung als Föderationssubjekt innerhalb Jugoslawiens und schließlich zur Eigenstaatlichkeit 1991. Zu den Konstanten gehört die westkirchliche Einbindung, so dass die auch katholische Konfession für die Abgrenzung der modernen Nation eine zentrale Rolle gespielt hat. Dabei sei jedoch nie vergessen, dass an der Geschichte Kroatiens auch andere Konfessionen Anteil haben. Das aus dem mittelalterlichen und frühneuzeitlichen Kroatien bekannte Nebeneinander zweier Sprachen – Lateinisch und Kroatisch – und dreier Schriften – Latein, Glagolitisch und Kyrillisch – ist innerhalb der Kulturgeschichte des vormodernen Europas einzigartig. In der Wirtschafts- und Gesellschaftsgeschichte Kroatiens bestehen, bezogen auf den Norden, Gemeinsamkeiten mit ganz Ostmitteleuropa. Die auf die Küste hin gravitierenden Landesteile hingegen sind von Lebensformen geprägt, wie sie für den Raum des Mittelmeeres, insbesondere der Adria, charakteristisch sind. Unabhängig von den vielfachen Veränderungen der Grenzen und politischen Bindungen – die heutigen Staatsgrenzen sind erst ein Ergebnis der föderalen Neuordnung Jugoslawiens nach 1945 – ist der Handlungsraum, in dem sich die kroatische Geschichte entfaltet, schon seit dem Mittelalter immer enger zusammengewachsen.

Europäische Geschichte ist ohne die Einbeziehung auch der kroatischen Geschichte nicht vollständig; jede Geschichte Kroatiens baut auf ihrer Verflechtung in gesamteuropäische Bezüge auf.

Prof. Dr. phil. Ludwig Steindorff, Professor für Geschichte Osteuropas und Südosteuropas an der Universität Kiel

1. Einführung und Motivation

Zweihundert Jahre nach der französischen Revolution kam es in Europa erneut zu einem tiefgreifenden Einschnitt, zum Zusammenbruch der sozialistischen Systeme in Osteuropa. So markiert *1989* ohne Zweifel das Jahr der Überwindung der Teilung Europas. Die damalige Europäische Gemeinschaft hatte daran einen entsprechenden Anteil: allgemein als Gegenpol zum RGW und insbesondere durch die ungeheuere Anziehungskraft, die sie bei den Bürgern in den einzelnen Staaten des Ostblocks entfalten konnte. Die eigentliche Einigung Europas gelang einige Jahre später, genauer 2004 durch die Aufnahme der meisten MOEL im Rahmen der großen EU-Osterweiterungsrunde. Und so erweist sich die Bildung der europäischen Staatenfamilie, von den Anfängen der 50er Jahre über die Europäische Gemeinschaft bis zur Entstehung der heutigen Europäischen Union - als Kern politischer, wirtschaftlicher und institutioneller Machtarchitektur auf dem europäischen Kontinent – im Rückblick als ein überaus spannender Prozess, als gelungenes Modell regionaler Integration und ist darum ein Erfolg ohne Beispiel in der Geschichte.[1]

Diese spannende Entwicklung Europas der letzten Jahrzehnte verliert seit einiger Zeit allerdings spürbar an Anziehungskraft. In einigen Ländern ist inzwischen der Euroskeptizismus nicht mehr zu übersehen. Schlagworte wie Demokratiedefizit und Überregulierung machen die Runde. Nach der großen Erweiterungsrunde, dem Beitritt zehn neuer Länder zur Europäischen Union, und der Aufnahme der beiden Nachzügler Bulgarien und Rumänien zu Beginn dieses Jahres bestehen in Westeuropa auch erhebliche Bedenken gegen eine weitere Ausdehnung der EU, die zuletzt in der Debatte um eine eventuelle Aufnahme der Türkei gipfelten und mitunter auch den negativen Ausgang der Referenden in Frankreich und den Niederlanden zur EU-Verfassung beeinflusst haben. Seitdem tritt die EU auf der Stelle. Möglicherweise verlief der bisherige Erweiterungsprozess für viele EU-Bürger zu schnell, so dass heute neben der geringen Begeisterung für weitere Erweiterungsrunden auch der eigentliche Vertiefungsprozess der Europäischen Union darunter leidet. Obwohl die EU-Osterweiterung nicht nur den Neu-Mitgliedern sondern nachweislich auch den Alt-Mitgliedern zusätzliches Wirtschaftswachstum beschert hat, hält sich hartnäckig die Vorstellung, der Verlust vieler Arbeitsplätze in „Kerneuropa", um den Bergriff „altes Europa" zu vermeiden, sei in erster Linie auf eben diese Osterweiterung zurückzuführen, wobei der zunehmende Globalisierungsdruck

---

[1] Jahrbuch der Europäischen Integration 2006, (Hrsg.) Weidenfeld, W. und Wessels, W., Baden-Baden 2007, S. 9.

insbesondere aus Fernost in dieser Debatte nicht selten vernachlässigt wird. Vielfach wird im Europäischen Parlament, in den einzelnen nationalen Parlamenten und auf der Straße von Krise gesprochen, von der Gefahr einer Überdehnung der Union, von der Schwerfälligkeit und den institutionellen Schwierigkeiten. Nicht zuletzt steht die Frage der (finanziellen) Aufnahmefähigkeit im Raum. Hört man allerdings etwas genauer hin, so treten dabei auch unterschiedliche Vorstellungen sowohl über die künftige Ausgestaltung der EU als auch über ihre Grenzen, die endgültige Silhouette, oder *Finalité* offen zu Tage. Die derzeitige Stimmung innerhalb der EU spiegelt sich auch in der überaus zurückhaltenden Formulierung der Deklaration zur 50-Jahrfeier wieder. Eine mögliche EU-Erweiterung wird darin nicht mehr thematisiert, stattdessen wird in dem, während der deutschen EU-Ratspräsidentschaft in Berlin, vorgestellten Papier von einer offenen Union gesprochen. Wie immer man dies auch interpretieren mag, eines ist seitdem jedoch klar: die verantwortlichen Akteure, sowohl in Brüssel als auch in europäischen Hauptstädten haben nach den roten Karten aus Paris und Amsterdam erkannt, dass die Gestaltung der Europäischen Union über die Köpfe der EU-Bürger hinweg langfristig nicht gelingen kann. Gleichzeitig hat die künftige Entwicklung der europäischen Staatenfamilie, sowohl im Sinne der Vertiefung als auch der Erweiterung, mit dem negativen Ausgang der beiden Referenden zur Europäischen Verfassung zweifellos einen unvorgesehenen Dämpfer erhalten. Das gesamte Projekt eines geeinten Europas gerät seitdem zunehmend auf den Prüfstand.

In diese Stimmungslage hinein klopft nun mit Kroatien - als mögliches 28. Mitglied - ein weiteres Land an die Pforte der EU. Etwas zaghaft noch, ohne große Fanfaren und mit inzwischen gedämpfter Euphorie, denn die Situation für dieses Unterfangen ist nicht gerade als vorteilhaft zu bezeichnen. Einen günstigeren Zeitpunkt, etwa bis 2004, als acht ehemals sozialistische Länder Mittel- und Osteuropas der Europäischen Union unter Anzeichen von beidseitiger Begeisterung beigetreten sind, hat man aus vielerlei Gründen verpasst. Nun sitzt man gemeinsam mit der Türkei als Beitrittskandidat vor den Toren Brüssels und hat im Rahmen eines neuen Ansatzes, mit Beginn der Beitrittsverhandlungen im Herbst 2005, strengere Auflagen bekommen als alle EU-Beitrittskandidaten zuvor. Die EU hat aus den Erfahrungen bisheriger Beitrittsverhandlungen Lehren gezogen und die Hürden einer EU-Vollmitgliedschaft dementsprechend höher justiert, so war das Instrument „vorläufig" geschlossener Kapitel im bisherigen Beitrittsprozess zur EU ebenso unbekannt wie etwa der Zusatz, dass die Verhandlungen „ergebnisoffen" geführt werden. In Brüssel will man also nicht mehr nur darauf vertrauen, dass die notwendigen Anpassungen an den europäischen Besitzstand von den Beitrittskandidaten implementiert werden, sondern will diese noch vor dem Beitritt einfordern; nicht Worte, Taten sind also gefragt. Eine wünschenswerte Abkehr von der bisherigen Praxis einer politisch, wirtschaftlich oder geostrategisch motivierten Aufnahme von Neumitgliedern, oder doch eine Reminiszenz an die derzeit herrschende Stimmungslage unter den EU-Altmitgliedern?

Nimmt man die Beitrittsprozesse der MOEL und der beiden Nachzügler Bulgarien und Rumänien zum Maßstab, die bereits im Vorfeld mit zahlreichen Berichten, Studien und Veranstaltungen dokumentiert und begleitet wurden, so ist der Annäherungsprozess des jüngsten EU-Beitrittskandidaten fast unbemerkt vor sich gegangen. Dies wird umso deutlicher, stellt man die zahlreichen, zumeist kontrovers geführten Debatten sowie Berichte und Studien über das Für und Wider eines möglichen EU-Beitritts der Türkei gegenüber. Die Anzahl der Veröffentlichungen, die sich mit Kroatien und seinen EU-Aspirationen befassen ist dagegen eher überschaubar. Wenn über Kroatien berichtet wurde, so meistens in einem anderen Kontext. Am häufigsten im Zusammenhang mit dem Zerfall Jugoslawiens, den anschließenden kriegerischen Auseinandersetzungen, mit Zerstörungen und Flüchtlingsströmen, dem autoritären Führungsstil des ersten kroatischen Präsidenten sowie der schwierigen wirtschaftlichen Lage während der 1990er Jahre. Mitunter mag auch der Name *Gotovina* noch im Ohr klingen und die immer wieder angemahnte Kooperationsbereitschaft Kroatiens mit den Kriegsverbrechertribunal in Den Haag. Für manchen kam daher sowohl die Anerkennung des EU-Kandidatenstatus als auch die Aufnahme der offiziellen Beitrittsverhandlungen mit Zagreb überraschend. Dabei befindet sich die politische und wirtschaftliche Landschaft Kroatiens seit einigen Jahren in einem rasanten Aufhol- und Veränderungsprozess, der nicht zuletzt bei einem Aufenthalt in der kroatischen Metropole sichtbar und fühlbar wird.

Das Land schreitet - wenn auch mit Verzögerung und unerwarteten Unterbrechungen - inzwischen mit großen Schritten auf die europäische Staatenfamilie zu, und nimmt die Mitgliedschaft innerhalb der Europäischen Union fest und entschlossen in den Blick. Dass dieser Weg bislang so steinig und alles andere als gradlinig war, hat sicherlich mehrere Gründe. Einige reichen bis hin zum Anfang von Ende des ehemaligen Jugoslawiens zurück, andere waren vor allem mit den Geburtswehen des jungen Staates und dem anschließenden Krieg verbunden, oder aber gar das Resultat des langwierigen Transformationsprozesses.

Bereits Ende der 80er Jahre blickten die Kroaten hoffnungsvoll in Richtung Europa. Mit dem Niedergang des Kommunismus und dem Zerfall der Sowjetunion sahen sie die Chance sich vom ungeliebten jugoslawischen Staatenbund zu verabschieden und gleichzeitig über die Integration in die damalige Europäische Gemeinschaft wieder Teil dessen zu werden, was man als westlichen Kulturkreis bezeichnet und zu dem man sich ohnehin zugehörig fühlte. Vielen

Kroaten war etwa die Steiermark, Triest oder München weitaus näher als das Kosovo, Sarajevo oder Skoplje. Dementsprechend sahen die Kroaten, zumindest ein großer Teil unter ihnen, im ehemaligen Jugoslawien nichts anderes als ein künstlich geschaffenes Staatsgebilde, welches über weite Strecken alleine durch Titos harte Hand zusammengehalten wurde. Viele sahen darin ein politisches Konstrukt, das letztendlich dafür verantwortlich war, über Jahrzehnte vom westlichen Europa und dem europäischen Kulturkreis abgekoppelt gewesen zu sein. Als sich mit dem Niedergang des Kommunismus Ende der 80er Jahre eine grundlegende Neuordnung Europas abzeichnete, war man dementsprechend davon überzeugt, den Weg zurück nach „Europa" alleine, ohne den Ballast der südöstlichen Nachbarn besser und schneller bewältigen zu können. Die Entscheidung für ein unabhängiges Kroatien war gefallen, sie war verbunden mit dem Wunsch nach Selbstbestimmung und kam keineswegs überraschend. Unglücklicherweise deckten sich die Überzeugungen und Hoffungen der Kroaten jener Zeit nicht mit der Stimmungslage, die Anfang der 1990er Jahre in Teilen Europas vorherrschte.

Rückblickend wird auf europäischer Seite häufig davon gesprochen, dass der Zerfall Jugoslawiens im Gegentrend der Entwicklung auf dem europäischen Kontinent – der Einigung Europas - stand, und die Entstehung neuer Staaten auf dem Gebiet des ehemaligen Jugoslawiens daher anachronistisch war. Dies könnte mit ein Grund gewesen sein, dass man damals der Ausrufung der staatlichen Unabhängigkeit Kroatiens in Europa nicht mit Begeisterung begegnet ist. Mitunter war in einigen Hauptstädten Westeuropas auch offene Ablehnung vorhanden, und zwar trotz der zuvor häufig geäußerten Sympathie für den Kampf kleiner Völker nach Selbstbestimmung und ihren Bestrebungen sich vom Sozialismus abzuwenden und zu Demokratie und Marktwirtschaft zurückzufinden. In einigen Fällen beruhte die abweisende Haltung auf alten Macht- und Interessenlagen, deren Wurzeln noch in die Zeiten des Zweiten Weltkriegs zurückreichen und sich gelegentlich in Vorwürfen an die Adresse der Deutschen wiederfinden, mit der Anerkennung Sloweniens und Kroatiens den Zerfall des ehemaligen Jugoslawiens unterstützt und somit erst zur Instabilität der Region beigetragen zu haben. Die wenig euphorische Haltung einiger europäischer Regierungen zu einem unabhängigen Kroatien lag mitunter auch am Desinteresse gegenüber den Geschehnissen an Europas Peripherie und zu einem gewissen Grad schlicht an der Unwissenheit über ein altes, tief in die europäische Geschichte und Kultur verwurzeltes Volk, das sich politisch und wirtschaftlich gen Westeuropa ausgerichtet hatte, zu einer Zeit als es die äußeren Umstände erstmals wieder zuließen.

Will man die jüngsten Entwicklungen in Kroatien und der gesamten Region verstehen, ist die Kenntnis historischer Zusammenhänge von Vorteil. Nur wenn man mit Geschichte vertraut ist, wird ersichtlich warum ebendiese Geschichte bis heute einen enormen Einfluss auf die Entwicklung Südosteuropas hat und erst wenn man sich mit der Geschichte der Kroaten beschäftigt - die nicht erst mit der staatlichen Unabhängigkeit beginnt - mag ihr Wunsch nach einem eigenen Staat innerhalb der europäischen Staatenfamilie verständlich werden. Möglicherweise wird dann erst die Hartnäckigkeit und Unnachgiebigkeit der Kroaten verständlich, die sie an den Tag legten, als ebendieses Ziel in greifbarer Nähe war, und möglicherweise erklärt sich dadurch auch ihre große Enttäuschung darüber, von „Europa" weder mit offenen Armen empfangen worden zu sein noch während der jugoslawischen bzw. serbischen Aggression mehr Rückendeckung erhalten zu haben. Vor diesem Hintergrund ist das mitunter trotzige Verhalten der verantwortlichen Akteure und die zunehmende Beratungsresistenz gegenüber Vertretern der Europäischen Gemeinschaft zu sehen, die den jungen Staat während der 90er Jahre immer weiter von Brüssel entfernte und schließlich dazu führte, das Kroatien die Folgen des Krieges und die Transformationskosten überwiegend alleine schultern musste, und in den Bereichen Demokratisierung und wirtschaftliche Entwicklung - trotz relativ guter Ausgangslage - von zahlreichen Transformationsstaaten überholt wurde.

Weitreichende Reformen auf politischer wie wirtschaftlicher Ebene, Kooperationsbereitschaft, sowie Kontinuität und Verlässlichkeit waren die wesentlichen Eckpfeiler, die es dem Land seit Anfang 2000 ermöglichten auf den Zug in Richtung Europäische Union zu springen. Neben geschichtlichen Zusammenhängen und den Ereignissen, die zur staatlichen Unabhängigkeit führten, liegt der Schwerpunkt dieses Buches dementsprechend auf der politischen und wirtschaftlichen Ebene, den Transformationsprozess der 1990er Jahre und insbesondere der Entwicklung der letzten Jahre, mit denen das Land zunehmende politische Stabilisierung und wirtschaftlichen Aufschwung erfährt. Dazu gehören neben weitreichenden institutionellen Veränderungen, Fortschritten bei der Demokratisierung des Landes und der Intensivierung der zuvor abgekühlten politischen Kontakte zur EU, vor allem die verspäteten Reformen im Zuge des Übergangs zur Marktwirtschaft, die nachhaltig zu Modernisierung und Restrukturierung der institutionellen und wirtschaftlichen Strukturen führen sollen. Direktinvestitionen aus dem Ausland waren nach der verfehlten Privatisierungsstrategie der neunziger Jahre eine wichtige Triebfeder des wirtschaftlichen Aufholprozesses seit 2000 und sie werden auch in Zukunft eine wichtige Rolle spielen. Insgesamt darf auch der Einfluss der internationalen Gemeinschaft und insbesondere der Europäischen Union auf die Fortschritte Kroatiens der letzten Jahre nicht außer Acht gelassen werden. Insbesondere bei der Konsolidierung der Demokratie und den weitreichenden institutionellen Veränderungen spielte die EU als externer Akteur im Rahmen der konditionierten Politik eine wichtige Rolle und diese Rolle nimmt sie auch im Rahmen der EU-Beitrittsverhandlungen weiterhin wahr. Neben den Fortschritten werden aber auch die persistenten Probleme analysiert, die auf der kroatischen Wirtschaft lasten, etwa die steigende Auslandsverschuldung und die mangelnde Wettbewerbsfähigkeit kroatischer Produkte auf den Märkten der EU, die sich in stagnierenden Exporten und zunehmenden Handelsbilanzdefiziten niederschlägt. In diesem Zusammenhang thematisiert das Buch, inwieweit der Status als EU-Beitrittskandidat die Erfolg versprechenden Prozesse ankurbeln und gleichzeitig den Anpassungsdruck in den weiterhin reformbedürftigen Bereichen forcieren kann. Dabei geht es auch um die Frage, wie das Land an Wettbewerbsfähigkeit gewinnen kann, damit es bis zum Beitritt zur EU Strukturen besitzt, mit denen es dem verstärkten Konkurrenzdruck auf dem anspruchsvollen EU-Binnenmarkt standhalten kann. Ein erfolgreicher Wissens- und Technologietransfer aus dem Ausland, unter der besonderen Berücksichtigung der Rolle der akademischen Diaspora, kann dabei einer der Erfolgsfaktoren für den weiteren Aufholprozess des Landes sein.

Dass Kroatien an der Schwelle zur EU-Mitgliedschaft steht, ist jedoch nicht nur Ausdruck seines wirtschaftlichen Aufholprozesses und des innenpolitischen Reformkurses, sondern auch der außenpolitischen Stabilisierung und regionalen Befriedung. Gegenstand des Buches ist deshalb auch eine Betrachtung der Rolle, die Kroatien künftig im regionalen Kontext spielen kann. Auch wenn es zur Integration in die EU keine Alternative gibt, wird sich der Erfolg daran messen lassen, inwieweit es gelingt, alte Vertriebskanäle und Absatzmärkte wieder zu beleben und Probleme grenzübergreifender Natur - etwa Infrastruktur, Energieversorgung oder ökologische Aufgaben - zu lösen. Nicht zuletzt ist die regionale Neuausrichtung auch eine Vorbedingung seitens der EU für einen Beitritt aller Länder der Region. Abschließend befasst sich das Buch mit der Frage, welche Auswirkungen die späte Aufnahme der Beitrittsverhandlungen für Kroatiens Weg in die EU möglicherweise haben kann, insbesondere mit Blick auf die spürbare Abneigung der EU-Bürger gegenüber weiteren Erweiterungen der Europäischen Union.

Heute existieren durchaus verschiedene Einstellungen und Meinungen zur allgemeinen Aufnahmefähigkeit der EU und konkret zu Kroatien als mögliches EU-Mitglied. Die Bandbreite reicht von breiter Zustimmung bis hin zu einer reservierten, skeptischen und abwartenden Haltung. Nach dem deutschen Wirtschaftsminister Michael Glos beispielsweise wäre die EU erst nach Aufnahme Kroatiens in sich abgerundet. Danach sollte der Erweiterungsprozess allerdings eingefroren werden, wie er in einer bekannten deutschen Talkshow während der 50-Jahrfeier der Europäischen Union bemerkte. Dies war insbesondere an die türkischen Beitrittsaspirationen gerichtet, denn Kroatien sei im Gegensatz zur Türkei „europäisches Kernland“. Luxemburgs Ministerpräsident

Jean Claude Juncker, bislang durchaus als Befürworter der EU-Erweiterung bekannt, sprach sich dafür aus, bei der Frage der weiteren Ausdehnung der EU die Handbremse zu ziehen, allerdings ohne Kroatien explizit zu erwähnen. In der gleichen Sendung widersetze sich der Grünen-Abgeordnete im Europäischen Parlament Daniel Cohn-Bendit heftig der Vorstellung, Kroatien könne mit dem bestehenden institutionellen Rahmen als 28. Mitglied in der EU aufgenommen werden. Drei Meinungen zur Erweiterungsdebatte und zum EU-Beitritt des jungen Staates, der im Herbst 2005 mit viel Euphorie und Elan in konkrete Beitrittsverhandlungen mit der EU getreten ist. Sie sollen verdeutlichen, dass der Beitritt Kroatiens zur EU - auch wenn es inzwischen nicht mehr um das *ob*, sondern eher um das *wann* geht - trotz begonnener Beitrittsverhandlungen keineswegs fest vorgezeichnet ist und mitnichten ein Selbstläufer ist.

2. Kroatien – Das Land und seine Geschichte

Kurzportrait

Nach dem Scheitern des sozialistischen Experiments, den ersten freien Wahlen im Mai 1990 und dem Referendum über die Frage der Staatlichkeit erklärte die damalige Teilrepublik Kroatien am 25. Juni 1991 die Unabhängigkeit von der Sozialistischen Föderativen Republik Jugoslawien (SFRJ). Nach Ablauf eines dreimonatigen Moratoriums, das auf Druck der EG zustande kam, wurde im Herbst desselben Jahres endgültig die staatliche Unabhängigkeit ausgerufen. Die internationale Anerkennung folgte am 15. Januar 1992 zunächst durch die Staaten der Europäischen Gemeinschaft, später auch durch die übrigen Staaten. Seit 1992 ist das Land Mitglied der Vereinten Nationen und der OSZE, der Beitritt zum Europarat folgte 1996. Im Jahr 2000 wurde Kroatien in die Welthandelsorganisation WTO und in die NATO-Partnerschaft für den Frieden aufgenommen. Der Unterzeichnung des Stabilisierungs- und Assoziierungsabkommens (SAA) mit der EU 2001 folgte ein kontinuierlicher Annäherungsprozess an die Europäische Union, der nach dem offiziellen Beitrittsgesuch und der positiven Beurteilung durch die EU-Kommission am 18. Juni 2004 mit der Erhebung in den Stand eines Beitrittskandidaten gekrönt wurde. Die Eröffnung der EU-Beitrittsverhandlungen erfolgte schließlich am 3. Oktober 2005.

Die junge Republik an der Adria zählt heute 4,4 Millionen Einwohner, wovon nach der letzten Volkszählung von 2001 89,63 Prozent der Bevölkerung kroatischer Nationalität sind. Die größte Minderheit mit etwa 4,5 Prozent bilden Serben, des weiteren leben in Kroatien jeweils 0,4 Prozent Italiener und Ungarn, knapp 3000 Deutsche sowie andere Minderheiten, nämlich Slowaken, Slowenen, Bosniaken, Tschechen, Albaner, Ruthenen, Roma und Mazedonier. Annähernd 90 Prozent der Bevölkerung sind römisch-katholisch, 4 Prozent serbisch-orthodox und 1 Prozent muslimisch. Die Bevölkerung konzentriert sich im Norden des Landes und entlang der Küste, etwa 58 Prozent zählt zur städtischen Bevölkerung, die Bevölkerungsdichte beträgt 78,5 Einwohner pro Quadratkilometer. Zahlreiche kroatische Staatsangehörige leben im Ausland; allein in Deutschland sind etwa 236.000 Kroaten gemeldet.

Auf einer Fläche von 56.538 Quadratkilometern,[2] etwa der Größe von Hessen und Baden-Württemberg entsprechend, finden sich Tiefebenen in Nordkroatien und Slawonien, sowie Gebirgsregionen und größtenteils karstige Küstenlandschaften an der Adria. Acht Nationalparks, 1.777 km Festlandsküstenlinie und annähernd 1200 Inseln[3], von denen nur 66 bewohnt sind, machen das Land zu einem Touristenmagneten; tatsächlich trägt der Tourismus mit etwa 21 Prozent zum Bruttoinlandsprodukt bei. Administrativ untergliedert sich der kroatische Zentralstaat in 21 Županije bzw. Gespanschaften inklusive der Stadt Zagreb, 124 Städte und 426 Gemeinden. Zagreb mit etwa 780.000 Einwohnern ist Hauptstadt und zugleich Wirtschafts- und Kulturzentrum des Landes.

Im Jahre 2005 betrug das kroatische Bruttoinlandsprodukt 30,9 Mrd. EUR, was einen Pro-Kopf Wert von 6970 EUR ergibt. Dabei bestehen jedoch regionale Unterschiede in der Wirtschaftskraft. Besonders groß sind die Unterschiede zwischen dem wohlhabenden Norden in Istrien und um Zagreb und dem weniger entwickelten Hinterland Dalmatiens und der gebirgigen Grenzregion zu Bosnien und Herzegowina. Zum Inlandsprodukt tragen die verarbeitende Industrie mit 17,6 Prozent, Immobilienwirtschaft und –dienstleistungen mit 8,6 Prozent, Handel mit 8,6 Prozent, Verkehr, Transport und Kommunikation mit 8,1 Prozent, öffentliche Verwaltung mit 8,3 Prozent, Landwirtschaft, Jagd und Forsten mit 7,2 Prozent, Gesundheit mit 4,7 und Ausbildung mit 4,3 Prozent bei. Wichtigste Exportgüter sind Textil- und Bekleidungsprodukte, elektrische Maschinen, chemische Produkte inklusive Erdölderivate, Nahrungsmittel und Holz. An natürlichen Ressourcen verfügt Kroatien über Bauxit, Kalzium, Eisenerz, Steinkohle, Erdöl und Erdgas. Trotz des sozialistischen Erbes und des Krieges in der ersten Hälfte der neunziger Jahre zeichnet sich insbesondere seit 2000 sowohl ein bemerkenswerter Aufholprozess als auch eine stärkere Ausrichtung der kroatischen Wirtschaft in Richtung Europäische Union ab. Anhaltende Probleme sind jedoch weiterhin eine hohe Arbeitslosigkeit, eine hohe Auslandsverschuldung und mangelnde Wettbewerbsfähigkeit kroatischer Produkte auf internationalen Märkten.

Zur Geschichte Kroatiens bis zur staatlichen Unabhängigkeit

Mit der zunehmenden politischen und wirtschaftlichen Ausrichtung an der Europäischen Union, mit dem offiziellen Antrag auf EU-Mitgliedschaft und der Aufnahme der Beitrittsverhandlungen scheint das Land im Südosten Europas nach einem langen (Irr-)Weg endlich kurz vor dem Ziel, der Rückkehr in

---

[2] Zum Staatsgebiet gehören 33.200 Quadratkilometer Seeterritorium.

[3] Die Küstenlänge inklusive der vielen Vorgelagerten Inseln beträgt 5835 km.

den Kreis der europäischen Familie. Damit geht Kroatien wieder seinen europäischen Wurzeln nach, die bei einer Reise durch das Land fassbar werden: Istrien und Dalmatien zeigen ihr venezianisches und antikes, das wienerische Zagreb, das barocke Varaždin und das von den Donauschwaben deutsch geprägte Osijek ihr mitteleuropäisches Erbe. Allerdings schien noch Anfang der 90er Jahre auch der Balkan, als Pulverfass Europas, die Entwicklung Kroatiens zu bestimmen; auch in der früheren Geschichte hat typisch Balkanisches das Land geformt. Immer wieder war das Land Spielball und Spielfeld der umliegenden Mächte aus West und Ost, was vielfältigen Spuren hinterlassen hat. Die jüngste Vergangenheit mit dem Krieg auf dem Balkan hat gezeigt, wie sehr die Vermischung abendländischer und byzantinischer, europäischer und orientalischer Kultur das Bild der Region prägt. Nirgendwo sonst in Europa leben so viele Menschen, die sich im Hinblick auf Herkunft, Sprache, Volkszugehörigkeit und Glaubensbekenntnis so stark unterscheiden, beieinander. Auch wenn dies Kroatien in geringerem Maße als die Nachbarstaaten im Südosten betrifft, so wird die eigene Entwicklung doch auch von deren Stabilität beeinflusst, die allzu oft unter dem schwierigen Erbe bröckelt und noch weit davon entfernt ist, die Probleme endgültig hinter sich zu wissen.

Als Erbe der Veränderungen über die Jahrhunderte hinweg, bleibt Kroatien eine Zusammensetzung zweier geographischen Teile, die nur auf relativ engem Raum miteinander verbunden sind. Die Verbindung des pannonischen Beckens, - im Wesentlichen das Gebiet Slawoniens - mit dem anderen Teil, der sich aus der Halbinsel Istrien und dem dalmatinischen Küstensaum zusammensetzt, würde das westliche Bosnien darstellen. Dieses allerdings ging dem kroatischen Staatsgebiet im Zuge der osmanischen Eroberungen im 16. Jahrhundert verloren. Heute setzt sich Kroatien aus mehreren Territorien mit mittelalterlichen Wurzeln (Istrien, Dalmatien mit Dubrovnik, Slawonien und Kroatien) zusammen und deckt sich auf der Landkarte mit dem der Teilrepublik Kroatien im Zweiten Jugoslawien (SFRJ).

Ein kurzer Abriss über die Jahrhunderte

Nach der Reichsteilung im Jahr 395 wurde der Südosten Europas im Wesentlichen durch das Oströmische Reich beherrscht; im 6. Jahrhundert nach dem Untergang des Reiches der Ostgoten unterstanden auch Dalmatien und Pannonien der römischen Herrschaft.[4] Zum selben Zeitpunkt wird die Ansiedlung der Kroaten im Gebiet ihrer heutigen Heimat datiert. Woher aber kamen die Kroaten? Eine These leitet die Herkunft der Kroaten aufgrund der Endung (at-Sufik) im Namen *Hrvat* auf ein iranisches Nomadenvolk zurück. Die überwiegende Literatur stützt die These, wonach ihre Herkunft das Gebiet des Kiewer Rus ist, das Land hinter den Karpaten.[5] Die Stämme in Russland slawisierter Iraner und Völker aus dem Karpatenbogen, die in Mazedonien, Pannonien und Dalmatien siedelten und im Laufe der Zeit immer unabhängiger voneinander wurden, zeigten bis zum Ende des 8. Jahrhunderts keine staatenbildende Entwicklung. Erst dann bildeten sich in Folge unterschiedlicher Staatlichkeitsprozesse aus ihnen unter anderem die Kroaten.[6]

So stammt auch die erstmalige Erwähnung des kroatischen Namens in einer historischen Urkunde aus dem Jahr 852. Darin wird Trpimir, Begründer einer Dynastie, als *dux chroatorum* d.h. als Heerführer oder Fürst der Kroaten genannt. Das Kerngebiet des mittelalterlichen Kroatentums war der dalmatinische Raum, der mit dem Küstenland (Primorje) bis Rijeka, dem Gebirgsvorland des Velebit (Podgorje) und dem hochkroatischen Binnenland[7] gegen Ende des 8. Jahrhunderts eine politische Einheit bildete. Zentrum war das heutige Südwestbosnien zwischen Bihać, Livno und dem heutigen Tomislavgrad, damals Duvno. Das Gemeinwesen, das aus einem losen Zusammenschluss der Stämme (Župen) und einem Fürsten (knez) bestand, wurde unter dem Fürsten Branimir (879-892) als selbständig anerkannt. Später, im Jahre 925, wurde das Fürstentum in den Rang eines Königreichs erhoben, mit König Tomislav (910-928) an der Spitze. Dabei wurde der bisherige Herrschertitel „dux" durch „rex" ersetzt und damit die staatsrechtliche und politische Unabhängigkeit Kroatiens betont. Das Staatsgebiet, das aufgrund der instabilen geographischen Lage immer wieder seine Grenzen veränderte, erreichte unter den kroatischen Herrschern Tomislav, Krešimir und Zvonimir die größten Ausmaße und gewann an politischer wie militärischer Bedeutung.[8] Im 11. Jahrhundert erstreckte sich das Herrschaftsgebiet des Königreichs bis zum Fluss Drava. Zu dieser Zeit wurde

---

[4] Zwar hatte Diokletian bereits 285 das Römische Reich aus Verwaltungsgründen in eine östliche und eine westliche Hälfte geteilt, allerdings vereinte Konstantin beide Hälften vorübergehend, so dass sich die endgültige Trennungslinie ab 395 vom Skutarisee nach Norden bis zur Sava hinzog, die gleichzeitig auch der lateinisch-griechischen Sprachengrenze entsprach.

[5] Als gesichert gilt jedoch, dass die Bezeichnung „Hrvat" keine slawische Wurzel hat und die Bezeichnung neben dem Siedlungsgebiet der Kroaten im Südosten Europas auch am Ostrand der Alpen, in Nordböhmen und in Südpolen verwendet wurde.

[6] Die Bosnier entfalteten ihre staatliche Eigenständigkeit erst ab dem 13. Jahrhundert.

[7] Dieses umfasst das Kapelagebirge (Gvozd) und die Becken der Lika und Krbava und die Fortsetzung zu Sava, der über Karlovac führt.

[8] Unter König Tomislav umfasste der mittelalterliche kroatische Staat bis auf Istrien annähernd alle Gebiete der heutigen Republik Kroatien.

Slawonien angeschlossen, ebenso wie die westbosnischen Gebiete am unteren Vrbas und der unteren Bosna.

Kroatiens kulturelle Einflüsse

Die kulturelle Vielfalt Kroatiens ist zum großen Teil geographisch bedingt und geht vor allem zurück auf die Zugehörigkeit zu verschiedenen historischen Regionen und Kulturzonen. Die kulturelle Entwicklung der Kroaten wurde zunächst von romanischen Einflüssen geprägt. Bereits bei ihrer Einwanderung trafen die Kroaten auf die romanische Bevölkerung, mit der es über Generationen hinweg zu einer dauerhaften ethnischen Symbiose kam. Darüber hinaus hatten die Kroaten bereits seit Anfang ihrer Siedlung bis zum Ende des 10. Jahrhunderts auch intensive Kontakte mit der byzantinisch griechischen Kultur, was insbesondere in Dalmatien seine Spuren hinterlassen hat. Weiterer Einfluss auf die Kultur und Sprache der Kroaten ist vom osmanischen Eroberungskrieg und der anschließenden osmanischen Herrschaft ausgegangen, dabei insbesondere auf die südöstlichen Landesteile. Entscheidend für die kulturelle Ausprägung Nordkroatiens und der stark ostmitteleuropäischen Orientierung war die jahrhundertlange Zugehörigkeit zur Habsburger Monarchie, die venezianische Republik prägte dagegen wesentlich die Küstennahen Landesstreifen entlang der Adria, d.h. Istrien, den Kvarner und Dalmatien. Einen überaus starken Einfluss auf die geistige, moralische und kulturelle Entwicklung des kroatischen Volkes hatte allerdings die römisch-katholische Kirche. Die Christianisierung der Kroaten begann bereits früh, etwa 640 und war im Wesentlichen zu Beginn des 9. Jahrhunderts abgeschlossen. Vom römischen Erzbischof (Papst Agathon) erhielten die Kroaten das Recht auf staatliche Souveränität, und schufen durch geschickte Politik der Anlehnung an Papst Johannes VIII. ihren unabhängigen Staat. So hat die römisch-katholische Kirche nicht nur eine entscheidende Rolle für die damalige staatsrechtliche und politische Unabhängigkeit und damit für die Entwicklung des mittelalterlichen kroatischen Königreiches gespielt, sondern den Kroaten durch ihre ganze weitere Geschichte bis heute eine geistig-religiöse Orientierung gegeben.

Zwischen Fremdherrschaft, Rebellion und Drang nach Selbstbestimmung

Die unbeschränkte Herrschaft kroatischer Könige endete 1089 mit dem Tod von König Zvonimir, der ohne Nachkommen blieb. Damit endete gleichzeitig auch die staatsrechtliche und politische Unabhängigkeit Kroatiens; die Zeit der wechselnden Fremdherrschaft, der Rebellion und dem Drang nach Selbstbestimmung brach an und sollte für die Kroaten bis weit ins 20. Jahrhundert andauern. Das Ende der eigenen Königslinie löste in Folge eine Phase der Erbfolgestreitigkeiten aus und führte das Königreich Kroatien ab 1102 schließlich in eine Personalunion (pacta conventa) mit dem ungarischen Königshaus.[9] Koloman, Nachfolger von Ladislas I., wurde König von Kroatien und Dalmatien. Nach der ungarischen Niederlage bei Mohacs, bei der der kinderlose König von Böhmen und Ungarn den Tod fand, erhoben die Habsburger Anspruch auf die Nachfolge in Ungarn. Im Jahre 1527 wurde Ferdinand von Österreich König von Kroatien.

Neben dem Wechsel der Königshäuser war insbesondere die lang anhaltende Grenzsituation zum Osmanischen Reich von dominanter Bedeutung für die weitere Entwicklung Kroatiens. Die Osmanen begannen in der Mitte des 14. Jahrhunderts ihre Expansion in Südosteuropa. Der Sieg der Türken gegen die Serben auf dem Amselfeld (1389) und der Fall Bosniens (1463) führten zur unmittelbaren Bedrohung Kroatiens. Nachdem der Widerstand des kroatischen Adels zusammengebrochen war, gerieten weite Teile des Gebietes unter die Herrschaft des Osmanischen Reichs bevor die Expansionsbewegung schließlich mitten in Kroatien, entlang der Linie von Karlobag an der Küste über Karlovac und Sisak bis Virovitica, zum Stillstand kam. Zum Schutz vor ihrem weiteren Vordringen in Richtung Norden entstand in der zweiten Hälfte des 16. Jahrhunderts entlang des Grenzterritoriums - in weiten Teilen identisch mit der heutigen Krajina - die Militärgrenze unter österreichischer Kontrolle als sogenannte „antemurale christianitatis", die vorübergehend ein eigenes Kronland bildete (1849) und bis zur endgültigen Auflösung (1881) als Pufferzone zwischen dem habsburgischen und osmanischen Machtbereich diente.[10] Da dieses kroatische Territorium im Zuge der Kriege und Verwüstungen fast völlig entvölkert war, wurden zur Verstärkung und Verteidigung des Grenzstreifens Wehrbauern angeworben, die als Gegenleistung für ihren Militärdienst mit Kronland und Steuerprivilegien belohnt wurden. Die versprochenen Privilegien lockten vor allem orthodoxe Wlachen aus dem Osmanischen Reich an, die durch die türkischen Eroberungszüge aus ihren traditionellen Gebieten verdrängt worden waren. Als die Wiener Behörden Ende des 19. Jahrhunderts

---

[9] Der kroatische Adel knüpfte als *natio politica* an die traditionellen Rechte, die *iura municipalia* an. Diese Rechte sollten eine gewisse Autonomie unter der Personalunion gewährleisten. Auch wenn keine gleichberechtigte Position gegenüber dem Ungarischen Königreich bestand, so hatten die Kroaten beispielsweise einen eigenen prorex, den Banus und einen eigenen Landtag, den Sabor. Vgl. Iveljić, Iskra, Cum ira et studio, in: Gegen Erinnerungen. Geschichte als politisches argument, H. Altrichter (Hrsg.), Oldenbourg 2006, S. 191.

[10] Der Mythos als Bollwerk der *christianitas* wurde von den Kroaten in den 1990er Jahren erneut beschworen, als es um die Schaffung eigenen Staates und Verteidigung des Territoriums ging.

die Militärgrenze auflösten, waren knapp die Hälfte der Bewohner orthodox bzw. Serben.

Die Zerstörung der Siedlungen und verbleibende Unsicherheiten bezüglich der sprachlichen und ethnischen Zugehörigkeiten im Grenzland im Rahmen wiederholter Interventionen durch die Türken und die Habsburger, schufen einen fruchtbaren Boden für nationalistische Tendenzen, die die grenzübergreifenden Beziehungen erschwerten und die Ethnisierung der Politik und Gesellschaft nährten; allerdings nährten die verworrenen inneren Verhältnisse Kroatiens unter seinen Bewohnern auch das Verlangen nach mehr Selbstbestimmungsrechten und den Wunsch nach einem eigenen Staat. Ein erster Impuls in diese Richtung ging von dem kurzen französischen Intermezzo Anfang des 19. Jahrhunderts aus, als Napoleon einen breiten Küstenstreifen Kroatiens unter seine Kontrolle brachte und diesen den Namen „Illyrische“ Provinzen gab. Nach seinem Dekret von 1811 standen erstmals slowenische Gebiete wie Krain und Kärnten mit kroatischen Gebieten unter einer Verwaltung, wobei sich der französische Marschall Marmont für die Einführung der kroatischen Sprache als „illyrische“ Volkssprache in den öffentlichen Dienst einsetzte.[11]

Auf dem Wiener Kongress 1815 gelangten alle Gebiete zu Österreich und unter dem Metternich-System in der ersten Hälfte des 19. Jahrhunderts erstarkte das nationale Bewusstsein der Region. Träger dieser Tendenzen war die so genannte *Illyrische Bewegung*, die im Sinne der sprachlichen und ethnischen Verwandtschaft der südslawischen Völker versuchte, den Lokalpatriotismus zu überwinden. Obwohl südslawisch orientiert, handelte es sich dabei im Kern um eine kroatische Bewegung, die den Kampf für kulturelle und wirtschaftliche Emanzipation freisetzte. In den Revolutionsjahren verkörperte insbesondere Josip Jelačić die Symbolfigur kroatischer Interessen, welche nach Eigenverwaltung strebten. Der kroatische Ban Jelačić kämpfte für die Idee eines Kaiserreiches gleichberechtigter Völker und erklärte am 19. April 1848 die Beziehungen zu Ungarn für beendet. Die Wiedergeburtbewegung mit dem Ziel der politischen Einheit scheiterte jedoch an den hegemonialen Ambitionen der Ungarn. Die Allianz mit Wien und dem Kaiser erbrachte ebenso keinerlei Vorteile, vielmehr sah der Ausgleich zwischen Wien und Budapest im Jahr 1867 eine vollkommene Unterordnung der Kroaten unter die ungarische Herr-

[11] Der Ausbau des kroatischen Sprachstandards begann bereits im 17. Jahrhundert, allerdings gelang es erst in den 30er Jahren des 19. Jahrhunderts einen *stokavisch* stilisierten, vereinheitlichten gesamtkroatischen Sprachstandard aufzustellen. Nach Katicic sei daher die Standardisierung, nicht die Schaffung, die Großtat des Illyrismus. Katicic, R.: Kultur – Literatur – Sprache: das Kroatische, in: Lauer, Reinhard (Hrsg.), Kroatien, Kultur – Sprache - Literatur, Göttingen 2005.

schaft vor, Dalmatien und Istrien unterstanden fortan der österreichischen Administration.[12]

Der aufkeimenden Euphorie im Zuge der kroatischen Wiedergeburtbewegung folgten zunächst Jahre der Ernüchterung. Das Volk war infolge der Kämpfe und Aufstände Ende des 19. Jahrhunderts ausgezehrt und das Land wirtschaftlich unterentwickelt. Die administrative Teilung Kroatiens behinderte die aufkeimende industrielle Entwicklung und auch die Situation auf dem Land war nicht wesentlich besser.[13] Viele Dörfer waren verarmt und vielfach verschuldet, die zunehmende Unterdrückung seitens der Ungarn und die zunehmende Abgabelast förderte Landflucht und ließ viele Kroaten insbesondere seit 1880 ins Ausland abwandern.[14] Die Magyarisierungsbestrebungen standen dabei im klaren Widerspruch zum 1868 erlassenen Nationalitätengesetz, das den in Ungarn lebenden Völkern weitgehende Selbstverwaltungsrechte einräumte und somit den Kroaten immer wieder Gründe für anhaltenden Widerstand lieferte. In diese Zeit fiel auch die Entstehung der ersten Parteien, die gemeinsam eine antiungarische Politik vertraten; Strossmayer gründete die Narodna stranka (Nationalpartei), Starčević und Kvaternik die Stranka prava (Partei des Rechts). Obwohl sich die Kroaten mit ihren Forderungen, insbesondere nach territorialer Einheit und mehr Autonomie, rückblickend weder gegen die Ungarn noch gegen die Habsburger durchsetzten konnten, so führte die Illyrische Bewegung in der Folge zur Standardisierung der kroatischen Sprache, vor allem aber verstärkte sie die Idee eines gemeinsamen Staates der Südslawen.[15]

---

[12] In der Exekutive und Legislative wurde Kroatien wieder vollkommen von Ungarn abhängig, lediglich in den Bereichen innere Verwaltung, Justiz, Kultur und Unterricht wurde den Kroaten eine Teilautonomie zugesprochen. Die kroatische Elite interpretierte diesen Sonderstatus innerhalb der Habsburgermonarchie als eine Autonomie mit Elementen der Staatlichkeit. Iveljić, Iskra, in: GegenErinnerungen. (a.a.O.), S. 193. In der Entwicklung der Infrastruktur, des Eisenbahnbaus und der landwirtschaftlichen Produktion mussten sich die Kroaten dem Diktat Ungarns fügen. Goldstein, Ivo: 1999, S. 53.

[13] Die Privilegien der ungarischen Latifundienbesitzer und ihre politische Vorherrschaft konnte nur gewahrt werden, wenn die Masse der slawischen Bevölkerung im Zustand bäuerlicher Dienstbarkeit gehalten werde. Nach Riemeck spielten demnach die rückständigen Agrar- und Besitzverhältnisse die entscheidende Rolle bei der „Magyarisierungspolitik". Vgl. Riemeck, Renate: Mitteleuropa – Bilanz eines Jahrhunderts, Frankfurt 1983, S. 79-80.

[14] Nach 1883, unter dem ungarischen Ban Karoly Khuen, verließen jährlich mehrere Tausend Kroaten ihre Heimat. Schätzungen zufolge waren es bis 1913 etwa 500 000. Vgl. Macan, Trpimir: Povijest Hrvatskog Naroda, Zagreb 1992.

[15] Die illyrische Bewegung kann als Widerstand gegen die deutschen und italienischen kulturellen Einflüsse in der Region verstanden werden aber auch als Verbrüderung gegen Österreich-Ungarn mit dem Ziel der Unabhängigkeit. Sie idealisierte gleichzeitig die Vorstellung einer slawischen Verständigung, obwohl die kulturellen Unterschiede zwischen Slowenen, Kroaten und Serben zu dieser Zeit bereits sehr groß waren. Banac, Ivo: 1999, S. 143.

Die Chance dazu ergab sich im Verlauf des ersten Weltkriegs, als sich die unzufriedenen Völker der Monarchie erhoben und zunehmend ihre Unabhängigkeit einforderten. Die Zeit der Nationalstaaten war angebrochen und ging, wie von Edgar Hösch beschrieben, Hand in Hand mit dem Selbstbestimmungsrecht der Völker als Organisationsprinzip des „Neuen Europa".[16] Auch die Kroaten witterten darin eine günstige Möglichkeit um sich der ungeliebten ungarischen Umarmung zu entziehen. Zu dieser Zeit schlossen sich einige emigrierte kroatische, slowenische und serbische Politiker in London (1915) zum *Jugoslavenski odbor* (Jugoslawisches Komitee) zusammen, mit dem Ziel, die Gründung eines neuen Staates gleichberechtigter südslawischer Völker in die Wege zu leiten. Allerdings war bereits zu diesem frühen Zeitpunkt der Gegensatz zwischen Serben und Kroaten für den später offen ausbrechenden Streitpunkt gelegt: Einheitsstaat versus Föderation. Am 20. Juli 1917 unterzeichnete schließlich der Kroate Ante Trumbić, Vorsitzender des Jugoslavenski odbor, zusammen mit Nikola Pašić, als Vertreter der serbischen Regierung, die Deklaration von Korfu über ein künftiges Königreich der Serben, Kroaten und Slowenen.[17] Noch vor Beendigung des I. Weltkriegs hatte bereits der kroatische Sabor die Verbindungen zu Österreich-Ungarn aufgelöst und die Bereitschaft verkündet, in einen gemeinsamen Staat der Slowenen, Kroaten und Serben einzutreten. Daraufhin wurde im Oktober 1918 in Zagreb von Abgeordneten des kroatischen Landtages, der süd-slawischen Abgeordneten des Reichsrates und der Landtage der österreichischen Kronländer, der *Nationalrat der Slowenen, Kroaten und Serben* gegründet und die endgültige Loslösung der südslawischen Länder von der österreichisch-ungarischen Monarchie verkündet.

Die Deklaration von Korfu war der Startpunkt für die Gründung eines vereinten slawischen Staates, ihr folgten die 14 Punkte von US Präsident Wilson, deren zehnter und elfter Punkt Serbiens günstige Position unter den Siegermächten hervorhoben. Die Kroaten wie auch Slowenen hingegen, hatten aufgrund ihrer Allianz mit den Zentralmächten eine deutlich schlechtere Verhandlungsposition. Gleichwohl sahen sie aber ihre einzige Möglichkeit darin, ebenfalls Befürworter des neuen Königreiches zu werden, da andernfalls große

[16] Hösch., Edgar: Geschichte des Balkans, München 2004.

[17] Die Kroaten beriefen sich bei der Gründung eines gemeinsamen Königreichs der Slowenen, Kroaten und Serben auf ihre staatsrechtliche Stellung als autonomes Königreich, das von Ungarn okkupiert worden war, und erwarteten, nach der Befreiung aus dem habsburgischen Reich als „Souverän" eine gleichberechtigte Mitsprache bei der Bildung des „Königreichs der Slowenen, Serben und Kroaten" zu erhalten. Dazu Lampe, John R., 2000, S. 101.

Teile ihres Territoriums an Italien fallen würden.[18] Die Union mit den Serben hingegen erlaubte ihnen, wenigstens Teile ihres Landes zu behalten, allerdings für den Preis der staatlichen Unabhängigkeit - des in Kroatien über Jahrhunderte gewachsenen Traums, dessen damals jüngster Protagonist der Bauernführer Stjepan Radić gewesen war. Radić trat für ein unabhängiges Kroatien ein, widersetzte sich vehement der Unterordnung Kroatiens unter das serbische Königshaus und stimmte als einer der wenigen im Nationalrat der Slowenen, Kroaten und Serben am 24. November 1918 gegen die Gründung des Königreichs der Serben, Kroaten und Slowenen.[19] Erst als auch die Vojvodina und Montenegro im November 1918 ihre Union mit Serbien verkündeten und sowohl Bosnien und Herzegowina wie auch Dalmatien der Nationalversammlung in Zagreb ein Ultimatum stellten, innerhalb von fünf Tagen eine Entscheidung zu treffen, da sie sich ansonsten Serbien anschließen würden, stimmte der Nationalrat den Verhandlungen bedingungslos zu. Somit wurde am 1. Dezember 1918 die Gründung des Königreich der Serben, Kroaten und Slowenen durch Prinzregent Aleksandar Karađorđević verkündet und durch die Pariser Friedenskonferenz 1919 bestätigt.

Kurze Zeit nach der Gründung des Königreichs verflog auf kroatischer Seite allerdings die Freude über den gemeinsamen Staat, die Probleme traten rasch zum Vorschein und es dauerte nicht lange, bis sich erster Widerstand regte. Holm Sundhausen spricht gar von einem klassischen „Fehlstart" des ersten gemeinsamen südslawischen Staates.[20] Das künstliche Konstrukt besaß kein gemeinsames geschichtliches Fundament, so dass seine Völker, die bisher in unterschiedlichen Sozial-, Rechts- und Verwaltungssystemen gelebt hatten, niemals ein hinreichendes Zusammengehörigkeitsgefühl entwickeln konnten. Sie blieben, bis auf eine relativ kleine Schicht der politischen und wirtschaftlichen Elite, weiterhin in ihren eigenen Welten. Die erheblichen Integrationsprobleme lagen mitunter auch am unausgewogenen Kräfteverhältnis innerhalb des Staatsgebildes. Die Serben waren dabei nicht nur zahlenmäßig in der Übermacht, sie brachten auch ihr Parlament, ihre Armee und ihr Könighaus mit ein. So war Widerstand der übrigen Völker, insbesondere der Kroaten, gegen

[18] Obwohl auf kroatischer Seite die Forderung bestand, vor der Vereinigung mit dem Königreich Serbien zunächst die staatliche Unabhängigkeit Kroatiens und Vereinigung aller kroatischen Territorien voranzutreiben, hat der Beginn der Besetzung von kroatischen Gebieten längs der Adria durch italienische Truppen zur sofortigen Vereinigung des Staates der Slowenen, Kroaten und Serben mit dem Königreich Serbien zum Königreich der Serben, Kroaten und Slowenen geführt.

[19] Er fiel am 20. Juni 1928 inmitten einer Sitzung des Parlaments in Belgrad einem Attentat zum Opfer und verstarb an den Folgen am 8. August 1928.

[20] Sundhausen, Holm: Geschichte Jugoslawiens 1918-1980, Stuttgart 1982, S. 35-38.

diese Majorisierung vorprogrammiert.[21] Viele Kroaten lehnten weiterhin die monarchistische Staatsform ab, fühlten sich benachteiligt und verlangten für Kroatien weiterhin die Gründung einer Republik. Hinzu kam, dass die Verfassung eine zentralistische Staatsorganisation und die Auflösung der historischen Provinzen vorsah, was den Serben als zahlenmäßig größtem Volk de facto die Vorherrschaft sicherte.[22] Daher boykottierten die Mandatsträger der kroatischen Bauernpartei die Arbeit der Skupština in Belgrad von Anfang an, so dass auch die Verfassung am 28. Juni 1921 ohne Beteiligung der größten kroatischen Partei (HRSS) verabschiedet wurde.

Das süd(jugo-)slawische Experiment scheiterte somit bereits früh an einem Streit um die gemeinsame Verfassung und konnte in der Folge nur durch die Diktatur des Königs am Leben erhalten werden. Ergänzend kam die ernste wirtschaftliche Lage des agrarisch geprägten Staatswesens hinzu. Seit ihrer Unabhängigkeit von den Reichen der Osmanen und Habsburgern litt die Region unter wirtschaftlicher Rückständigkeit. Patriarchalische Strukturen und Agrarwirtschaft verhinderten so eine schnelle Konsolidierung, vielmehr war das Königreich während der zwanziger Jahre auf finanzielle Unterstützung aus dem Ausland angewiesen und abhängig vom Export landwirtschaftlicher Produkte; die Konditionen jedoch wurden von den importierenden Ländern diktiert. Insbesondere die Weltwirtschaftskrise enthüllte, dass kein Fundament für eine moderne Zivilgesellschaft gelegt worden war.[23] Als Antwort auf die Staatskrise setzte König Aleksandar in einem Staatsstreich 1929 die Verfassung außer Kraft, löste alle politischen Parteien nationalen und religiösen Zuschnitts auf, ließ das Land in neun Banate neu einteilen und installierte eine monarchische Diktatur.[24] Das Königreich der Serben, Kroaten und Slowenen wurde in *Königreich Jugoslawien* umbenannt.[25] Nach Razumovski wurde damit ein Staat der Südslawen aus den Trümmern des ersten Weltkriegs und

---

[21] Mitunter gab es auch Versuche, die serbischen Helden, Legenden und Mythen den anderen Völkern als Staatskultus zu oktoyieren, wobei sich insbesondere die Kroaten diesen Versuchen heftig widersetzten. Jelavich, Charles, Južnoslavenski nacionalizmi, Zagreb 1992.

[22] Bićanić, Rudolf: Ekonomska podloga hrvatskog pitanja. Maček, V. (Hrsg.) Zagreb 1938.

[23] Zwischen den beiden Weltkriegen war Jugoslawien ein unterentwickeltes Land, die Land- und Forstwirtschaft bildete das Betätigungsfeld für über drei Viertel der Bevölkerung. Im Jahre 1938 trug die Landwirtschaft mit etwa 55 Prozent zum jugoslawischen Sozialprodukt bei. Vgl. dazu Dobias, P. et al.: Marktwirtschaftliche Transformation in Kroatien, Berlin 2000.

[24] Nach Bićanić erfolgte die Einteilung der Banate in der Gestalt, dass sie die Dominanz der Serben gegenüber den Kroaten sicherte. Bićanić, Rudolf: Ekonomska podloga hrvatskog pitanja. Maček, V. (Hrsg.) Zagreb 1938.

[25] Als unmittelbare Reaktion auf den Staatsstreich bildete sich aus Gruppierungen des rechten Randes der kroatischen Opposition gegen die Gründung des Königreichs der Serben, Kroaten und Slowenen die Ustaša-Bewegung, angeführt von Ante Pavelić, die sich später zu einer faschistischen Bewegung entwickelte.

den Resten zweier Reiche geschaffen, ein Kunstgebilde aus 24 Nationalitäten und Nationen, aus mehreren Religionen und Sprachen, und verschiedenen Schriften - ein Staat der Südslawen, von dessen Bürgern über 10 Prozent keine Slawen waren und nur 1,3 Prozent sich als Jugoslawen fühlten. Vor allem aber wurde damit ein Staat am grünen Tisch entworfen, ohne von seinen Bürgern die Zustimmung für diesen Zusammenschluss einzuholen.[26] Entsprechend schnell und leicht fiel dieser Staat auch bei der ersten Bewährungsprobe auseinander, als im Verlauf des Zweiten Weltkriegs im April 1941 deutsche Truppen in Jugoslawien einmarschierten und wenige Monate später zusammen mit den Italienern das Ende des ersten Jugoslawien proklamierten.

In diese bewegte Zeit fiel auch die Bildung der *autonomen Banschaft* Kroatiens, die am 26. August 1939 durch den *Sporazum* zustande kam. Sie umfasste neben der Save- und Küsten-Banschaft auch kroatische Siedlungsgebiete anderer Banschaften innerhalb des Königreichs Jugoslawien und sah größere Autonomie für die Kroaten insbesondere in den Bereichen Sozial- und Wirtschaftspolitik, Justiz und Bildungswesen vor. Allerdings war die autonome Banschaft Kroatien nur von kurzer Dauer. Bereits 1941 wurde mit politischer und militärischer Unterstützung des deutschen Reichs unter Führung von Ante Pavelić die NDH - *Nezavisna Država Hrvatska* (Unabhängiger Staat Kroatien)[27] gegründet, die auch das Gebiet Bosnien und Hercegovinas erfasste. Gleichzeitig wurde damit ein günstiger Zeitpunkt genutzt, die ungeliebte Allianz mit den Serben zu beenden. Die Ustaša-Bewegung hatte allerdings nur einen relativ geringen Rückhalt in der Bevölkerung.[28] Die ideologische Nähe zum faschistischen Italien und Nazi-Deutschlands sowie die brutale Verfolgungspolitik gegenüber Serben, Juden und Roma ließ zunehmend Widerstand laut werden und trieb viele Kroaten in die Reihen des Volksbefreiungskampfes (NOB). So blieb die Phase eines unabhängigen kroatischen Staates entsprechend kurz und gehört auch nicht zu den Glanzpunkten der kroatischen Geschichte. Sie ging vielmehr als Zeit des Schreckens, der Gewalt und unermesslichen Leids in die Geschichte ein.

Nachdem die anti-faschistische Bewegung unter dem Kommando der Kommunistischen Partei und der Führung durch Josip Broz Tito ins Rollen kam, wurde das Ustaša-Regime immer stärker zurückgedrängt und von Partisanen - unter kroatischer Beteiligung - schließlich besiegt. Die Partisanen schafften es daraufhin, durch breite Unterstützung in der Bevölkerung, aber auch durch geschicktes Taktieren mit den Alliierten, ihre Macht in weiten Teilen Kroa-

[26] Razumovski, Dorothea: Titos Erben, Würzburg 1978.
[27] Insgesamt entsprach der Staat in weiten Teilen dem heutigen Kroatien, allerdings gehörten Norddalmatien zu Italien und Međimurje sowie die südliche Baranja zu Ungarn.
[28] Goldstein, Slavko: 1999, S. 171.

tiens und Bosnien-Herzegowinas auszubauen und zu festigen. Das im Zuge dieses Kampfes am 29. November 1943 gegründete „Nationalkomitee zur Befreiung Jugoslawiens“ gilt als Geburtsstunde des sozialistischen Jugoslawiens, und der „Antifaschistische Rat der Volksbefreiung Kroatiens“ (ZAVNOH) als oberstes Repräsentationsorgan Kroatiens. Kroatien wurde entsprechend den Beschlüssen der zweiten AVNOJ-Konferenz zu einer von sechs sozialistischen Teilrepubliken[29]

Ebenso wenig wie das kroatische Volk über die Gründung und Ausgestaltung des ersten Jugoslawien befragt wurde, konnte es weder die Entstehung der NDH noch die Gründung und politische Ausgestaltung des zweiten Jugoslawien – des sozialistischen Jugoslawien - mitbestimmen; ein autoritäres Regime löste das andere ab, eine Ideologie machte einer anderen Platz. Entsprechend der bekannten Manier und revolutionärer Praxis erfolgte in Kroatien eine kompromisslose ideologische Abrechnung mit Andersdenkenden. Sämtliche Aktivitäten nichtkommunistischer Gruppierungen und Parteien wurden eingeschränkt und alle politischen Gegner – auch die vermeintlichen Gegner innerhalb des eigenen Lagers - schrittweise entfernt. Besonders erbarmungslos war ihr Umgang mit den Domobrani und ehemaligen Anhängern der Ustaša, die verfolgt und in großer Zahl von den Kommunisten hingerichtet wurden.[30] Aber auch die deutsche Minderheit in Slawonien und der Baranja wurde unter dem kollektiven Vorwurf der Kollaboration mit den deutschen Besatzern fast vollständig enteignet und ausgesiedelt.

Nach Ende des Zweiten Weltkrieges hatte die Kommunistische Partei (KPJ) die Regierungsgewalt übernommen und strebte in Kroatien, ebenso wie in den anderen Teilrepubliken, die Errichtung des Sozialismus und neuer Wertsysteme auf Grundlage der gesellschaftlich-ideologischen Zielvorgaben der UdSSR an. Dabei entfernte man sich aber immer weiter von den ursprünglichen AVNOJ-Beschlüssen und den Vorstellungen bezüglich der Ausgestaltung des gemeinsamen Staates, die noch während des NOB und im ZAVNOH überwogen. Nach sowjetischem Muster wurde zunächst eine stalinistische Repressionspolitik etabliert, die sowohl die Herrschaft der Kommunisten gegenüber der Bevölkerung in den einzelnen Republiken als auch auf Bundesebene gegen (nationale) zentrifugale Tendenzen sichern sollte. Tito kannte die problematische Beziehung zwischen Serben und Kroaten innerhalb des ersten gemeinsamen Vielvölkerstaates nur zu gut. Dementsprechend war er beim Aufbau des

---

[29] Entsprechend der AVNOJ-Beschlüsse entstand das zweite Jugoslawien auf den Pfeilern des gemeinsamen antifaschistischen Kampfes der einzelnen südslawischen Nationen bzw. Völker. Im Gründungsdokument der jugoslawischen Föderation wurden darüber hinaus keine kulturellen, historischen, sprachlichen oder andere Gründe genannt.

[30] Jurčević, Josip: Die schwarze Liste des Kommunismus in Kroatien, Zagreb 2006.

zweiten Jugoslawiens um eine Politik des nationalen Gleichgewichts bemüht und nahm dabei gewissermaßen die Funktion eines Schiedsrichters ein. Beide, sowohl Serben als auch Kroaten, sollten im neuen Staat unter seiner Führung auf Kosten der anderen, kleineren, jugoslawischen Nationen, einschließlich der nationalen Minderheiten wie der Ungarn in der Vojvodina und der Albaner im Kosovo, geschwächt werden. Allerdings fiel die Schwächung der Kroaten, im Sinne der Unterdrückung ihrer Kultur, der Sprache und Symbole, aufgrund ihrer NDH-Vergangenheit von Seiten der KPJ ungleich leichter, da sämtliche unliebsamen oder gefährlichen Strömungen in Kroatien einem generellen Nationalismusverdacht ausgesetzt werden konnten, wie sich in den späteren Jahren noch zeigen sollte. In diesem Zusammenhang stand auch die in Kroatien stark verwurzelte katholische Kirche nicht selten im Zentrum politischer Angriffe.[31]

Zum anderen wurde bereits 1946 die gesamte Industrie, das Bankwesen, der Verkehr und der Außenhandel verstaatlicht und einer zentralen Planung nach sowjetischem Muster unterworfen. Ein Jahr darauf wurde der erste ehrgeizige Fünfjahresplan (1947-1951) aufgestellt, mit dem man die wirtschaftliche Rückständigkeit überwinden wollte. Kein anderes ost- oder südosteuropäisches Land hatte zu diesem frühen Zeitpunkt und in so radikaler Weise sowohl das politische als auch das Wirtschaftssystem der Sowjetunion kopiert wie das noch junge - zweite - Jugoslawien.[32] Die Orientierung an der zentral geleiteten Wirtschaft der Sowjetunion war sowohl Ausdruck der Bewunderung für das große Vorbild als auch Folge fehlender eigener Erfahrung mit dem Aufbau einer neuen Wirtschafts- und Gesellschaftsordnung.[33] Allerdings setzte Tito in der Folge politischer Differenzen mit Stalin, die nach 1948 ihren Höhepunkt erreichten, seinen unbedingten Führungsanspruch über das so genannte Zweite Jugoslawien durch. Tito hatte zuvor beabsichtigt, zusammen mit Albanien und Bulgarien eine Balkan-Föderation zu errichten, und war damit bei Stalin auf heftigen Widerstand gestoßen. Die Folge war 1948 der Ausschluss Jugoslawiens aus der Kominform und die wirtschaftliche Isolation des Landes.

Nach dem Bruch mit Stalin begab sich Tito auf die Suche nach einem eigenen Weg zum Sozialismus, der später vielfach als *Dritter Weg* bezeichnet wurde. Sowohl die zunehmenden wirtschaftlichen Schwierigkeiten, die zunehmende staatliche Bürokratie als auch die Notwendigkeit seinen politischen Kurs gegenüber der eigenen Partei und Bevölkerung zu rechtfertigen, führten bereits

---

[31] Vgl. dazu Dobias, P. et al.: Marktwirtschaftliche Transformation in Kroatien, Berlin 2000, S. 28.
[32] Dobias, Peter: Das jugoslawische Wirtschaftssystem. Tübingen 1969.
[33] Bereits die erste Verfassung der FNRJ (Föderative Volksrepublik Jugoslawien) vom Januar 1946 orientierte sich größtenteils an die der Sowjetunion mit dem Prinzip der Diktatur des Proletariats und des demokratischen Zentralismus.

1949 in eine Diskussion über den Umbau der politisch-ökonomischen Ordnung. Mit der Ausgestaltung der Arbeiterselbstverwaltung wurden Anfang der 50er Jahre Titos engste Mitstreiter Edvard Kardelj, Milovan Djilas und Boris Kidrić beauftragt, die das jugoslawische Modell unter Zuhilfenahme der Schriften von Marx entwickelten. Das Ziel war die Dezentralisierung administrativer und wirtschaftlicher Befugnisse des Staates, d.h. der Abbau von Herrschaft in allen gesellschaftlichen Bereichen und ihre Verlagerung auf die kommunalen und betrieblichen Selbstverwaltungsorgane. Dazu wurde die Parole "Die Fabriken den Arbeitern" ausgegeben, um die bürokratischen Deformationen des stalinistischen Systems zu vermeiden. Die von der Sowjetunion in den ersten Jahren übernommene Zentralverwaltungswirtschaft wurde schrittweise abgebaut bis nur noch die sozialistische Rahmenplanung übrig blieb. Die Idee des Gesellschaftseigentums als dominierende Eigentumsordnung stellte, neben der Arbeiterselbstverwaltung und dem freizügigeren Personen- und Warenverkehr mit dem Westen, den wesentlichen Unterschied zu den übrigen sozialistischen Staaten Osteuropas dar. Nicht zuletzt deshalb gehörte Jugoslawien zu den in der ökonomischen Literatur am häufigsten analysierten sozialistischen Ländern, im Westen wie im Osten.[34]

Trotz aller Dezentralisierungs- und Liberalisierungsversuche blieb allerdings die Kommunistische Partei, später in *Bund der Kommunisten* umbenannt, in Politik, Wirtschaft und Armee weiterhin führend. Das Land war mit einem dichten Überwachungs- und Unterdrückungsnetz aus Polizei, Geheimdienst (UDBA), Militär und Grenzbehörden überzogen, so dass öffentlich auftretende politische Gegner mit erheblichen Repressionen, Verfolgung und Ermordung rechnen mussten, mitunter auch noch außerhalb der Landesgrenzen.[35] Auch wenn zahlreiche westliche Beobachter und Journalisten das jugoslawische Modell als „humanen Sozialismus" beschrieben, so konnte derjenige, der mit dem jugoslawischen Staatsapparat zu jener Zeit in Konflikt geriet sicherlich nur wenig humanes daran entdecken. Zumindest bis Mitte der 60er Jahre war

[34] Seit der Entstehung sozialistischer Wirtschaftssysteme in Ost-, Mittel- und Südosteuropa hat keines so viel Aufmerksamkeit auf sich gezogen wie das der SFRJ. Auf Ökonomen aus Ost und West gleichermaßen übte das jugoslawische Modell als Kombination unterschiedlicher bzw. entgegen gesetzter Systeme seit den 60er Jahren eine besondere Faszination aus. Der Selbstverwaltungssozialismus hat folglich nicht nur die Reformbewegungen in Ländern wie der Tschechoslowakei und Polen sondern auch die politischen Debatten in westlichen Industrieländern beeinflusst.

[35] Carl Bethke, Holm Sundhaussen, Zurück zur „alten Übersichtlichkeit"? Geschichte in den jugoslawischen Nachfolgekriegen 1991-2000, in: Gegen Erinnerung, Oldenbourg 2006, S. 208.

der stalinistische Repressionsapparat im ganzen Lande voll intakt und musste sich gegenüber dem östlichen Original keineswegs verstecken.[36]

Dies änderte sich erst allmählich nach dem Sturz von Aleksandar Ranković, dem damaligen Parteisekretär und Chef der jugoslawischen Geheimpolizei, als Tito nach 1966 den innerparteilichen Machtkampf zwischen Konservativen und Liberalen Kräften, für die innere Liberalisierung und Erweiterung des Föderalismus, für sich entschied.[37] Danach gewannen insbesondere in Kroatien die Reformkräfte für eine gewisse Zeit an Oberwasser und die alte Generation der Revolutionäre und Widerstandskämpfer aus dem Zweiten Weltkrieg, die sich inzwischen zu einer bestversorgten, einflussreichen und ideologisch konservativen Lobby entwickelte, wurde schrittweise durch neue Kader ersetzt. Unter den neuen Spitzenfunktionären machte sich alsbald Unruhe breit, hohe Inflationsraten, zunehmende Auslandsverschuldung und ein Anstieg der Arbeitslosenzahlen ließen alte Umverteilungskonflikte aufleben und resultierten in dem Wunsch nach wirtschaftlicher Autonomie bzw. Dezentralisierung auf Bundesebene. Erstmals wurden innerhalb der politischen Führung die wirtschaftlichen Probleme Kroatiens öffentlich kritisiert, vor allem die Umstände, dass zu hohe Abgaben an die Zentrale in Belgrad die heimische Produktion behinderten und die Deviseneinnahmen aus dem Tourismus der dalmatinischen Küste nicht Kroatien zu gute kämen. Zu guter letzt wurde auch die unzureichende verkehrstechnische Integration des Landes und zu geringe Investitionen in die Infrastruktur kritisiert. Gegen Ende der sechziger Jahre genoss die kommunistische Parteiführung um Savka Dabčević-Kučar und Mika Tripalo bereits eine andernorts unerreichte Popularität.

Die immer offener vorgetragene Forderung nach Selbstbestimmung und wirtschaftlicher Autonomie innerhalb der Jugoslawischen Föderation kam der damaligen Stimmung in Kroatien entgegen und vermengte sich mit der Forderung nach kultureller Autonomie, die insbesondere von Intellektuellen und Studentenorganisationen unterstützt wurde. Auslöser dazu war die 1967 von einer Gruppe einflussreicher kroatischer Literaten und Linguisten verfasste „Deklaration über die literarische Kroatische Sprache" (Deklaracija o nazivu i položaju hrvatskoga književnog jezika), in der sie die offizielle Anerkennung

---

[36] Nach Dobias war Jugoslawien gar bis zu Titos Tod im Grunde stalinistisch geblieben. Er stützt diese Einschätzung auf Titos - im Alter zunehmende - Abneigung gegen Kapitalismus und politischen Pluralismus. Vgl. Dobias, P. et al.: Marktwirtschaftliche Transformation in Kroatien, Berlin 2000, S. 27.

[37] Nach Ludwig Steindorff nahmen zu dieser Zeit die Kommunisten Abschied vom Ziel einer jugoslawischen Übernation zugunsten des Nebeneinanders mehrerer Nationen im gemeinsamen Staat. Der Sturz von Aleksandar Ranković wurde allerdings in der serbischen Öffentlichkeit nicht selten als Angriff auf serbische nationale Interessen erlebt.

der Eigenständigkeit der kroatischen Sprache forderten. Diese Aufbruchstimmung, die in der Zwischenzeit breite Teile der Gesellschaft erfasste, wurde auch durch die von Edvard Kardelj eingebrachte und von Tito genehmigte Verfassungsänderung vom Juni 1971 getragen, die insgesamt eine Stärkung des föderalen Charakters Jugoslawiens vorsah. In der Folge kam es zur Lockerung der Partei- und Staatskontrolle über Bildung, Wissenschaft und Massenmedien und insgesamt zu einer vorsichtigen Demokratisierungsbewegung; wieder keimte in Kroatien die Hoffnung nach mehr Selbstbestimmung und Freiheit auf.

Ähnlich euphorisch wie in Prag zu Zeiten des Prager Frühlings war auch die Stimmung in Zagreb zu jener Zeit - daher auch der entlehnte Begriff *Hrvatsko proljeće* (Kroatischer Frühling) - und ähnlich tragisch wie in der Tschechoslowakei endete diese kurze Phase größerer Freiheit und demokratischer Hoffnungen auch in Kroatien. Schon Ende November 1971 holte Tito zu einem Schlag gegen die Reformkräfte aus, die gesamte Parteispitze in Kroatien wurde abgesetzt, mehrere Tausend reformorientierte Funktionäre wurden wegen „Nationalismus und Liberalismus" abgelöst und zahlreiche Anhänger der Massenbewegung vor Gericht gestellt, darunter viele Intellektuelle, Künstler und Studenten.[38] Mehrtätige Massendemonstrationen, die in Zagreb zum Zeichen der Solidarität mit der abgesetzten politischen Führung stattfanden, wurden immer wieder mit Polizeigewalt aufgelöst. Zahlreiche kroatische Institutionen, darunter die Kulturorganisation *Matica Hrvatska* wurden anschließend verboten. Den politischen Repressionen folgte eine politische Eiszeit, die in Kroatien fast zwanzig Jahre andauern sollte.[39]

Allerdings ließen sich nicht alle Forderungen des Kroatischen Frühlings länger ignorieren. Schon 1974 wurde die Verfassung der SFRJ von Tito dahingehend geändert, dass ein stark föderalistischer Staat geschaffen wurde, in dem die Republiken und die autonomen Provinzen weitgehende Kompetenzen, insbesondere auf wirtschaftlicher Ebene, wahrnehmen konnten. Es kam somit zu

---

[38] Dabei war es weniger der „kroatische Nationalismus" - offizieller Grund für die Niederschlagung der Reformbewegung - der Tito zu diesem anti-demokratischen Schlag bewog, sondern vielmehr seine Sorge um eine Bewegung, die nicht von ihm gesteuert wurde, sowie sein Misstrauen gegenüber einer jungen politischen Garnitur an der Spitze der Kommunistischen Partei Kroatiens, die beim kroatischen Volk eine überaus große Sympathie genoss; etwas was zu jener Zeit durchaus nicht selbstverständlich war. Er handelte somit aus seiner Angst heraus, die Führung über Kroatien zu verlieren und dadurch gleichzeitig auch das politische und nationale Gleichgewicht innerhalb des Vielvölkerstaates.

[39] Die von Tito eingeleitete Säuberungswelle in Kroatien – bis dahin eine der größten seit bestehen der SFRJ – erfasste breite Teile der kroatischen Intelligenz und führte dazu, dass die Kommunistische Partei Kroatiens SKH fortan zu den konservativsten innerhalb der SFRJ zählte und bis Ende der 80er Jahre nur wenig Freiräume für die liberale Tendenzen ermöglichte.

einer Machtverschiebung von der Zentrale hin zu den einzelnen Republiken.[40] Einer der Verfassungsartikel enthielt das Recht für die einzelnen Teilrepubliken zur Sezession, eine Option, die 1991 von Slowenien und Kroatien genutzt wurde. Obwohl die neue Verfassung durch Stärkung der Stellung einzelner Republiken und Provinzen im Grunde mögliche nationale Spannungen verringern sollte, trug sie eher dazu bei, bestehende Instabilitäten zu erhöhen, insbesondere nach Titos Tod im Jahre 1980. Danach fehlte sowohl die Symbolfigur als auch der Schiedsrichter, der jahrzehntelang das komplizierte nationale Gleichgewicht innerhalb des Vielvölkerstaates zu sichern versuchte und Jugoslawien mit strenger Hand - Polizei und Geheimdienst eingeschlossen - zusammenhielt.

Parallel zum Fall des Sozialismus in Osteuropa wuchsen die politischen und ethnischen Spannungen in Jugoslawien weiter an; in der Bevölkerung machten sich Resignation, Perspektivlosigkeit und zunehmend soziale Konflikte breit. Die Verfassungsänderung von 1974 führte zu einer Zersplitterung des gemeinsamen Binnenmarktes in regionale Teilmärkte, zu unkoordinierten Investitionsstrategien und stürzte die jugoslawische Wirtschaft in eine tiefe Krise.[41] Während noch in den 50er und 60er Jahren beachtliche Wachstumserfolge zu verzeichnen waren, stand die jugoslawische Wirtschaft seit Mitte der siebziger Jahre vor ernsten wirtschaftlichen Problemen, die insbesondere seit Anfang der 80er Jahre an Brisanz zunahmen. Damit einher gingen gleichzeitig auch verschärfte Verteilungskonflikte innerhalb der Föderation. Immer deutlicher wurde die Notwendigkeit eines radikalen Systemwandels in Richtung Marktwirtschaft, anstelle weiterer Reformen innerhalb des Selbstverwaltungssystems. Der Versuch der jugoslawischen Bundesregierung unter Premier Ante Marković, die SFRJ auf diesen Kurs einzuschwören, kam allerdings zu spät; die Auflösungserscheinungen der Föderation waren schon zu weit fortgeschritten.

Der Zerfall Jugoslawiens zeichnete sich bereits Ende der 1980er Jahre mit der Verschiebung der Machtstrukturen innerhalb des Bundespräsidiums der SFRJ ab. Es standen sich im höchsten Gremium zwei unterschiedliche Konzepte für die künftige Ausgestaltung des Vielvölkerstaates nahezu unversöhnlich entgegen: Re-Zentralisierung versus Konföderation. Nach Mappes-Niediek erwies sich das jugoslawische System vor allem deshalb als nicht reformierbar, da nicht mehr alle an der Erhaltung des Staates interessiert waren und andererseits

[40] Banac, Ivo: The National Question in Yugoslavia, Ithaca, NY 1984.

[41] Anfang der 80er Jahre wurden bereits 60% aller Güter und Dienstleistungen in den jeweiligen Erzeugerregionen abgesetzt und nur weniger als ein Drittel in andere Republiken und Autonome Provinzen geliefert. Vgl. dazu Eger, Thomas: Ökonomische Anreizstrukturen und Wirtschaftskrise in Jugoslawien, in: Südosteuropa, 3/1987.

einige diesen zu ihren Zwecken umformen wollten.[42] Auf die missglückten Versuche der beiden nördlichen Teilrepubliken, den jugoslawischen Staatenbund in eine Konföderation nach dem Muster der Europäischen Gemeinschaft umzuwandeln und dadurch den zentralistischen Tendenzen Serbiens entgegenzuwirken, reagierte als erstes Slowenien, indem es eine neue Verfassung verabschiedete, mit der die Souveränität des slowenischen Volkes und das Recht auf Loslösung von der SFRJ postuliert wurde. In Kroatien kam es im Herbst 1989 als Reaktion auf die Situation in Serbien und der Aufbruchstimmung in Slowenien erstmals seit Ende des zweiten Weltkriegs zur Gründung bürgerlicher Parteien und bereits 1990, bei den ersten freien Wahlen, ging die Kroatische Demokratische Gemeinschaft (HDZ) als Sieger hervor. Im gleichen Jahr erfolgte die Auflösung des Bundes der Kommunisten Jugoslawiens und im Juni 1991 beschlossen die Parlamente der beiden Teilrepubliken Slowenien und Kroatien die Trennung vom restlichen Jugoslawien. Mit der offiziellen Anerkennung der staatlichen Unabhängigkeit Sloweniens und Kroatiens vom 15. Januar 1992 hörte die ehemals Sozialistische Föderative Republik Jugoslawien auf zu existieren; nach mehreren Jahrhunderten der Fremdherrschaft, der Rebellion und des Drangs nach Selbstbestimmung hatten es nun die Kroaten erstmals wieder in eigenen Händen, die weitere Entwicklung ihres Landes zu bestimmen.

[42] Mappes-Niediek, Norbert: Die Ethno-Falle, Berlin 2005.

3. Kroatiens Unabhängigkeit und die verpassten Chancen der Neunziger Jahre

Als im Sommer 1991 die Trennung von Jugoslawien und die Unabhängigkeit Kroatiens im kroatischen Parlament, dem *Sabor*, feierlich verkündet wurde, war der Jubel in Zagreb und den anderen kroatischen Städten und Gemeinden wie auch unter der kroatischen Diaspora in aller Welt unbeschreiblich groß - der alte Traum ging in Erfüllung. Man blickte hoffnungsvoll gen Westen, erhoffte sich die rasche internationale Annerkennung und vor allem die baldige Eingliederung in den Kreis der europäischen Staatenfamilie, d.h. die Aufnahme in die damalige Europäische Gemeinschaft. Die Hoffnungen waren getragen von einer - im Vergleich zu den übrigen Staaten des Ostblocks – durchaus günstigen Ausgangslage des Landes, die in verschiedenen internationalen Studien jener Zeit auch bestätigt wurde.[43] Dazu zählte neben einer relativ entwickelten und dezentralisierten Wirtschaft mit Elementen des Marktmechanismus, den offenen Grenzen, einer politischen wie ökonomischen Westorientierung und der kulturellen Nähe zu Westeuropa auch der EG-Assoziierungsvertrag, den man bereits zuvor – im Rahmen des ehemaligen Jugoslawiens - mit Brüssel unterzeichnet hatte.[44]

Die überschwängliche Freude sollte allerdings recht bald durch die tragischen Ereignisse unmittelbar nach Ausrufung der Unabhängigkeit sowie durch die zögerliche Haltung bei der Annerkennung der staatlichen Souveränität Kroatiens seitens der EG gedämpft werden. Ernüchterung machte sich aber auch breit, als man feststellen musste, dass die tiefe Transformationskrise der 90er Jahre, verbunden mit der Politik der verantwortlichen Akteure in Zagreb und ihrem Verständnis von Demokratie und Marktwirtschaft, das Land immer weiter von Brüssel entfernte, während gleichzeitig eine ganze Reihe ehe-

[43] Kasapović, Mirjana: Ten Years of Democratic Transition in Croatia, in: Transformation Process in the Yugoslav Successor States between Marginalization and European Integration (ed.) Riegler, H., Baden-Baden 2000, S. 45.

[44] Bereits 1980 wurde das erste Kooperationsabkommen zwischen der EG und Jugoslawien geschlossen, 1987 folgte das Handelsabkommen, ein Finanzprotokoll sowie die Gründung einer Arbeitsgruppe zur Förderung der Zusammenarbeit zwischen der EG und SFRJ. Ende 1989 ersuchte Jugoslawien um die assoziierte Mitgliedschaft in der EG sowie um Vollmitgliedschaft in der EFTA und der OECD.

mals sozialistischer Staaten an Kroatien vorbeizog.[45] Besonders hart wurde das Selbstwertgefühl der Kroaten getroffen, als der nördliche Nachbar Slowenien scheinbar mühelos die Hürde in Richtung Brüssel nehmen konnte und Kroatien auch von Bulgarien und Rumänien, Länder die noch in den 80er Jahren in allen Bereichen weit hinter Kroatien lagen, eingeholt wurde.

Dass es – aus kroatischer Sicht - zu einer solch unbefriedigenden Entwicklung kam, lag neben hausgemachten Fehlern nicht unerheblich auch an den einzigartigen Bedingungen, unter denen sich der Systemwechsel in Kroatien vollzog. Die Gleichzeitigkeit von Systemtransformation, Staatsbildung und Krieg lassen sich - wenn überhaupt - nur bei einigen wenigen ehemaligen sozialistischen Ländern beobachten, die ebenfalls den Weg in Richtung Demokratie und Marktwirtschaft angetreten haben.[46] So lag zu Beginn der neunziger Jahre in Kroatien die Betonung und Ausrichtung aller politischen Entscheidungen vorrangig auf den Vorbereitungen zur Loslösung aus dem ungeliebten Staatenbund, der Erlangung und Absicherung der Unabhängigkeit des Landes und in weitaus geringerem Maße auf Demokratisierung und dem Aufbau funktionierender marktwirtschaftlicher Strukturen. Wie später noch zu zeigen sein wird, sollte sich dies auf den Verlauf und die Qualität des Transformationsprozesses negativ auswirken und nicht unwesentlich dazu beitragen, dass die Ergebnisse der Transformation der 1990er Jahre und dementsprechend die Erfolge bei der Annäherung an die Europäische Gemeinschaft bzw. Union, trotz der relativ guten Ausgangssituation, vielfach unbefriedigend waren. Von Beginn des Umwälzungsprozesses an hatte sich die Dynamik der Liberalisierung und Demokratisierung somit nicht allein aus der inneren politischen Entwicklung entfaltet, sondern war vielmehr durch die Ereignisse in der unmittelbaren Umgebung beeinflusst worden. Der Schwerpunkt der Politik blieb deshalb über weite Strecken - auch nach Erlangung der staatlichen Unabhängigkeit - auf die Sicherung und Wiederherstellung der territorialen Grenzen gerichtet.

---

[45] Dazu zählt auch die Tatsache, dass man erst nach Russland und Albanien in den Europarat aufgenommen wurde und in den 1990er Jahren weder für die ersten beiden EU-Osterweiterungsrunden noch für eine NATO-Mitgliedschaft vorgesehen war.

[46] Zwar war die Gleichzeitigkeit von Systemtransformation, Staatsbildung und kriegerischen Auseinandersetzungen auch in Slowenien zu beobachten, allerdings handelt es sich hier um einen 10-Tage Krieg, der bei weitem nicht die negativen Effekte entfalten konnte wie in der südlichen Nachbarrepublik. Im Falle Bosnien-Herzegowinas wiederum handelt es sich zwar ebenfalls um die Gleichzeitigkeit von Staatsbildung und Krieg, allerdings kann in den ersten Jahren nach Zerfall der SRFJ in BiH noch nicht von einer tatsächlich ablaufenden Transformation gesprochen werden. Diese setzte eigentlich erst Mitte der 1990er Jahre und damit nach Beendigung der Kriegshandlungen ein.

Der schmerzhafte Weg zum eigenen Staat

Wie Viktor Meier, langjähriger Südosteuropa-Korrespondent der Neuen Züricher Zeitung und der FAZ, in einem seiner Bücher beschrieben hat, war das gemeinsame jugoslawische Haus während der letzten Jahre seines Bestehens für die nicht-serbische Bevölkerung nahezu unbewohnbar geworden.[47] Dies hatte zum einen mit Titos Tod zu tun und der Tatsache, dass damit die einzige integrative Figur von der Bühne trat, ohne vorher für entsprechenden Ersatz gesorgt zu haben, und zum anderen mit der anschließenden Verschiebung des politischen und nationalen Gleichgewichts innerhalb des höchst komplizierten Gebildes Jugoslawiens. Das Amt des Präsidenten der SFRJ war in der Verfassung von 1974 unter Namensnennung ausdrücklich für Tito vorgesehen und erlosch dementsprechend mit seinem Tod im Mai 1980.[48]

Diese Funktion ging in Folge an den Präsidenten des Präsidiums über, der nach nationalem Rotationsprinzip jeweils für ein Jahr gewählt wurde und einem kollektiven Organ aus Vertretern aller Republiken und Provinzen vorstand. Ziel dieser Konstruktion - sozusagen als Titos politisches Erbe - war es, die Dominanz einer einzelnen Führungspersönlichkeit und damit auch einer Nation innerhalb des Vielvölkerstaates zu verhindern und die einzelnen Vertreter der Republiken und Provinzen auf Bundesebene zum Konsens zu zwingen. Anstatt aber in diese Richtung zu wirken und gesamtjugoslawische Interessen zu stärken, förderte dieses Konstrukt genau das Gegenteil: der Bund der Kommunisten Jugoslawiens wurde zunehmend mit nationalen Elementen vermischt und die Vertretung der jeweiligen Republikinteressen auf Bundesebene trat in den Vordergrund. Dadurch wurde sowohl die Staats- als auch die Parteizentrale geschwächt und konnte so ihre Funktion als Klammer des Vielvölkerstaates immer weniger ausüben.[49] Nun sollte sich rächen, dass es Tito zwar gelungen war das Land über Jahrzehnte zusammenzuhalten, aber nicht die immer wieder unterdrückten und unter der Oberfläche weiter schwelenden nationalen Konflikte zu lösen. Unter der neuen Konstellation, zusammen mit dem wirtschaftlichen Niedergang des Landes, kamen sie umso heftiger zum Vorschein.[50] Schon bald standen sich im Bundespräsidium zwei Lager gegen-

---

[47] Meier, Viktor: Jugoslawiens Erben. Die neuen Staaten und die Politik des Westens, München 2001.

[48] Mappes-Niediek, Norbert: Die Ethno-Falle, Berlin 2005.

[49] Reuter, Jens: Jugoslawien vor dem Zerfall, in: Aus Politik und Zeitgeschichte, 42(14), 1992 und Dobias, P. et al: Marktwirtschaftliche Transformation in Kroatien, a.a.O., S. 36-37.

[50] So wurde bereits 1983 das Begräbnis des ehemaligen Innenministers und Chefs der Geheimpolizei Ranković zur nationalistischen Massenkundgebung der Serben im Kosovo genutzt. 1986 protestierten serbische Schriftsteller in Form einer Petition erstmals öffentlich gegen die Albaner, im gleichen Jahr demonstrieren Kosovo-Serben in Belgrad.

über, die in zunehmender Weise von unterschiedlichen gesellschaftspolitischen Entwicklungen und gegensätzlichen Auffassungen über die künftige Ausgestaltung Jugoslawiens geprägt waren.[51]

Der Hintergrund war, dass die zentralistisch gesinnte serbische Führung die Verfassungsänderung von 1974 von Anfang an abgelehnt hatte und deren Außerkraftsetzung nach Titos Tod ihr entschiedenes Ziel war. In dieser Linie ist das 1986 verfasste „Memorandum" zu gesellschaftlichen Fragen der serbischen Akademie (SANU) zu sehen, sowie die Verabschiedung einer eigenen serbischen Verfassung, welche den alten Status wiederhergestellt und den Autonomiestatus der beiden Provinzen Vojvodina und Kosovo gestrichen hat. Da aber beide Provinzen ihren Sitz im Staatspräsidium behielten, konnte Milošević danach über drei Stimmen verfügen und sich dabei auch auf die vierte Stimme aus Montenegro verlassen.[52] Damit erzwang Milošević eine Pattsituation im Präsidium, und konnte daraufhin sämtliche Vorschläge und Entwürfe der Slowenen und Kroaten zu weiterer Dezentralisierung des gemeinsamen Staates in Richtung einer losen Konföderation selbständiger Staaten überstimmen und später gar verhindern, dass der kroatische Vertreter Stipe Mesić gemäß der Verfassung der SFRJ und dem darin verankerten Rotationsprinzip zum Präsidenten des Präsidiums gewählt werden konnte.[53] Das komplizierte Entscheidungsprinzip auf Bundesebene war dadurch empfindlich gestört, so dass - rückblickend betrachtet - bereits in der Suspendierung der Verfassung von 1974 der eigentliche Beginn der Auflösung der SFRJ zu sehen ist.

Als Reaktion auf die Blockadepolitik des serbisch dominierten jugoslawischen Staatspräsidiums, verabschiedete das slowenische Parlament im September 1989 Verfassungsänderungen, die ein Mehrparteiensystem und das Recht auf Austritt aus der jugoslawischen Föderation ermöglichten. Kroatien folgte dem slowenischen Vorbild mit dreimonatiger Verspätung. Auf einem Sonderparteitag des Bundes der Kommunisten Kroatiens (SKH) wurde die Abschaffung

[51] Uvalić, Milica: The Desintegration of Yugoslavia, Costs and Benefits, in: Communist Economies and Economic Transformation, Vol. 5, No. 3, 1993.

[52] Slobodan Milosević, einstiger Bankdirektor und seit 1984 Belgrader Stadtparteichef, wurde 1986 zum neuen Parteivorsitzenden der serbischen Kommunisten gewählt und führte sich alsbald dazu berufen, das „Memorandum" der SANU in die Praxis umzusetzen. Schon im April des Folgejahres gibt eine anti-albanische Demonstration auf dem Amselfeld den Startschuss zu seiner politischen Karriere. Als es zu Auseinandersetzungen zwischen den Demonstranten und der Polizei kommt, tritt er, die legitimen Staats- und Parteiorgane der Provinz ignorierend, als Beschützer der Serben auf und steigt mit tatkräftiger Unterstützung serbischer Medien zur nationalen Symbolfigur auf und wird 1989 serbischer Präsident.

[53] In seinem Buch „Kako smo srušili Jugoslaviju" beschreibt Stipe Mesić ausführlich die Auswirkungen der Machtverschiebung innerhalb des Staatspräsidiums, die auch nach seiner Wahl zum Präsidenten des Staatspräsidiums weiterhin bestand hatte, und dazu führte, dass das kollektive Organ in den Krisenmonaten des Staatszerfalls nahezu paralysiert war.

des Einparteiensystems beschlossen und demokratische Wahlen angekündigt, und dies obwohl noch Mitte 1989 die Mehrheit der kroatischen Parteimitglieder das Mehrparteiensystem grundsätzlich ablehnte.[54] Hintergrund dieses Sinneswandels war die Machtlosigkeit des SKH gegenüber der gesellschaftlichen Entwicklung. Der Zerfall sozialistischer Systeme in Osteuropa, die Ereignisse im Nachbarland Slowenien und die zunehmende Unzufriedenheit mit der Politik auf Bundesebene zwang die Parteispitze zu diesem Schritt.[55] In der Folgezeit legte der SKH einen härteren Kurs gegenüber dem serbisch dominierten Bundespräsidium ein und forderte mehr Entscheidungsbefugnis der einzelnen Republiken und höhere Zuweisungen aus dem Bundesbudget der SFRJ für die kroatische Wirtschaft; im Grunde die bekannten Forderungen der Protagonisten des Kroatischen Frühlings knapp zwanzig Jahre zuvor. Mit einem demokratischen Anstrich verband der SKH die Hoffnung bei den anstehenden Wahlen seine Machtposition verteidigen zu können und trat im Wahlkampf mit dem Zusatz SDP *Stranka demokratskih promjena* (Partei der demokratischen Veränderung) an. Dabei spielte auch folgende Überlegung eine Rolle: aufgrund der flächendeckenden Organisationsstrukturen des SKH würden die Kommunisten aufgrund der relativ kurzfristig angesetzten Wahlen deutliche Startvorteile gegenüber den neu gegründeten Parteien genießen und dadurch auch die Oberhand behalten.[56] Es kam anders, wie wir heute wissen.

Bei den im Frühjahr des Jahres 1990 durchgeführten Wahlen entschied sich der größte Teil der Bevölkerung Kroatiens gegen die jugoslawische Staats- und Wirtschaftsordnung und sprach sich stattdessen für die Demokratisierung der Gesellschaft und die Einführung einer Marktwirtschaft nach westlichem

[54] Die traumatische Erfahrung des SKH nach dem Kroatischen Frühling führte dazu, dass die Partei noch bis Ende der 80er Jahre überaus repressiv auf liberale Strömungen in Kroatien reagierte, um keinen Vorwand für mögliche Interventionen aus Belgrad zu bieten. Die offizielle Gründung von bürgerlichen Parteien blieb daher noch 1989 verboten und wurde mit polizeilichen Mitteln verhindert. Dazu Reuter, Jens: Jugoslawiens Stellung in Europa, in: Südosteuropa, 6/1990, S. 350-367.

[55] Während in einigen Transformationsstaaten Ende der achtziger Jahren eine starke politische Opposition das Mehrparteiensystem einforderte, vollzog sich in Kroatien der Übergang zum Mehrparteiensystem somit aus der regierenden Kommunistischen Partei heraus, allerdings nicht aktiv wie etwa in Slowenien, sondern als Reaktion auf die Ereignisse in der unmittelbaren Nachbarschaft. Vgl. Kušić, Siniša und König, Michael: Zwei ungleiche Brüder auf dem Weg nach Europa. Die Entwicklung Sloweniens und Kroatiens seit der staatlichen Unabhängigkeit und die Annäherung an die Europäische Union, in: Südosteuropa-Mitteilungen, Jg. 39, Heft 3, 1999, S. 232-233 und Ziemer, Klaus: Ausgangsbedingungen für den politischen und wirtschaftlichen Transformationsprozess in Südost- und Ostmitteleuropa, in: Südosteuropa, Zeitschrift für Gegenwartsforschung, Jg. 45, Nr. 2, 1996, S. 113.

[56] Weckbecker, Arno und Hoffmeister, Frank, Die Entwicklung der politischen Parteien im ehemaligen Jugoslawien, München 1997, S. 142.

Muster aus.[57] Die erst im Sommer 1989, unter der Führung von Franjo Tuđman gegründete HDZ - *Hrvatska Demokratska Zajednica* (Kroatische Demokratische Gemeinschaft) ging aus den Wahlen als Sieger, den bis dahin regierenden Kommunisten kam die Rolle der Opposition zu. Überraschend schwach schnitt dabei die Koalition der Mitte ab, in deren Reihen einige Vertreter des Kroatischen Frühlings zu finden waren. Franjo Tuđman wurde auf seiner konstituierenden Sitzung am 30. Mai vom neu gewählten Sabor gemäß der alten Verfassung zum Vorsitzenden des Staatspräsidiums Kroatiens gewählt und die Teilrepublik Kroatien bekam erstmals eine demokratisch gewählte, nicht-kommunistische Regierung.

Im Gegensatz zu einigen anderen ehemals sozialistischen Staaten verlief in der damaligen Teilrepublik Kroatien der Machtwechsel noch überaus friedlich. Dies sollte sich allerdings in der Folgezeit ändern; Als ein Teil der in Kroatien lebenden Serben am 25. Juli 1990 einen Nationalrat gründete und das „Autonome Gebiet Krajina" ausrief, nahmen die inneren Unruhen zu. Im Rahmen der so genannten *balvan-revolucija* (Balkenrevolution) wurden wichtige Verkehrsverbindungen rund um Knin, dem Hinterland der dalmatinischen Küste, von aufständischen Serben durch Baumstämme blockiert. Der gesamte Verkehr kam daraufhin zum Erliegen und eine wichtige Verkehrsader zwischen der Hauptstadt und Dalmatien blieb unterbrochen. Da sich die dort ansässigen, überwiegend serbisch zusammengesetzten Polizeibehörden verselbstständigten und zusätzlich von der JNA unterstützt wurden, entglitt das gesamte Gebiet allmählich der Kontrolle kroatischer Behörden. Die Lage spitzte sich weiter zu, als am 22. Dezember 1990 die neue Verfassung Kroatiens verkündet wurde und bei Schusswechseln zwischen der kroatischen Polizei und serbischen Freischärlern im Nationalpark *Plitvice* und später bei einem Einsatz in der Nähe von Vukovar die ersten Toten unter den kroatischen Sicherheitskräften zu beklagen waren.

Ein wichtiger Meilenstein auf dem Weg in die Unabhängigkeit war das im Mai 1991 abgehaltene Referendum über den künftigen Status Kroatiens, bei dem knapp 84 Prozent der Bürger Kroatiens teilnahmen und mit 94 Prozent für die Unabhängigkeit der Teilrepublik votierten.[58] Das Ergebnis des Referendums war eindeutig und konnte nur wenige im Lande überraschen; die Kroaten bewiesen - wie bereits bei den Wahlen 1990 - ihre „europäische Orientierung". Sie hatten damit den neuen verantwortlichen Akteuren im Sabor den klaren

[57] Nach Grdešić, Kasapović, Siber und Zakošek orientierten sich die Kroaten bereits bei den ersten freien Wahlen an einem europakompatiblen Nationalstaat und votierten mit etwa 73 Prozent für eine „europäische Orientierung" Kroatiens. Vgl. Grdešić, Ivan et al.: Hrvatska u izborima '90. Zagreb 1991. Dazu auch Mappes-Niedick, Norbert: Die Ethno-Falle, Berlin 2005.
[58] Mesić, Stipe: Kako smo srušili Jugoslaviju, Zagreb 1992.

Auftrag erteilt, die staatliche Unabhängigkeit Kroatiens in die Wege zu leiten. Klangen noch die ersten offiziellen Verlautbarungen auf kroatischer Seite überaus vorsichtig und gingen zunächst in Richtung Umwandlung der SFRJ in einen losen Staatenbund mit weitreichender Souveränität für Kroatien, so wurde bereits fünf Wochen später im Sabor euphorisch verkündet: „Rođena je država Hrvatska“ (Der Staat Kroatien ist geboren). Die Ereignisse nahmen ihren Lauf als sich die serbischen Vertreter im jugoslawischen Staatspräsidium weigerten, den Vorsitz des Staatspräsidiums turnusgemäß - entsprechend der noch gültigen Verfassung von 1974 - an den kroatischen Vertreter Stipe Mesić abzutreten. Als unmittelbare Reaktion auf deren destruktive Haltung erklärte die Teilrepublik am 25. Juni 1991 zusammen mit Slowenien die staatliche Unabhängigkeit. Die Europäische Gemeinschaft, von der raschen Entwicklung der Ereignisse in Slowenien, Kroatien und auf Bundesebene der SRFJ überrascht, handelte daraufhin am 8. Juli mit den jeweiligen Konfliktparteien ein dreimonatiges Moratorium aus, worauf Stipe Mesić mit Unterstützung der EG-Troika den zuvor verweigerten Vorsitz im Staatspräsidium übernehmen konnte. Er sollte als letzter Präsident des Staatspräsidiums der SRFJ in die Geschichte eingehen.

Umgehend nach Verkündung der staatlichen Unabhängigkeit Sloweniens und Kroatiens entsandte die Belgrader Föderationsregierung Einheiten der Jugoslawischen Volksarmee (JNA) zur Wiederherstellung der Hoheitsrechte an der nördlichen Grenze. Somit blieb in Ljubljana und Zagreb nicht viel Zeit, die gemeinsame Proklamation der staatlichen Unabhängigkeit gebührend zu feiern; noch war nicht alles in trockenen Tüchern. Denn im Gegensatz zu den meisten ehemaligen sozialistischen Staaten, bei denen sich die Kommunisten nach 1989 – wie Milan Kundera es treffend formulierte - relativ leise und fast höflich verabschiedet haben und damit eine überwiegend friedliche und geordnete Auflösung der Tschechoslowakei und der UdSSR ermöglichten, war das Beharrungsvermögen der Kommunisten bzw. der Nomenklatura im ehemaligen Jugoslawien ungleich stärker, ihr Realitätssinn weit weniger ausgeprägt und die Bereitschaft zum Machtverzicht insbesondere auf serbischer Seite kaum vorhanden. Sie konnten oder wollten weder die Zeichen der Zeit erkennen, noch den Ausgang der demokratischen Wahlen und der Referenden in den beiden nördlichen Teilrepubliken Slowenien und Kroatien akzeptieren. Sie waren gar bereit, die von allen jugoslawischen Teilrepubliken mitfinanzierte Volksarmee für die Erhaltung des künstlichen Staatsgebildes gegen die eigene Bevölkerung einzusetzen. Damit war auch für diejenigen Kroaten und Slowenen, die bis dahin noch an ein gemeinsames Zusammenleben mit den südlichen Nachbarn in einem wie auch immer gestalteten Staat geglaubt hatten, der „point of no return“ erreicht.

Die bewaffneten Auseinandersetzungen in Slowenien konnten jedoch – nach energischer Gegenwehr der slowenischen Territorialverteidigung - relativ schnell beigelegt und die JNA mit dem *Brioni-Plan* vom 7. Juli 1991 zum Rückzug verpflichtet werden.[59] Die Verselbstständigung Sloweniens seitens des Staatspräsidiums der SFRJ war somit beschlossene Sache. Im Gegensatz sollten die im Zusammenhang mit der Unabhängigkeitserklärung stehenden Kampfhandlungen in Kroatien erst noch ausbrechen und weitaus heftiger werden. Sie dauerten nicht nur länger, sondern hatten ungleich größere Opfer und Zerstörungen zur Folge. Die Tatsache, dass sich die JNA relativ schnell aus Slowenien zurückzog, lässt sich rückwirkend unter anderem damit erklären, dass Belgrad generell kein großes Interesse an Slowenien hatte. Nach Hans Koschnik war Slowenien für Serbien eher Alpenvorland als Balkan und - da nur eine unbedeutende Zahl Serben in Slowenien lebten - die staatliche Unabhängigkeit somit auch kein Problem. Anders dagegen Kroatien: hier lebte eine entsprechend große serbische Minderheit, insbesondere in der Krajina, der ehemaligen österreichischen Militärgrenze, die Belgrad als Pfand einsetzte und Milošević als Grund für das militärische Eingreifen der JNA diente.

Seit Mitte Juli 1991 eskalierte die Gewalt dann auch in Kroatien, insbesondere in den serbisch bewohnten Gebieten. Wenig später begann die Offensive der jugoslawischen Panzerverbände auch in den übrigen Gebieten Kroatiens, mit dem Ziel, sämtliche serbische Siedlungsgebiete aus Kroatien herauszulösen und diese untereinander zu verbinden.[60] Gab sich die JNA zumindest anfangs noch neutral, stand sie spätestens seit September offen auf der Seite der serbischen Milizen.[61] Dabei förderte das von der EG im Juli und von der UNO im September verhängte Waffenembargo gegen Jugoslawien die Überlegenheit der Bundesarmee auf Kosten des werdenden Staates. Kroatien besaß zu diesem Zeitpunkt lediglich eine mit leichter Bewaffnung ausgerüstete Territorialverteidigung, die der hochgerüsteten JNA Anfangs kaum Gegenwehr leisten konnte. Die Folge war, dass schon im September nahezu ein Drittel des kroatischen Territoriums, insbesondere Westslawonien, Ostslawonien und die Krajina, besetzt war.

---

[59] Janez, Janša: Die Entstehung des slowenischen Staates 1988-1992. Der Zerfall Jugoslawiens, Klagenfurt 1994.

[60] Seit dem Rückzug der JNA aus Slowenien war das Kriegsziel die Eroberung entweder ganz Kroatiens oder des Territoriums östlich der Linie Karlobag-Karlovac-Virovitica, die weitgehend der Westgrenze der "Krajina" entspricht und an den Verlauf der ehemaligen Militärgrenze erinnerte. Križan, Mojmir, Postkommunistische Wiedergeburt ethnischer Nationalismen und der Dritte Balkankrieg, in: Osteuropa, 1995, S. 211.

[61] Hoppe, Hans-Joachim, Kroatien, in: Sicherheits- und Bedrohungsvorstellungen in Südosteuropa, Sonderveröffentlichung des BIOst, 1995, S. 30. Dazu auch Miedlig, H.-M., Gründe und Hintergründe der aktuellen Nationalitätenkonflikte, S. 119-120.

Unmittelbar nach Einnahme der Gebiete begann die planmäßige Vertreibung der Kroaten aus ihren Dörfern und Städten, wobei sich an den ethnischen Säuberungen neben den serbischen Milizen auch die JNA bereitwillig beteiligte. Gleichzeitig wurden wichtige Verkehrsverbindungen zwischen der Hauptstadt Zagreb und Slawonien bzw. Dalmatien unterbrochen und damit deren Versorgung und Verteidigung erschwert. In Slawonien wurde insbesondere die Landwirtschaft hart getroffen, da viele fruchtbare Flächen weiträumig vermint wurden und die Landwirte dementsprechend ihre Felder über Jahre nicht bestellen konnten. Die Beseitigung der Minen erforderte großen finanziellen Aufwand und dauert zum Teil bis heute an. Der daraufhin eskalierende Krieg forderte in seinem Verlauf unzählige Menschenleben und hinterließ noch mehr Kriegsverletzte, Vertriebene und Flüchtlinge.[62] Besonders hart traf das Land neben den direkten und indirekten Kriegsschäden auch der unwiederbringliche Verlust an Kulturgütern, darunter zahlreiche Denkmäler, Bibliotheken und Kirchen.[63]

Erst im Januar 1992 gelang es der UN nach unzähligen vergeblichen Versuchen eine Waffenruhe zwischen der kroatischen und serbischen Seite zu vermitteln, die auch Bestand haben sollte. Der Waffenstillstand war gleichzeitig auch Voraussetzung für die Annerkennung der staatlichen Unabhängigkeit und Vorbedingung der internationalen Gemeinschaft für die Entsendung der UN-Blauhelme, die nach Erlangung der staatlichen Unabhängigkeit in Kroatien stationiert wurden.[64] Allerdings wurden diese, nicht wie von den Kroaten erhofft, entlang der Staatsgrenzen sondern - als eine Art „Puffer" - entlang der Waffenstillstandslinie stationiert, wodurch sie faktisch die serbischen Kriegsgewinne absicherten und den Status quo garantierten. So hatten die Kroaten zwar ihren eigenen Staat, die Souveränität der Republik Kroatien war allerdings stark eingeschränkt. Mit der von aufständischen Serben proklamierten „Serbischen Republik Krajina" waren etwa 30 Prozent des kroatischen Territoriums vom restlichen Land abgetrennt, so dass sich die Kontrolle kroatischer Behörden nicht auf das gesamte, von internationaler Seite anerkannte, Staatsgebiet erstreckte.

---

[62] Allein nach dem Fall Vukovars trafen 10.000 Vertriebene in Zagreb ein. Bis Ende 1991 waren auf kroatischer Seite laut Granić etwa 14.000 Tote, 35.000 Verwundete und über 7000 Vermisste zu beklagen. Granić, Mate: Vanski poslovi, a.a.O. S. 42.

[63] Nach offiziellen Angaben wurden rund 1759 zivile Denkmäler wie Häuser und Schlösser und etwa 500 Religionsdenkmäler, Kirchen und Klöster beschädigt oder zerstört. Vgl. War-Inflicted Demage on Cultural Monuments 1991-1995, Final Report, Republic of Croatia, Ministry of Culture, Agency for the Protection of Cultural Heritage, Zagreb 1999.

[64] Das in Sarajevo unterzeichnete Abkommen kam erst nach Druck der EG zustande. Es schloss auch die Deblokade der JNA-Kasernen in Kroatien ein und wurde von kroatischer Seite als nachteilig empfunden. Tuđman jedoch hatte zu dieser Zeit nur wenig Alternativen, sollte die internationale Annerkennung nicht in Gefahr geraten.

Gleichzeitig spitzte sich auch der Konflikt in Bosnien und Herzegowina zu. Am 20. Juni wurde der Kriegszustand ausgerufen und die Generalmobilmachung angeordnet, wobei kroatische und muslimische Streitkräfte zunächst eng zusammenarbeiteten. Allerdings sollte diese Allianz nicht lange halten. Im Januar 1993 begannen die ersten Kämpfe zwischen den bisher verbündeten Kroaten und Bosniaken, die sich ab Mai zusehends ausweiteten. Erst im Februar des Folgejahres wurde ein Waffenstillstand zwischen den beiden Parteien vereinbart und am 1. März 1994 auf Druck der USA gar die Bildung einer muslimisch-kroatischen Föderation beschlossen. Während die Kämpfe zwischen Bosniaken und Kroaten damit beendet waren, setzten die Serben ihre Kampfhandlungen in Bosnien und Herzegowina weiter fort. Inzwischen militärisch gestärkt, konnte Kroatien Anfang Mai 1995 die serbisch besetzten Gebiete in Westslawonien mit der Operation *Bljesak* zurückerobern, um dann mit der Großoffensive *Oluja* im August in nur wenigen Tagen auch die gesamte Krajina zurück zu gewinnen. Die serbischen Niederlagen setzten sich fort, zum einen durch das massivere Eingreifen der NATO, zum anderen durch neue Offensiven der nun wieder gemeinsam kämpfenden muslimisch-kroatischen Streitkräfte. Am 1. November 1995 begannen die Friedensgespräche, welche am 21. November mit dem Daytoner Abkommen abgeschlossen wurden. Aus kroatischer Sicht wurde der endgültige Schlusspunkt auf den überaus tragischen und schmerzhaften Weg zum eigenen Staat erst 1998 gesetzt, als die friedliche Reintegration der restlichen etwa fünf Prozent des von Serben besetzten Gebietes in Ostslawonien gelang.

Die internationale Gemeinschaft und die staatliche Unabhängigkeit

Seit dem Sommer 1990 war man in den Hauptstädten Westeuropas häufig irritiert und verwundert über die Vorgänge im ehemaligen Jugoslawien, einem Land, das man gut zu kennen glaubte. Insbesondere im Vergleich mit den übrigen osteuropäischen Staaten, die lange Zeit durch einen eisernen Vorhang getrennt waren, war Jugoslawien durch offene Grenzen und einer großen Anzahl von Gastarbeitern in Westeuropa präsenter. Dazu haben auch die vielen westeuropäischen Touristen beigetragen, die Jahr für Jahr ihre Sommerurlaube an der Adriaküste verbrachten. Der plötzliche Zerfall des Staates, die Heftigkeit der ethnischen Animositäten und die Brutalität der kriegerischen Auseinandersetzungen in den einzelnen Nachfolgestaaten der SFRJ überraschten daher nicht wenige, darunter auch so manchen verantwortlichen Akteur in Brüssel. Wie lässt sich das erklären? Zum einen stand aus Brüsseler Sicht der Zerfall Jugoslawiens im Gegentrend einer sich vereinigenden europäischen

Staatengemeinschaft, zum anderen wurden diese „Völker ohne Geschichte" an der Peripherie Europas, um Boris Buden zu paraphrasieren, vom Westen häufig ignoriert.[65] Für die einzelnen europäischen Staatschefs war es bequemer, den Status quo eines Staates wie Jugoslawien zu propagieren, als sich mit den Begehrlichkeiten und Hoffnungen kleiner Völker auseinandersetzten zu müssen, und zwar auch dann noch, als im Vielvölkerstaat dafür kein Konsens mehr bestand, wie die beiden Referenden in Slowenien und Kroatien verdeutlichten.[66]

Die staatliche Unabhängigkeit auszurufen ist daher eine, die internationale Annerkennung schließlich zu erlangen, die andere Seite der Medaille. Dass die damalige Teilrepublik Kroatien tatsächlich als unabhängiger Staat anerkannt werden und in den Kreis der internationalen Staatenfamilie Aufnahme finden würde, galt im Hinblick auf die restriktive Praxis der Vereinten Nationen bei der Anerkennung neuer Staaten lange Zeit durchaus nicht als gesichert, und aufgrund der ersten Brüsseler Reaktionen auf die Unabhängigkeitserklärung sogar eher als unwahrscheinlich.[67] Trotz der vielen Bekundungen, die der Westen und insbesondere die damalige Europäische Gemeinschaft in den 70er und 80er Jahren noch von sich gab, demokratische und emanzipatorische Bewegungen innerhalb des sozialistischen Lagers unterstützen zu wollen. Aber die Umstände und der Zeitpunkt für dieses Unterfangen – die staatliche Unabhängigkeit zu erlangen - waren alles andere als glücklich gewählt. Die zunehmenden Spannungen innerhalb Jugoslawiens Ende der 1980er Jahre fielen in eine für die internationale Diplomatie überaus bewegte und turbulente Zeit.

[65] Es bestand zu dieser Zeit von Seiten einiger westeuropäischer Staaten nicht selten die Tendenz, den beginnenden Krieg, die Vertreibungen und die gezielt gegen die Zivilbevölkerung eingesetzten Kampfhandlungen in Kroatien und später in Bosnien-Herzegowina als einen inhärenten Teil des Balkansyndroms anzusehen. Indem alle Nationen der Region gleichermaßen als wilde und unzivilisierte Stämme dargestellt wurden, entfiel auch die Notwendigkeit sich mit den Ursachen des Konfliktes sowie mit der Schuldfrage für die tragischen Ereignisse zu beschäftigen. Vgl. Maria Todorova.

[66] Eine Balkanpolitik, die den Namen verdient, war auf Seiten der EU bzw. der einzelnen Mitgliedsstaaten nicht vorhanden und konkretisierte sich erst aufgrund der innerjugoslawischen Kriege und dem damit verbundenen Migrationsdruck. Altmann, F.-L.: Die Balkanpolitik der EU – Regionalansatz und Prinzip der Konditionalität, in: Südosteuropa, Heft 10/11, 1998, S. 503.

[67] Richard Caplan arbeitet in einem 2005 erschienen Buch heraus, dass historisch betrachtet die Annerkennungspolitik international überwiegend konservativ betrieben wurde und sie dadurch zu einem relativ stabilen internationalen System geführt hatte. In der Regel entstehen neue Staaten immer auf Kosten von existierenden Staaten, d.h. es handelt sich um einen Eingriff in die Integrität bestehender Staaten, was wiederum die Stabilität des gesamten System beeinträchtigt. Dadurch wurde die Annerkennungspolitik der EG im Falle Jugoslawiens so eng und länderspezifisch ausgelegt, dass von der anschließenden staatlichen Unabhängigkeit Sloweniens und Kroatiens keine oder nur geringe Signale in Richtung Katalonien, dem Baskenland oder Tschetschenien ausgehen konnten.

Dieser Umstand blieb nicht ohne Auswirkungen auf die Handhabung der Krise. Sie geriet zum Nebenschauplatz: Erstens verlor Jugoslawien als blockfreier Staat nach Beendigung des Kalten Krieges und der bipolaren Systemstruktur, sowohl für den Osten als auch für den Westen, an Bedeutung. Zweitens war Deutschland unlängst wiedervereinigt, ein Prozess der in einigen Hauptstädten Europas – vor allem in Paris und London - verstärkte Aufmerksamkeit erregte, und drittens befand sich die Sowjetunion selbst in einem äußerst instabilen Zustand, der schließlich nach dem gescheiterten Putschversuch gegen Gorbatschow zur Auflösung der UdSSR führte. Obendrein räumte die politische Führungsspitze der EG und insbesondere die der USA zu jener Zeit dem Golfkrieg die höhere Priorität ein.[68]

Als Kroatien und Slowenien am 25. Juni 1991 diesen entscheidenden Schritt in Richtung staatlicher Unabhängigkeit taten, stießen sie - wie auch nicht anders erwartet - auf Widerstand der internationalen Gemeinschaft. Laut dem ehemaligen kroatischen Außenminister Mate Granić war zu diesem Zeitpunkt kein einziges Land der EG bereit, die staatliche Unabhängigkeit Kroatiens anzuerkennen.[69] Die zurückhaltende und bisweilen ablehnende Haltung hatte gleich mehrere Gründe: Zum einen bestanden sowohl die USA als auch die damalige EG auf der territorialen Integrität der Sozialistischen Föderativen Republik Jugoslawien. Aus völkerrechtlicher Sicht hätte ein anderes Vorgehen die Souveränität Jugoslawiens verletzt, wurde doch zur Vermeidung einer unkontrollierten Kleinstaatenbildungsdynamik und zur Aufrechterhaltung der internationalen Stabilität das *uti-posseditis* Prinzip bevorzugt. Dieses Prinzip ist als „territoriale Besitzstandsgarantie“ und Unverletzbarkeit bestehender Grenzen zu verstehen und schließt die unilaterale Anwendung des Selbstbestimmungsrechts mit einigen wenigen Ausnahmen aus. Zwar ermöglichte die 1974 nivellierte Verfassung der SFRJ jedem Volk das Recht auf Selbstbestimmung, einschließlich des Rechts auf Loslösung (Verfassung der SFRJ, Belgrad 1974, Art. 5), allerdings war dies an die Bedingung eines Konsenses aller Republiken geknüpft, so zumindest die Lesart einiger Verfassungsrechtler, und im Falle Kroatiens nicht gegeben.[70] Somit ergab sich für Kroatien kein automatisches Sezessionsrecht nach dem Selbstbestimmungsrecht der Völker.[71] Auf der anderen Seite stand die Wahrnehmung des Selbstbestimmungsrechts weder in der

---

[68] Korczynaski, Nikolaus Jarek: Deutschland und die Auflösung Jugoslawiens, in: Studien zur internationalen Politik, 1/2005, S.13.

[69] Dazu ausführlicher in: Granić, M.: Vanjski poslovi. Iza kulisa politike, Zagreb 2005, S. 23-25.

[70] Aus kroatischer Sicht ermöglichte die Verfassung von 1974 das Sezessionsrecht auch ohne Konsens aller anderen Republiken. Dazu Mesić, Stipe: Kako smo srušili Jugoslaviju – politički memoari. Zagreb 1992.

[71] Kimminich, O. und Hobe, Stephan: Einführung in das Völkerrecht, Tübingen 2000 und Paech, N. / Stuby, G.: Völkerrecht und Machtpolitik in den internationalen Beziehungen, Hamburg 2001.

Sowjetunion in hohem Kurs, da man zusätzliche Auseinandersetzungen zwischen den Sowjetrepubliken befürchtete, noch in einigen europäischen Ländern wie Spanien und Frankreich, die damals eigene Probleme mit Separatistenbewegungen hatten.

Die USA hatten zu Beginn der Auseinandersetzungen im ehemaligen Jugoslawien noch keine Strategie zur Beilegung der Krise und unterstützten im Wesentlichen die Politik der EG bzw. Großbritanniens.[72] Sie verweigerten Kroatien die Annerkennung der Unabhängigkeit aus einem einfachen Grund: obwohl sie sehr wohl um die Absichten Miloševićs über die Errichtung eines Großserbiens wussten und diesen Absichten alles andere als wohlwollend gegenüberstanden, wollten sie weder Slowenien noch Kroatien anerkennen, bevor sie nicht für die anderen Teilrepubliken eine zufrieden stellende Lösung gefunden hatten.[73] Zu diesem Zeitpunkt gingen sie davon aus, dass weder BiH noch Makedonien alleine überlebensfähig waren. Gleichzeitig stand das Kosovo-Problem vor der Tür. Auf europäischer Seite widersetzten sich einem unabhängigen Kroatien am härtesten Großbritannien und Frankreich.[74] Insbesondere in Großbritannien überwog zu dieser Zeit die Meinung, Kroatien würde der militärischen Übermacht seitens der JNA und der Serben nicht lange standhalten können. Beide, Großbritannien wie Frankreich, sahen stattdessen in der Einheit Jugoslawiens die Lösung des Konfliktes, was mitunter auch an den traditionell guten Beziehungen beider Länder zu Jugoslawien bzw. Serbien liegen mochte.[75] Über Lord Carrington und seinem Vorsitz bei der internationalen Konferenz konnten sie über eine gewisse Zeit ihre Linie innerhalb der EG durchsetzen. Somit überwogen in der EG in dieser frühen Phase des

[72] Nach Helmut Schmidt war die damalige amerikanische Zielvorstellung, den bereits zu diesem Zeitpunkt allein durch militärische und polizeiliche Gewalt zusammengehaltenen Kunststaat Jugoslawien aufrechterhalten zu wollen, mehr als naiv. Schmidt, Helmut: Die Mächte der Zukunft, München 2006, S. 17.

[73] „Wir wissen, dass Milošević und Serbien die Aggressoren auf Kroatien sind und Sie können mir glauben, dass wir sie nicht unterstützen. Aber wir können Kroatien und Slowenien nicht anerkennen, weil BiH und Makedonien als selbständige Staaten nicht bestehen können". Der damalige amerikanische Botschafter Warren Zimmerman in einem Gespräch mit dem damaligen kroatischen Außenminister Granić unmittelbar nach dem Fall Vukovars, in: Granić, M.: Vanjski poslovi, a.a.O., S. 41.

[74] Dazu die Stellungnahme der politischen Abteilung I des Eidgenössischen Departement für auswärtige Angelegenheiten EDA: „Die offizielle französische Politik neigt seit dem offenen Ausbruch der Jugoslawienkrise zu heftigen, zeitweise an der Grenze zur Irrationalität liegenden Reaktionen gegen Slowenien, Kroatien, Österreich und Deutschland". Beilage 1 zur Informationsnotiz an die Mitglieder des Sonderstabes Jugoslawien vom 19. Juli 1991, in: Meier, Michael: Das Engagement der Schweiz in den Konflikten im ehemaligen Jugoslawien, Bern 2006, S. 112.

[75] Das kommunistische Jugoslawien wurde lange Zeit als Ordnungsmacht auf dem Balkan angesehen und Milošević und Serbien zumindest in der ersten Phase des Konflikts als stabilisierendes Moment. Dazu Dobias, Peter: Marktwirtschaftliche Transformation, Berlin 2000, S. 53-54.

Konfliktes die Hoffnungen, Jugoslawien in irgendeiner Form noch retten zu können, sei es als Föderation oder Konföderation. Bis in den August 1991 hinein unterstützte die EG die Einheit Jugoslawiens und dabei vor allem den damaligen Premier der Föderationsregierung Ante Marković.[76]

Stand auch Deutschland noch anfänglich in der Linie der EG-Partner und unterstützte die Integrität Jugoslawiens, so änderte sich mit der Ausweitung der Kriegshandlungen und dem verstärkten Einsatz der JNA auf serbischer Seite die Rhetorik im Bundestag: das von der KSZE-Charta abgeleitete politische Recht auf Selbstbestimmung bekam Vorrang vor völkerrechtlichen Bedenken.[77] Die Bundesregierung schwenkte, in Folge des innenpolitischen Drucks, auf diese neue Haltung ein und befand sich damit auf Konfliktkurs zu den meisten EG-Staaten und den USA. Ab diesem Zeitpunkt war die Jugoslawienpolitik der EG von dem Versuch der einzelnen Mitgliedsstaaten gekennzeichnet, nach außen ein geschlossenes Auftreten zu wahren, in den internen Verhandlungen aber die jeweils eigene Position durchzusetzen. Die Arbeit von Korczynski zur Rolle Deutschlands bei der Auflösung Jugoslawiens verdeutlicht recht gut, wie es schrittweise von der Betonung der territorialen Integrität schließlich zur Anerkennung Kroatiens und Sloweniens durch die internationale Gemeinschaft kam, gebremst durch völkerrechtliche Bedenken und getrieben durch deutsche Initiativen, vor allem aber aufgrund der gewaltsamen Entwicklung in Kroatien selbst.

Zu dieser Zeit gab es lediglich von Seiten Deutschlands, Österreichs und des Vatikans offene Unterstützung für Kroatien. Eher verdeckt und diskret unterstützte auch Ungarn die kroatische Seite, insbesondere in Gesprächen mit den übrigen MOEL und Frankreich.[78] Intensive Verhandlungen und diplomatisches Geschick der deutschen Seite und die Eskalation der Gewalt, insbesondere die Zerstörungen von Vukovar und der militärisch wie strategisch völlig sinnlose Beschuss und die Belagerung Dubrovniks durch jugoslawische bzw. serbische und montenegrinische Kampfverbände führten dazu, dass sich allmählich die verantwortlichen Akteure der übrigen EG-Staaten der deutschen Seite annäherten. Unterstützt wurde diese Linie durch zunehmenden Druck seitens der kroa-

---

[76] Nach Auswertung zahlreicher Dokumente kommt Richard Caplan zu der Einsicht, dass insgesamt weniger die beiden nördlichen Teilrepubliken von der EG zur Unabhängigkeit ermuntert wurden, als vielmehr die serbische und jugoslawische Führung dazu, die Einheit der SFRJ aufrechtzuerhalten und dadurch erst der Einsatzbefehl an die JNA ausgegeben wurde. In dem Glauben, im Auftrag der EG zu handeln, wurde beim Versuch die „abtrünnigen" Republiken zurückzuholen allerdings eine wichtige Linie der Gewalt überschritten.

[77] Korczynski, Nikolaus Jarek: 1/2005, S. 21.

[78] Die ablehnende Haltung der Franzosen, verkörpert in erster Linie durch Staatspräsident Mitterand, konnte erst allmählich gelockert werden, wobei insbesondere Intellektuelle wie Alain Finkelkraut eine Rolle spielten.

tischen Diaspora in Europa, den USA, Kanada und Australien aber vor allem aufgrund der Empfehlung der Badinter-Kommission, wonach sich Jugoslawien bereits im Zustand der Auflösung befand und dadurch das völkerrechtliche Prinzip des uti posseditis auf die entstehenden Nachfolgestaaten übertragen werden konnte.[79] Dabei spielte nach Aussage des damaligen britischen Außenministers Hurd auch die Ankündigung von Außenminister Genscher, Deutschland würde aufgrund des innenpolitischen Drucks auch ohne die EG-Staaten Kroatien anerkennen, eine ausschlaggebende Rolle. Nachdem sich Deutschland bereits am 23. Dezember 1991 auf die Annerkennung festlegte, erfolgte am 15. Januar 1992 schließlich die gemeinsame Annerkennung Kroatiens und Sloweniens durch die EG-Mitgliedstaaten.[80] Bereits zwei Tage zuvor, am 13. Januar, hatte der Vatikan Kroatiens staatliche Unabhängigkeit anerkannt.

Das Drängen Deutschlands auf Annerkennung Kroatiens musste im Nachhinein häufig als Grund für den Zerfall des jugoslawischen Staates bzw. der Eskalation des Krieges im ehemaligen Jugoslawien herhalten. Die Liste der Literatur, die versucht diesen Zusammenhang unter Verwendung von Stereotypen zu konstruieren ist überaus lang. Allerdings hält diese Sichtweise und Erklärung für die Entwicklung im ehemaligen Jugoslawien bei genauerem Blick der tatsächlichen Ereignisse jener Zeit nicht stand. Am 9. Januar 1992, also unmittelbar nachdem die internationale Annerkennung der Unabhängigkeit Kroatiens hinter den Kulissen der EG-Diplomatie beschlossen wurde, erklärte Milošević den Krieg gegen Kroatien für beendet mit der Folge, dass die Kampfhandlungen auf kroatischem Territorium abflauten. Nach Annerkennung der staatlichen Unabhängigkeit Kroatiens von Seiten der internationalen Gemeinschaft, also nach dem 15. Januar, zog sich die JNA vollständig aus Kroatien zurück, mit der Begründung in einer „international anerkannten Republik Kroatien" nunmehr keine Legitimation mehr zu haben. Das Resultat der internationalen Annerkennung Kroatiens war, dass - nach unzähligen Anläufen - zum ersten Mal ein Waffenstillstandsabkommen zwischen den kroatischen Streitkräften und der JNA von beiden Seiten tatsächlich auch eingehalten wurde. Aus dieser Perspektive verbleibt lediglich Raum für Spekulationen dahingehend, wie die Loslösung Kroatiens von Jugoslawien verlaufen wäre, wenn die Europäische Gemeinschaft schon im Sommer 1991 Einigkeit bewiesen und

---

[79] Neu, Alexander: Die Zukunft des Kosovo, in: Osteuropa, 2005, S. 39-40.

[80] Am 19. Dezember beschloss das deutsche Bundeskabinett, Slowenien und Kroatien am 23. Dezember anzuerkennen. Einen Tag vor Weihnachten wurden in Ljubljana und Zagreb die Anerkennungsschreiben
des Bundespräsidenten überreicht. Damit war die Anerkennung formell vollzogen. Die übrigen Mitgliedsstaaten der EG setzten ihre Beratungen über das weitere Vorgehen in Jugoslawien am 10. Januar 1992 fort.

die beiden nördlichen Staaten aufgrund der Ergebnisse der Referenden und nach Ausrufung der staatlichen Unabhängigkeit umgehend anerkannt hätte, anstatt über Wochen und Monate hinaus falsche Signale in Richtung Belgrad bzw. einer zwischenzeitlich außer Kontrolle geratenen Armee auszusenden.[81]

Franjo Tuđman und die HDZ

Zum eigenen Staat und durch sämtliche Wirren des Krieges wurde die damalige Teilrepublik Kroatien, unbeirrt, aber auch autoritär von Franjo Tuđman geführt. Als erster Staatspräsident der Republik Kroatien erreichte er im Sommer 1995, nach der internationalen Anerkennung der staatlichen Unabhängigkeit, mit Entschlossenheit die Wiedervereinigung der zuvor von aufständischen Serben okkupierten und von UN-Blauhelmen überwachten Gebiete in der Krajina und Westslawonien, und schließlich mit Beharrlichkeit 1998 die friedliche Reintegration des noch verbliebenen, ebenfalls von Serben okkupierten, Territoriums in Ostslawonien.[82] Wer aber war dieser Mann, der insbesondere für die jüngeren unter den Kroaten Anfang 1990 wie Phönix aus der Asche erscheinen musste und noch wenige Jahre zuvor in Zagreb relativ unbemerkt ein ruhiges Dasein als Pensionär verbrachte? Noch 1989 verkündete Tuđman in einem Interview, dass er sich nicht so sehr aus dem Drang nach politischen Ämtern, sondern lediglich aus dem Wunsch heraus, sich an der gesellschaftlichen Entwicklung Kroatiens im Zuge der demokratischen Veränderungen zu beteiligen, zum Vorsitzenden der damals neu gegründeten HDZ hat wählen lassen.[83] Da über Franjo Tuđman und seiner Rolle bei der Erlangung der staatlichen Unabhängigkeit inzwischen - sowohl in Kroatien als auch außerhalb des Landes - eine ganze Reihe von Veröffentlichungen erschienen sind, wird an dieser Stelle auf eine ausführliche und tiefgehende Darstellung verzichtet. Gleichwohl sollen für das bessere Verständnis seiner Politik, der politischen und institutionellen Transformation in Kroatien und der Entwicklung in den 1990er Jahren zumindest einige Eckpunkte seines Lebens skizziert werden.

---

[81] Die Fehlleistungen der westlichen Jugoslawienpolitik werden nicht selten damit begründet, der Westen sei uneinig gewesen. Meier, Viktor: Wie Jugoslawien verspielt wurde, München 1999 und ders.: Jugoslawiens Erben, München 2001.

[82] Die Stationierung von UN-Truppen in den serbisch besetzten Gebieten Kroatiens sollte zunächst den Waffenstillstand und anschließend den Abzug der serbischen Truppen überwachen, bis zur Wiederherstellung der vollen Souveränität innerhalb der Grenzen Kroatiens. Faktisch sicherten die UN-Blauhelme jedoch den territorialen Status Quo der besetzten Gebiete bis 1995 in der Krajina, in Ostslawonien gar bis 1998.

[83] Baletić, M. (Hrsg.): Ljudi iz 1971. Prekinuta Šutnja, Zagreb 1990, S. 210-211.

Franjo Tuđman, geboren im Zagorje nördlich von Zagreb, hatte ab 1941 aktiv auf Seiten der Partisanen am Zweiten Weltkrieg teilgenommen und war bei dessen Ende in Titos Armee relativ weit emporgekommen. Titos Unterstützung war ihm auch in den folgenden Jahren sicher, so wurde Tuđman Leiter der Kaderabteilung der Armee. Nach dem Krieg absolvierte er zwischen 1955 und 1957 ein Studium an der Militärakademie und wurde 1960 in den Rang eines Generals befördert, um allerdings schon im Folgejahr wieder die Armee zu verlassen und sich auf die akademische Arbeit zu konzentrieren. Er verließ Belgrad in Richtung Zagreb und widmete sich auf Weisung des Zentralkomitees des SKH fortan dem Aufbau des Instituts für die Geschichte der Arbeiterbewegung Kroatiens (Institut za povijest radničkog pokreta Hrvatske) und wurde dessen Direktor. Nach der Promotion wurde er zum außerordentlichen Professor für Geschichte an der Fakultät für politische Wissenschaften der Universität Zagreb berufen. Zudem engagierte sich Tuđman seit Mitte der 60er Jahre in der kroatischen Kulturorganisation Matica Hrvatska. Die Beschäftigung mit der Geschichte und der nationalen Kultur beeinflusste seine persönliche und politische Entwicklung in zunehmender Weise, insbesondere in der zweiten Hälfte seiner aktiven Laufbahn. Er bekam nach eigenen Aussagen Zugang zu Dokumenten, die belegten, dass die jugoslawische Führung mit der Verdrehung historischer Tatsachen und der Konstruktion einer Kollektivschuld versucht habe, das kroatische Volk niederzuhalten.[84] In der Folge trat er zunehmend als Befürworter national-kultureller wie -sprachlicher Eigenständigkeit auf, was ihn sehr bald von der jugoslawischen kommunistischen Führung und dem BKJ entzweite und später für einige Jahre ins Gefängnis brachte.[85]

Auslöser war die 1967 verfasste Deklaration über die Stellung der kroatischen Sprache, die aus dem Wunsch heraus entstanden ist, sich der serbischen Dominanz auf kultureller Ebene zu entledigen. Dabei erhoben Sprachwissenschafter und Literaten den Vorwurf, dass die Vereinbarung über die Gleichberechtigung der serbischen und kroatischen Variante des Serbokroatischen nicht eingehalten werde.[86] Nach dem Ausschluss aus der Kommunistischen Partei wurden ihm zeitgleich alle öffentlichen Ämter entzogen. Nach dem Ende des Kroatischen Frühlings – bei dem er eine gewisse jedoch keine herausragende Rolle spielte - wurde er 1972 wegen „konterrevolutionärer“ Umtriebe verhaftet und zu zwei Jahren Haft verurteilt, von denen er neuen Monate in Haft verbrachte.

---

[84] Helmerich, Antje: Kroatien unter Franjo Tuđman, in: Südosteuropa, 53. Jg, Heft 2, 2005, S. 245.

[85] Pradetto, A./ Weckmüller, C.: Eliten in postkommunistischen Ländern, in: Studien zur internationalen Politik, Heft 2, Hamburg 2000, S. 16.

[86] Laut Tuđman sollte mit dem Schlag gegen die Unterzeichner der Deklaration innerhalb Jugoslawiens ein Gleichgewicht nach Rankovićs Sturz hergestellt werden. Interessanterweise gehörte Tuđman nach eigenen Aussagen nicht einmal zu den Unterzeichnern der Deklaration. Dazu Interview mit Tuđman in Baletić, M. (Hrsg.): Ljudi iz 1971. Prekinuta Šutnja, Zagreb 1990, S. 206.

In den Folgejahren lebte er zurückgezogen, praktisch unter Hausarrest und schrieb an seinen Büchern, bis er nach Titos Tod 1980 wegen einiger Interviews mit westlichen Journalisten erneut in die Schusslinie des Staatsapparates geriet und Februar 1981 zu drei Jahren Gefängnis verurteilt, allerdings aufgrund gesundheitlicher Probleme vorzeitig auf freien Fuß gesetzt wurde. Nachdem er 1987 seinen Reisepass zurückbekam, reiste er auf Einladung kroatischer Emigranten zunächst nach Kanada und die USA und später innerhalb Europas, wo er Vorträge über die kroatische Nationalbewegung hielt. Als die HDZ gegründet und er deren Vorsitzender wurde, war er bereits 67 Jahre alt.

Seine politische Heimat, die HDZ - Hrvatska demokratska zajednica (Kroatische Demokratische Gemeinschaft) - wurde im Sommer 1989 gegründet und erst einige Monate später, nach dem Verzicht des SKH auf das politische Monopol, als politische Partei offiziell registriert. Sie war zu jener Zeit eher nationale Bewegung denn Partei und fußte auf der Idee, eine national-liberale Partei zu konstituieren und so den vorrangigen Strömungen in der kroatischen Gesellschaft Tribut zu zollen.[87] Ziele der Partei waren zuallererst das Selbstbestimmungsrecht des kroatischen Volkes, die Souveränität Kroatiens (innerhalb einer jugoslawischen Konföderation oder außerhalb eines solchen Staatenbundes), die Einführung des politischen Pluralismus sowie die Entwicklung von Demokratie und Marktwirtschaft nach westlichem Vorbild. Mitglieder der ersten Stunde kamen sowohl aus den Reihen des Bundes der Kommunisten Kroatiens SKH – der prominenteste unter ihnen ist der letzte Präsident des Staatspräsidiums Jugoslawiens und jetziger Präsident Kroatiens Stipe Mesić - als auch aus denen ehemaliger Exil-Kroaten. Damit sollte die langjährige Spaltung der kroatischen Bevölkerung in eine Partisanenfraktion und einen nationalen Flügel überwunden werden, um dem zunehmenden serbischen Nationalismus vereint trotzen zu können.[88] Die Spaltung der Bevölkerung in zwei entgegen gesetzte Lager hatte ihre Wurzeln noch aus den Wirren des Zweiten Weltkriegs, als ein Teil der Kroaten mit der Ustaša-Bewegung und der NDH sympathisierte, während der andere Teil diese, auf Seiten Titos und der Partisanen, bekämpfte und für ein sozialistisches Kroatien eintrat. Franjo Tuđman - inzwischen Vorsitzender der HDZ - war überzeugt, dass nur durch die Versöhnung des kroatischen Volkes und durch die Überwindung des politischen Gra-

[87] Laut Helmerich verstand sich die HDZ bewusst nicht als Partei, um der in Kroatien wie allgemein im postsozialistischen Ost- und Südosteuropa herrschenden Abneigung gegenüber Parteien Rechnung zu tragen, aber auch um als Sprachrohr für die gesamte kroatische Gesellschaft fungieren zu können. Helmerich, Antje: Kroatien unter Franjo Tuđman, in: Südosteuropa, 53. Jg, Heft 2, 2005, S. 247.

[88] Bethke, Carl / Sundhaussen, Holm: Zurück zu „alten Übersichtlichkeit"?, a.a.O. S. 216.

bens die Erlangung der Unabhängigkeit des Landes möglich war.[89] Nach Meinung einiger Beobachter sah er darin gar eine „historische Mission".[90]

Neben Tuđman sollte auch die HDZ für die Entwicklung Kroatiens eine herausragende Rolle spielen. Bereits die Gründung der Partei erregte in der Öffentlichkeit zu jener Zeit großes Interesse, sammelten sich um sie doch ehemals verfolgte Dissidenten aus den Zeiten des Kroatischen Frühlings und hatte sie doch nicht weniger als die Zerschlagung des Kommunistischen Regimes zum Ziel. Obwohl von den damaligen Machthabern kritisch beäugt und in der Presse nicht selten als „gefährliche Vereinigung" und „Organisation mit gefährlichen Absichten" betitelt, konnte die HDZ bereits in den ersten Wochen nach ihrer Gründung einen sprunghaften Anstieg der Mitgliederzahl verzeichnen.[91] Die im Wahlkampf erstmals offen vorgetragene Kritik am jugoslawischen Bürokratismus, an der Unterdrückung des kroatischen Volkes und der Dominanz der Serben in der SFRJ aber auch innerhalb der kroatischen Teilrepublik zog in der Folge viele Bürger in ihren Bann, auch diejenigen, die sich bis dahin der Politik fernhielten. So hielt der Zuspruch und Zulauf aus den verschiedensten gesellschaftlichen Schichten sowie aus dem Ausland (Diaspora) auch im Vorfeld der ersten pluralistischen Wahlen an und ließ ihren Vorsitzenden zum stärksten Konkurrenten der Kommunistischen Partei werden.[92] Nahezu aus dem Stand gelang es der HDZ in nur wenigen Monaten landesweit entsprechende Parteistrukturen einzurichten und schließlich bei den ersten pluralistischen Wahlen am SKH vorbeizuziehen. Fortan gab es zwischen Franjo Tuđman und seiner HDZ eine überaus enge Verbindung, die in Kroatien über die gesamten 90er Jahre das politische Geschehen sowie alle entscheidenden Institutionen und gesellschaftlichen Prozesse bestimmen sollte.

Institutionelle Veränderungen und Blockaden in den 90er Jahren

Franjo Tuđman wurde auf der konstituierenden Sitzung des neu gewählten Sabor am 30. Mai 1990 zunächst zum Vorsitzenden des siebenköpfigen Staatspräsidiums und zwei Monate später zum Staatspräsidenten der formal noch zu Jugoslawien gehörenden Teilrepublik Kroatien gewählt. Unmittelbar darauf gab er die weiteren Schritte bekannt: Verabschiedung einer neuen Ver-

---

[89] Tuđman, Ankica: Moj život s Francekom, Zagreb 2006.

[90] Rüb, Matthias: Balkan Transit, Wien, 1998, S. 60 und Zanić, Ivo: Das politische Imaginarium der kroatischen Nationalgeschichte, in: Melčić (Hrsg.), Der Jugoslawien-Krieg. 1999, S. 293.

[91] Mesić, Stipe: Kako smo srušili Jugoslaviju, Zagreb 1992.

[92] Dabei hatte er nach Kitschelt den Bonus der Regimeopposition, ähnlich wie Walesa in Polen und Havel in der Tschechoslowakei. Kitschelt, 1994, S. 22.

fassung, die Re-Europäisierung Kroatiens und Anschluss an Europa. Und so wurden unter Tuđman bereits früh die ersten institutionellen Schritte in Richtung Demokratie und Marktwirtschaft eingeleitet. Allerdings litt die Qualität der politischen Transformation und des nach 1990 errichteten Regimes wesentlich unter den spezifischen Begleitumständen der Staatsbildung, d.h. der militärischen Bedrohung unmittelbar nach Ausrufung der staatlichen Unabhängigkeit, der Dominanz der Regierungspartei über Jahre hinweg und nicht zuletzt Tuđmans Herrschaftsverständnis, welches nicht unerheblich durch seine Zeit als kommunistischer Funktionär und General unter Tito geprägt wurde. Insofern mag es kaum verwundern, dass unter diesen Umständen eine konsolidierte Demokratie nur schwer Fuß fassen konnte und das andere Ziel, Anschluss an Europa zu finden, zwischenzeitlich in den Hintergrund geriet.[93]

Die (Weihnachts-)Verfassung und die Wahl des Regierungssystems

Am 25. Juli 1990 wurde im Sabor der Beschluss getroffen, eine neue Verfassung auszuarbeiten, die am 22. Dezember 1990 (Weihnachtsverfassung) mit der erforderlichen Stimmenmehrheit verabschiedet wurde. Mit dieser Verfassung wurde das politische und rechtliche System Kroatiens neu geordnet. Das bisher gültige Dogma der Gewaltenvereinigung wurde zugunsten des Prinzips der Gewaltenteilung von Rechtsetzung, Rechtsprechung und Exekutive aufgehoben. Das Machtmonopol und der Führungsanspruch des Bundes der Kommunisten wurden gestrichen und ein Parteienpluralismus garantiert; damit war die Zeit der Sozialistischen Republik Kroatien auch formal beendet. Gleichzeitig wurde mit der neuen Verfassung, die im Wesentlichen den Standards liberaler westlicher Demokratien genügte, die Voraussetzung für den Aufbau einer demokratischen Gesellschaft mit einer marktwirtschaftlichen Wettbewerbsordnung geschaffen.[94]

Obwohl nach Robert Dahl bereits das Bestehen eines Mehrparteiensystems im Zusammenhang mit freien, demokratischen Wahlen notwendige und ausreichende Bedingungen für die Existenz eines demokratischen Gesellschaftssystems verkörpert, sagt dies noch nichts über die Qualität des neuen Systems

---

[93] Nach Jurković, dem damaligen wirtschaftspolitischen Berater von Franjo Tuđman, war oberstes Ziel nach dem Wahlsieg 1990 die Schaffung eines unabhängigen und souveränen Kroatien, alle anderen Ziele waren diesem untergeordnet. Vgl. Ivanković, Željko: Tko smo, kuda idemo, in: Banka, Zagreb, 12/1998, S. 18.

[94] Marko, Joseph, Die neuen Verfassungen: Slowenien - Kroatien - Serbien. Ein Vergleich, in: Marko/Barić (Hrsg.), Slowenien, Kroatien, Serbien, Die neuen Verfassungen, Wien 1991, S. 2 ff.

aus.[95] Ausgehend von der Annahme, dass die Ergebnisse politischer Prozesse im Wesentlichen davon abhängen, innerhalb welcher institutioneller Strukturen sie sich vollziehen, ist es insbesondere zu Beginn der Etablierung eines neuen Systems außerordentlich wichtig, dass die neuen Spielregeln nicht nur geschaffen, sondern durchgesetzt und von den verantwortlichen Akteuren vorgelebt werden.[96] Es geht dabei um Handlungsspielräume sowie um das Zusammenspiel zwischen formellen und informellen Institutionen, also letztlich um die Verfassungswirklichkeit. Unter diesem Aspekt kann rückwirkend der Schluss gezogen werden, dass sich das mit der Verabschiedung der neuen Verfassung eingeführte Regierungssystem für die Entwicklung einer funktionsfähigen Demokratie unter den spezifischen Rahmenbedingungen in Kroatien nicht als förderlich erwiesen hat.[97]

Das kroatische Regierungssystem, mit einem Präsidenten als Staatsoberhaupt und einem Zwei-Kammer-System manifestierte sich zum einen durch das Recht des Präsidenten, den Premier, seine Stellvertreter und Minister zu ernennen und zu entlassen, zum anderen in der Befugnis die Regierungssitzung einzuberufen und deren Tagesordnung zu bestimmen, aber ebenso das Parlament aufzulösen. Zudem ermöglichte die Verfassung dem Präsidenten in außerordentlichen Situationen Verordnungen mit Gesetzeskraft zu erlassen. Damit kam die in der Verfassung geregelte starke Machtposition des kroatischen Präsidenten der des französischen bzw. amerikanischen Staatsoberhauptes nahe.[98] Als Begründung für die Wahl des *Semipräsidentialismus* wurde angeführt, dass es notwendig sei, die Stabilität des politischen Systems in Krisensituationen, wie sie sich zu Beginn der neunziger Jahre ankündigten, gewährleisten zu können und allzu starken Fragmentierungen in der politischen Landschaft vorzubeugen. In diese Richtung zielte auch Art. 100 der neuen Verfassung, der den Präsidenten zum Oberbefehlshaber der Streitkräfte machte. Für den Sieg des Semipräsidentialismus über eine parlamentarische Regierungsweise mag aber auch Franjo Tuđmans Politikverständnis und sein Wunsch nach politischer Kontinuität den Ausschlag gegeben haben. Aus seinem Selbstverständnis als Wegbereiter eines unabhängigen kroatischen Staates ergab sich die Vorliebe eines direkt gewählten, demokratisch legitimierten Staatsoberhaupts, während die Alltagsgeschäfte von Premier und Regierung zu führen seien. Und so mag die Entscheidung für dieses Regierungssystem auch

[95] Dahl, Robert A., Vorstufen zur Demokratietheorie, Tübingen 1976.
[96] March, James / Olsen, Johan: The New Institutionalism: Organizational Factors in Political Life, in: American Political Science Review, 78/1984, S. 742.
[97] Kasapović, Mirjana: Ten Years of Democratic Transition in Croatia, in: Riegler (ed.), 2000, S.49ff.
[98] Zakošek sieht gar Ähnlichkeiten zur Weimarer Reichsverfassung, in Zakošek, Nenad: Kroatien – das Ende der Fassadendemokratie, Friedrich-Ebert-Stiftung, 2000, S. 7.

nicht zufällig gefallen sein, insbesondere wenn man berücksichtigt, dass die regierende HDZ ihrem Parteivorsitzenden noch vor Beginn der eigentlichen Verfassungsgebung, anstatt das Amt des Ministerpräsidenten, das des Staatspräsidenten übertragen hatte.

Alles in allem war das kroatische Regierungssystem auf die Person Tuđmans zugeschnitten. Der erste Präsident verstand es dabei nicht nur die verfassungsmäßig eingeräumten Kompetenzen auszuschöpfen, sondern diese in der politischen Praxis gelegentlich auch auszudehnen. Und so wurden die Schwächen dieser institutionellen Konstellation, gegen die sich die Opposition zwar von Anfang an - aber vergeblich – eingesetzt hatte, vor allem durch die Art und Weise verstärkt, wie der erste Mann im Staate seine Verfassungsvollmachten auslebte.[99] Umfangreicher Entscheidungsspielraum war ihm dadurch gesichert, dass die HDZ während aller seiner Präsidentschaftsjahre eine sichere parlamentarische Mehrheit besaß und er während der ganzen Zeit deren Parteivorsitz führte. Des Weiteren wurden präsidiale Entscheidungsgremien dahingehend institutionalisiert, dass sie alle strategischen Entscheidungen der Regierung vorwegnahmen und vor allem in der ersten Phase der Transformation die Gewaltenteilung beschränkten. Entsprechend hat nach Helmerich das kroatische Regierungssystem in Verbindung mit Tuđmans Verständnis von Demokratie und Pluralismus die Entwicklung in Richtung einer konsolidierten Demokratie verzögert und intransparente Netzwerke und informelle Herrschaftspraktiken gefördert.[100]

Innere und äußere Gefahren – die verzögerte Demokratisierung

Der verzögerte Demokratisierungsprozess kann allerdings nicht auf die Wahl des Regierungssystems allein zurückgeführt werden, vielmehr gilt es, die besonderen Umstände der kroatischen Transformation auf politischer Ebene zu berücksichtigen. In der Literatur zur Demokratie und Transformation der politischen Ebene wird immer wieder betont, dass nationale Identität und insbesondere die Konsolidierung nationaler Grenzen wichtige Vorbedingungen für die Entwicklung der Demokratie sind, und dass dies vor allem für diejenigen Länder gilt, die sich in einem umfassenden Transformationsprozess befin-

[99] Zakošek, Nenad: in: Die politischen Systeme Osteuropas, Ismayr, W. (Hrsg.), Opladen 2002.
[100] Helmerich, Antje: Kroatien unter Franjo Tuđman, in: Südosteuropa, Heft 2, 2005, S. 251.

den.[101] In diesem Zusammenhang wird auch die überaus wichtige Rolle der Opposition bei der Konsolidierung der Demokratie genannt, die unter den Bedingungen äußerer Bedrohung ihre Funktion nur sehr eingeschränkt wahrnehmen kann. Im Falle Kroatiens lässt sich so, aufgrund der Bedrohung des Territoriums, der Notwendigkeit zur Landesverteidigung und der damit verbundenen Mobilisierung und Homogenisierung der Gesellschaft im Zuge der Staatsbildung, das offensichtlich bestehende Manko im Demokratisierungsprozess zumindest theoretisch erklären. Der Krieg hatte demnach nicht nur den Staatsbildungsprozess behindert bzw. gefährdet, sondern gleichzeitig auch die demokratische Transformation wesentlich beeinträchtigt, indem er soziale, politische und ideologische Konflikte innerhalb der Gesellschaft erst einmal verdrängte. Unter diesen Bedingungen hatten es sämtliche Oppositionsparteien naturgemäß schwer sowohl das eigene politische Profil zu stärken, als auch ein Gegengewicht zur HDZ im täglichen politischen Geschäft zu bilden und die Regierungspartei bei der entscheidenden Phase der Etablierung von Demokratie und Marktwirtschaft kritisch zu begleiten. Nach Kasapović saß die Opposition in den ersten Jahren seit der staatlichen Unabhängigkeit insofern am kürzeren Hebel, als dass sie bei jeder Kritik an der Politik der HDZ beschuldigt werden konnte, die strategischen nationalen Interessen des jungen Staates zu gefährden.[102]

Somit konnte erst nach erfolgter Staatsbildung und Beendigung der äußeren Bedrohung des Landes der eigentliche Demokratisierungsprozess in Gang gesetzt werden. Vor diesem Hintergrund verbanden Teile der Gesellschaft ab Mitte der 90er Jahre die Hoffnungen, dass es nach Beendigung der Kampfhandlungen und Rückeroberung der besetzten Gebiete in der Krajina auch schrittweise zur Dezentralisierung der Machtstrukturen, zur klareren Kompetenzabgrenzung und einer nachholenden Demokratisierung kommen würde. Dementsprechend drängten die führenden Köpfe der Opposition auf Reformen, in erster Linie in Richtung einer parlamentarischen Demokratie, wodurch sie sich ein größeres Gewicht sowohl bei den entscheidenden Institutionen als auch insgesamt im politischen Gestaltungsprozess versprachen. Diese Hoffnungen erfüllten sich nicht. Vielmehr hatten sich inzwischen die Machtstrukturen im Lande verfestigt und die dominante Stellung des Präsidenten, seines

---

[101] Nach Rupnik ist territoriale Integrität „the first prerequisite for a democratic transition". Rupnik, Jacques: The postcommunist Divide, in: Journal of Democracy, 1/1999, S. 58. Dies trifft umso mehr zu für Transformationsländer „... the emergence of liberal-democratic systems in transitional countries requires a clear delineation of ist borders and citizenship requirements" Puhle, Hans-Jürgen: Politische Parteien und demokratische Konsolidierung in Südosteuropa, in: Merkel, W. / Sandschneider, E. (Hrsg.), Systemwechsel 3, Parteien im Transformationsprozess, Opladen, 1997.

[102] Kasapović, Mirjana: Parlamentary Elections in Croatia, in: Šiber, Ivan (Hg.): The 1990 and 1992/93 Sabor Elections in Croatia. Analyses, Documents and Data. Berlin 1997, S. 59.

Kabinetts und des mächtigen Staatsapparats in der zweiten Hälfte der 90er Jahre auf nahezu alle Bereiche ausgedehnt. Werte wie Pluralismus und Medienfreiheit hatten auch in dieser Phase mitunter einen schweren Stand. Kritische Wochenzeitschriften wie *Danas* und Zeitungen wie *Novi list* und *Glas Slavonije* wurden konsequent gleichgeschaltet, die staatliche Fernsehanstalt HRT war fest in den Händen der Regierungspartei.

Wie der damalige kroatische Außenminister Mate Granić ausführlich beschreibt, ging diese Entwicklung Hand in Hand mit der Erstarkung des rechten Flügels innerhalb der HDZ, die bereits nach der zweiten Parlamentswahl vom August 1992 begann und vor allem nach dem Parteiaustritt von Stipe Mesić und Josip Manolić - beide HDZ-Mitglieder der ersten Stunde - an Übergewicht gewann. Sie ging aber auch Hand in Hand mit Tuđmans schwerer Erkrankung, die seit 1996 zunehmend die Wahrnehmungsgabe des Präsidenten beeinträchtigte, seine Beratungsresistenz förderte und insgesamt eine härtere Gangart gegenüber der Opposition bewirkte.[103] In diesem Zusammenhang sind auch einige seiner innenpolitischen Fehler zu sehen, wie beispielsweise seine hartnäckige Haltung bei der Ernennung des Zagreber Bürgermeisters, bzw. seine Weigerung den von der Opposition vorgeschlagenen Kandidaten Goran Granić von der HSLS im Amt zu bestätigen,[104] oder auch sein Versuch den kritischen Sender *Radio 101* auszuschalten, indem dessen Konzession nicht verlängert werden sollte.

Aus Sicht des Präsidenten war die Zeit für Debatten über Demokratisierung und Stärkung des Pluralismus noch nicht reif, insbesondere weil das Land und die staatliche Unabhängigkeit auch nach Wiederherstellung der territorialen Einheit noch immer gefährdet seien. Im Inneren beschuldigte er seine politischen Gegner zu jener Zeit nicht selten, Kroatien destabilisieren zu wollen und der kroatischen Selbständigkeit gegenüber feindlich eingestellt zu sein.[105] Aber auch außerhalb Kroatiens, in der unmittelbaren Nachbarschaft, sah Tuđman weiterhin Gefahren für sein Land, wobei das Gebaren der südöstlichen Nachbarn nicht unbedingt half, die politische Führung in Zagreb vom Gegenteil zu überzeugen. Tatsächlich war die Lage in Bosnien und Herzegowina, dem Kosovo und Makedonien zu jener Zeit alles andere als entspannt, wie sich später beim NATO-Einsatz gegen Serbien auch zeigen sollte. Aus Belgrad kamen nach der Rückeroberung der Krajina immer wieder Drohungen an die Adresse

---

[103] Granić, Mate: Vanjski poslovi, S. 150-153.

[104] Zuvor hatte die Opposition bei den Kommunalwahlen 1996 klar gewonnen und war damit an der Reihe, den Kandidaten zu stellen. Auch die drei folgenden Kandidaten Rados, Skrabalo und Budiša wurden von Tuđman abgelehnt. Seine Entscheidung war zwar kein Verfassungsbruch, hatte aber anti-demokratischen Charakter.

[105] Helmerich, Antje: Kroatien unter Franjo Tuđman, S. 262-263.

Zagrebs, die im Zusammenhang mit Ostslawonien standen. Trotz des 1996 unterzeichneten Normalisierungsabkommens zwischen Kroatien und der damaligen Bundesrepublik Jugoslawien, das zur gegenseitigen Anerkennung und der Aufnahme diplomatischer Beziehungen führte und in erster Linie die Frage der Minderheiten in beiden Ländern sowie die Frage der Rückkehr der Flüchtlinge behandelte, blieben die Probleme um die endgültige Grenzziehung mit der Bundesrepublik Jugoslawien weiterhin bestehen. An einer intensiveren Zusammenarbeit war man in Zagreb weniger interessiert und erteilte der europäischen Initiative zur Verbesserung der regionalen Zusammenarbeit zu diesem Zeitpunkt eine klare Absage.[106]

Abgesehen von der instabilen politischen Lage in der unmittelbaren Nachbarschaft sah Tuđman auch vom Westen her neue Gefahren heraufziehen und reagierte in gewohnter Weise mit entsprechenden Abwehrmaßnahmen. Die Verfassung wurde 1997 um einen Passus ergänzt, der das Verbot jeglicher Initiativen beinhaltet, die darin gipfeln könnten Kroatien mit anderen Staaten innerhalb eines jugoslawischen oder balkanischen Staatenbundes zu vereinigen. Die Ergänzung der Verfassung kann dabei als Reaktion auf bestimmte Überlegungen innerhalb der EU über neue Assoziationen in Südosteuropa verstanden werden, die zu jener Zeit in Brüssel wieder angestellt wurden. Tuđman spürte instinktiv, dass die Existenz eines unabhängigen Kroatiens nach wie vor außenpolitischen Gleichgewichtsvorstellungen bestimmter Kreise innerhalb der EU widersprach und war dem Westen gegenüber inzwischen überwiegend misstrauisch eingestellt.[107] Er wollte um jeden Preis verhindern, dass es den Kroaten beispielsweise ebenso erging wir seinerzeit den Tschechen, die 1918 nach mehreren Jahrhunderten ihren Staat bekamen, um ihn bereits 20 Jahre später als Ergebnis von Verhandlungen der Großmächte wieder zu verlieren. Während all der Regierungsjahre bis hin zu seinem Tod wollte er mit seiner langfristig angelegten Politik sicherstellen, dass das „kroatische Staatsschiff (...) in die Integration Europas schwimmen kann und nicht in balkanische, südosteuropäische Unwegsamkeiten zurückkehrt..." aus denen es erst vor kurzem mit viel Mühe und vielen Opfern herausgekommen war.[108]

---

[106] Dizdarević, Srđan, Die Außenpolitik Kroatiens unter besonderer Berücksichtigung der Beziehungen zu den Nachbarländern, Berlin, Fachtagung: Kroatien ein Jahr nach dem Umbruch – erste Bilanz, 2001, S. 67.

[107] Nach Dobias wurde nach der deutschen Widervereinigung und der EU-Mitgliedschaft Österreichs das traditionell stark an Deutschland und Österreich orientierte Kroatien als weitere Verschiebung des nach 1945 etablierten außenpolitischen Kräfteverhältnisses zu Lasten der westlichen Siegermächte des II. Weltkriegs und zu Gunsten Deutschlands verstanden. Dobias, Peter, et al.: Marktwirtschaftliche Transformation in Kroatien, S. 53.

[108] Podgornik, Branko: Predsjednik Tuđman u Zagrebu: Ne moramo brinuti za budućnost Hrvatske, in: Vjesnik, 24.11.1996.

Gleichzeitig versperrte jedoch die antidemokratische Tendenz seiner Politik dem Land eine rasche Annäherung an die Europäische Union und führte zu einer Abkühlung in den Beziehungen mit der internationalen Gemeinschaft.[109]

Kroatien in der Isolation

Außenpolitisch war Kroatiens Stern am Sinken. Auch ehemals enge Partner und Wegbereiter der kroatischen Unabhängigkeit wie Deutschland und Österreich gingen inzwischen - zumindest offiziell - auf Distanz zur kroatischen Führung. Immer wieder wurde seitens der internationalen Staatengemeinschaft auf Missstände bei Demokratisierung, Rechtstaatlichkeit und Achtung der Menschen- und Minderheitsrechte verwiesen. Diese Korrekturversuche stießen in Zagreb jedoch zunehmend auf barsche Ablehnung und trugen, anders als im Falle Rumäniens, Bulgariens und der Slowakei, keine unmittelbaren Früchte.[110] Dass die Forderungen gar mit wirtschaftlichen Sanktionen und einer Aufschiebung der Annäherung an europäische Institutionen durchzusetzen versucht wurden, verstand man vielfach als ein Messen mit zweierlei Maß und als Erpressung gegenüber dem jungen Staat. Die zunehmende Beratungsresistenz Tuđmans war unter anderem das Resultat seiner Erfahrungen mit der internationalen Gemeinschaft, der Enttäuschung über die Europäischen Gemeinschaft während des Krieges, insbesondere das zögerliche Verhalten einiger westeuropäischer Staaten bei der Annerkennung der staatlichen Unabhängigkeit und der weitgehenden Ignoranz der Schuldfrage bei den tragischen Ereignissen der 90er Jahre. Die unnachgiebige Haltung Tuđmans gegenüber der internationalen Gemeinschaft katapultierte das Land schließlich in eine Isolation, die, obgleich in unterschiedlicher Intensität, bis zu dessen Tod anhalten sollte.

Die größte Hypothek, die die Gründerjahre belastete war sicherlich Kroatiens ambivalentes Engagement in Bosnien und Herzegowina. Die Anerkennung der Integrität Bosnien und Herzegowinas bei gleichzeitiger Billigung der sezessionistischen Ambitionen der vor allem in Herzegowina siedelnden Kroaten erschwerte nicht nur die Beziehungen mit den südöstlichen Nachbarn, sondern

---

[109] Nach Melčić sind nationale Projekte nur in einem schmalen Segment mit Demokratie kompatibel. Sobald das nationale zu überwiegen beginnt, wächst auch die antidemokratische Tendenz. Melčić, Dunja: Kroatien auf dem Weg nach Europa, in: Ost-West – Europäische Perspektiven, 2001, S. 37.

[110] König, M. und Kušić, S.: Zemlje istočne europe na putu u Europsku uniju – Od tranzicije do integracije, in: Ekonomski Pregled, Zagreb 1-2/2004, S. 132-156.

hat auch das Ansehen der jungen Republik nachhaltig geschädigt.[111] Als besonders schädlich wirkte sich aus, dass Kroatien aus Sicht der internationalen Gemeinschaft durch die kriegerischen Handlungen zwischen den Bosniaken und den bosnischen Kroaten innerhalb kurzer Zeit seine Opferrolle einbüßte und sämtliche Sympathien – die es bis dahin zweifellos hatte - verspielte.[112] Erst mit der Bildung der kroatisch-muslimischen Föderation im Rahmen des Washingtoner Abkommens 1994 konnte sich die internationale Position Kroatiens kurzzeitig verbessern. Allerdings wurden die Beziehungen zur EU, die aufgrund der Einmischung Kroatiens in Bosnien und Herzegowina ohnehin angespannt waren, nach der militärischen Rückeroberung der Krajina im Sommer 1995 noch distanzierter und führten dazu, dass die bereits beschlossene Aufnahme des Landes in das PHARE-Programm kurzerhand ausgesetzt wurde.[113] Zudem wurden Verhandlungen über ein Handels- und Kooperationsabkommen zwischen der EU und Kroatien abgebrochen, bereits bewilligte Kredite zum Aufbau der Infrastruktur von Seiten des IWF eingefroren und die für September 1995 vorgesehene Aufnahme in den Europarat auf Eis gesetzt. Somit war das, nach Unterzeichnung des Dayton-Vertrags und der erhöhten Kooperationswilligkeit, zwischenzeitlich verbesserte Ansehen Kroatiens relativ schnell zunichte gemacht.[114]

Der Verbund von unerfüllten Aufgaben im Hinblick auf Minderheitenschutz, mangelnder Demokratisierung und unzureichender Zusammenarbeit mit dem internationalen Strafgerichtshof trug dazu bei, dass sich die Beziehungen zu NATO und Institutionen der EU in der Folge nur langsam entwickelten. Zwar

---

[111] Die Konsequenz dieser Einmischung war, dass Kroatien nun auch von außen in die Verantwortung genommen wurde für Angelegenheiten, die eigentlich Sache der bosnischen Hoheitsverwaltung wären. Damit ist die Rede von Forderungen des Haager Kriegsverbrechertribunals. Obwohl Kroatien keine Hoheitsrechte auf bosnischen Boden ausüben darf, wurde Zagreb dennoch bedrängt, kroatische und bosnisch-kroatische mutmaßliche Kriegsverbrecher auszuliefern, die sich auf bosnischem Territorium aufhielten. Sistierungen der internationalen Finanzhilfe drohten immer wieder als Reaktion auf die „mangelnde Mithilfe" der Kroaten.

[112] Für das zunehmend geringere internationale Ansehen Kroatiens war aber auch die Tatsache verantwortlich, das sich sowohl Tuđman als auch das souveräne Kroatien nicht entschiedener gegenüber der Zeit der NDH und seiner Symbole abgegrenzt hatten.

[113] Die militärische Rückeroberung der besetzten Gebiete im Frühsommer 1995 und die Weigerung Tudjmans in der Folgezeit zur Zusammenarbeit mit dem Haager Tribunal haben dazu geführt, dass Kroatien im Gegensatz zu den MOEL den demokratischen und marktwirtschaftlichen Transformationsprozess ohne Unterstützungsprogramme seitens der EU (z.B. PHARE und finanzielle und technische Unterstützung im Rahmen der Heranführungsstrategie) bewältigen musste.

[114] Die sich verschlechternde Position Kroatiens auf politischer Ebene hat sich auch auf wirtschaftlicher Ebene ausgewirkt. Als Investitionsstandort verschlechterte sich Kroatien 1995 im Vergleich zum Vorjahr, wie an der Bonitätsrangliste der Zeitschrift *Euromoney* und der Rückstufung von Platz 113 auf 128 zu sehen war. Dazu Reuter, Jens: Die wirtschaftliche Lage in Slowenien und Kroatien, in: Südosteuropa, Jg. 44, 8/1995, S. 449.

wurde Kroatien nach Beendigung der Konflikte und der friedlichen Reintegration der noch serbisch besetzten Gebiete in Ostslawonien Mitglied im Europarat und konnte den Warenverkehr betreffend begünstigende Einigungen mit der EU erzielen; Verhandlungen über weitergehende institutionelle Beziehungen fanden jedoch nicht statt. Und so war Kroatien Ende der 1990er Jahre trotz relativ günstiger Ausgangsbedingungen weiter von Brüssel entfernt als noch einige Jahre zuvor. Während die EU mit den meisten MOEL weitreichende, institutionalisierte Beziehungen aufgebaut und somit deren Weg für einen Beitritt in die Union geebnet hat, wurde Kroatien in offiziellen Stellungnahmen der EU-Vertreter noch nicht einmal als potenzieller Beitrittskandidat erwähnt und blieb zudem als eines der wenigen Transformationsstaaten außerhalb der NATO-Partnerschaft für den Frieden.

Welche schwerwiegenden Folgen diese Entwicklung insgesamt für Kroatien hatte, wird umso verständlicher, wenn man sich vergegenwärtigt, dass eine umfassende Ausrichtung an Westeuropa und eine frühzeitige Aussicht auf eine mögliche EU-Mitgliedschaft, den Weg eines Transformationslandes in Richtung Marktwirtschaft und Demokratie erheblich verkürzen und unterstützen kann (siehe Abbildung). Dies gilt seit Mitte der 90er Jahre insbesondere für diejenigen MOEL, die im Zuge der großen EU-Osterweiterung bereits 2004 der EU beitreten konnten. Kroatien dagegen musste aus den oben angeführten Gründen die eigenen Transformationskosten alleine schultern. Somit ist Jens Reuter - Direktor des Instituts für Demokratie und Aussöhnung in Südost-Europa - nur zuzustimmen, wenn er die 1990er Jahre aus Sicht der Europäisierung Kroatiens überwiegend als „verlorene Zeit" bezeichnet.[115]

---

[115] Vgl. Burić, Christian: Kroatiens Innenpolitik und seine euro-atlantischen Integrationsbestrebungen, in: Südosteuropa, 4-6/2002, S. 251-252.

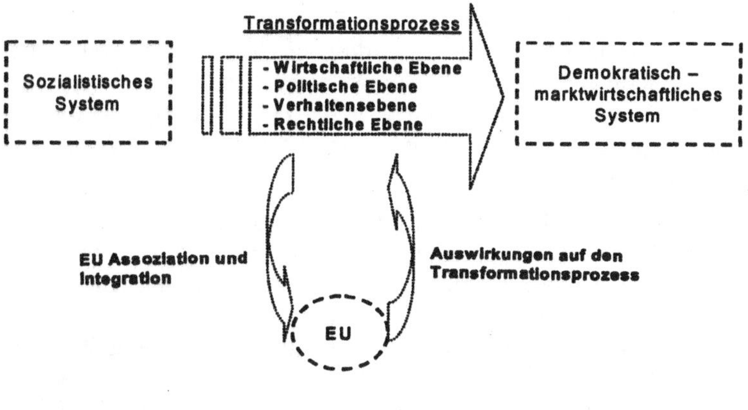

Abbildung: Eigene Darstellung

Verschiebung der Prioritäten

Nach der Rückeroberung der Krajina wurde eine vorübergehende Verwaltung für Ostslawonien, der Baranja und das westliche Sirmium durch die Vereinten Nationen eingerichtet; im Januar 1998 erhielt Kroatien diese Gebiete zurück. Damit war die Gestalt des jungen Staates die der Teilrepublik zu Zeiten der SFRJ innerhalb der AVNOJ-Grenzen. Auch wenn Tuđman damit nach der Erlangung der staatlichen Unabhängigkeit einen weiteren wichtigen Punkt seiner Agenda abhaken konnte, gelang es ihm gegen Ende der 1990er Jahre nur schwer an die alte Popularität anzuknüpfen. Seine Macht bröckelte dabei parallel zur Verschiebung der Prioritäten im Lande. Die Ziele der Bevölkerung waren inzwischen andere. Nach der ersten Euphorie über die ersehnte staatliche Unabhängigkeit war weitgehende Ernüchterung über die wirtschaftlichen und politischen Verhältnisse eingetreten. Krieg, Vertreibung und der Zusammenbruch der alten gesellschaftlichen Ordnung haben die persönlichen und sozialen Probleme des Einzelnen zum Vorschein treten lassen.[116] Obwohl unter Tuđman und während der Regierungszeit der HDZ mit der Verabschiedung der neuen Wirtschaftsverfassung und der Etablierung einer privaten Eigentumsordnung die ersten Schritte in Richtung Marktwirtschaft eingeleitet wurden und ihre Politik auf makroökonomischer Ebene seit 1993 durchaus Erfolge

[116] Kušić, Siniša: Vor- und Nachteile einer EU-Integration: wirtschaftliche und soziale Folgen des Beitritts am Beispiel Kroatiens, in: EU-Beitritt, Verheißung oder Bedrohung?, Jahrbuch für Europa- und Nordamerika-Studien, Göttingen 2002, S. 255-275.

verbuchen konnte, war die Qualität der ökonomischen Transformation wie schon bei der Demokratisierung des Landes, aufgrund des gleichzeitig stattfindenden Staatsbildungsprozesses sowie der kriegerischen Auseinandersetzungen, insgesamt unzureichend und führte in der Folge zum schwindenden Vertrauen in die politische Elite und sinkender Bereitschaft der Bevölkerung zu weitreichenden Reformen.[117]

Lethargie machte sich breit und erfasste nach und nach alle Lebensbereiche. Nach Josip Kregar haben in einer Demokratie die in der Öffentlichkeit stehenden Akteure regelmäßig eine Vorbildfunktion für die Gesellschaft. Im Falle Kroatiens haben diese Akteure durch ihr Verhalten nicht unwesentlich dazu beigetragen, dass die „Öffentlichkeit zu einem unzufriedenen Publikum wurde, desorientiert, passiv und enttäuscht."[118] Hohe Arbeitslosigkeit und ein drastischer Fall des Lebensstandards sowie der zunehmend autokratische Führungsstil des Präsidenten haben dazu geführt, dass der Zuspruch in der Bevölkerung für seine Politik immer weiter nachließ.[119] Seine große Zeit war vorbei und wenn auch der Tod im Dezember 1999 seiner Regentschaft kein Ende gesetzt hätte, so möglicherweise der Wählerwille, der nicht länger durch nationale Parolen zu befriedigen gewesen wäre.

---

[117] Im Rückblick wird Franjo Tuđman nicht als Wirtschaftexperte in die Geschichte eingehen können, hatte er für die wirtschaftliche Entwicklung Kroatiens in Richtung Marktwirtschaft ein eher antiquiertes Modell parat. Am deutlichsten zeigte sich dies bei der Konzeption und Durchführung der Eigentumsumwandlung und Privatisierung gesellschaftlicher Unternehmen. Dabei sollten einige Dutzend Familien in die Lage versetzt werden, in relativ kurzer Zeit Kapital zu akkumulieren, einige geschützte Wirtschaftszweige zu schaffen und den Kapitalismus aufzubauen.

[118] Kregar, Josip: Der Kampf gegen die Korruption: Haben wir es nicht geschafft? in: Balkan diskurs, Kroatien und die EU: Fakten und Analysen, 2005, S. 80.

[119] In dieser Phase zeigte Tuđman wenig Gespür für die Stimmung im Lande und hatte auch beim Umgang mit den Medien keine glückliche Hand. Er verstand es nicht mit der Presse zu kommunizieren, insbesondere bei den zahlreichen Angriffen auf seine Person, die ihm eine Nähe zum Faschismus nachsagten. Dabei wäre es durchaus möglich gewesen, mit seiner eigenen Vergangenheit (als junger Partisan kämpfte er zur Zeit der NDH gegen das Ustaša-Regime) gegen solche Angriffe ins Feld zu ziehen. Die von einigen internationalen Medien unwissentlich oder gar mit Vorsatz vorgetragenen Unwahrheiten konnten sich erstaunlich lange halten, so etwa dass sich Tuđman mit „poglavar" anreden ließ (Der Spiegel) oder dass er das „faschistische Wappen" mit dem Schachbrettmuster aus der Zeit der NDH wieder einführen ließ. In Wahrheit ist das rot-weiß karierte Schachbrettmuster ein uraltes kroatisches Symbol, das bereits im Mittelalter Verwendung fand. Nach Holm Sundhaussen lassen sich auch die ihm häufig zugeschriebenen antisemitischen Äußerungen nicht belegen. Vgl. Sundhaussen, Holm: Das „Wiedererwachen der Geschichte" und die Juden: Antisemitismus im ehem. Jugoslawien, in: Juden und Antisemitismus im östlichen Europa, (Hrsg.) M. Hausleitner und M. Katz, Berlin 1995.

Die Ära Tudjman – Versuch eines Resumés

Eines ist unbestreitbar: Franjo Tuđman war der Gründungsvater der Republik Kroatien und dies wird in Kroatien auch überwiegend so verstanden und gewürdigt.[120] Die Verdienste des ersten Präsidenten um ein unabhängiges Kroatien werden jedoch relativiert durch die politischen Versäumnisse während der 1990er Jahre, so dass rückwirkend seine Rolle für die Entwicklung der Republik Kroatien keineswegs eine eindeutige ist.[121] Zu seinen größten Fehlern gehören die bereits erwähnte Bosnienpolitik, die unzureichende Demokratisierung des Landes und sein Misstrauen gegenüber einer pluralistischen Gesellschaft. Ziel und Inhalt aller Anstrengungen lagen auf der Erlangung und Verteidigung eines souveränen Kroatiens, was sich für die Qualität des eigentlichen Transformationsprozesses im Nachhinein als Bürde herausstellen sollte.

Tuđman und die HDZ setzten alles auf diese eine Karte, und tatsächlich stellte sich dieser nationale Gedanke als so mächtig heraus, dass die HDZ während der neunziger Jahre Wahl um Wahl für sich entscheiden konnte.[122] Tuđman selbst wurde zweimal von der Mehrheit der Kroaten als erster Mann im Staate bestätigt, er war daher legitimer, demokratisch gewählter Vertreter eines Volkes, das zumindest über weite Strecken hinweg die gleichen Ziele wie er selbst verfolgte. Somit erstaunt auch nicht die Tatsache, dass Franjo Tuđman für viele Kroaten - auch aus heutiger Sicht - für diese bestimmte Phase der historischen Herausforderung der richtige Mann am richtigen Platz war.[123]

---

[120] Nach Henry Kissinger wird die Rolle des ersten Präsidenten in der kroatischen Geschichte erst aus einer größeren zeitlichen Distanz richtig eingeordnet werden können. „Vi ćete biti veliki čovjek hrvatske povijesti, ali ne za života, već kada ocjene budu donesene hladnom glavom", Večernji list, 26. 08. 2000.

[121] Dies zeigt sich auch in der Debatte um die Aufstellung eines Denkmals in Zagreb zu Ehren des ersten Präsidenten Kroatiens.

[122] Begünstigt wurde dies allerdings durch die jeweilige Ausgestaltung der Wahlmodalitäten während der 1990er Jahre. Im Gegensatz zu den meisten anderen Staaten Europas waren in Kroatien die Wahlgesetze nicht in der Verfassung geregelt, so dass die Regierungspartei diese vor der Wahl, ohne die Opposition zu konsultieren, kurzfristig zum eigenen Vorteil ändern konnte.

[123] Nicht selten wurde in Zagreb Tuđmans Rolle für Kroatien mit der Helmut Kohls für Deutschland verglichen, der die sich ihm bietende Gelegenheit zur deutschen Wiedervereinigung 1989/90 entschlossen und energisch am Schopf fasste. So zeigte auch Tuđman in der entscheidenden Phase Entschlossenheit und Durchsetzungskraft für sein Land. Möglicherweise hätten andere Protagonisten Anfang der 1990er Jahre andere historische Entwicklungen für die Kroaten eingeleitet; dies aber entspringt dem Reich der Spekulation.

4. Politischer Wechsel, institutionelle Veränderungen und Aufholprozess mit Kurs auf die EU

Am 3. Januar 2000 entschieden die Bürger Kroatiens in einer wichtigen Phase abermals über ihre Zukunft und wählten die „europäische Option“. Die seit 1990 regierende Partei des kurz zuvor verstorbenen Präsidenten Tuđman erlitt bei diesen Wahlen eine vernichtende Niederlage. Dabei schien sich Tuđmans Prophezeiung zu bewahrheiten, dass "...jene Gesellschaftsschicht oder politische Bewegung und Persönlichkeit, die erfolgreich auf eine geschichtliche Herausforderung antwortet, bei der Beantwortung der nächsten geschichtlichen Herausforderung nur selten erfolgreich ist."[124] Die Befreiung Kroatiens aus der politischen Isolation und die Annäherung an europäische Institutionen war eine solche Herausforderung im Frühjahr des Jahres 2000. Die Anpassung an die veränderten Lebensbedingungen und die schwierige wirtschaftliche Lage wurden inzwischen zum zentralen Interesse. Die Mobilisierung großer Teile der Bevölkerung gelang dabei mit Unterstützung der Intellektuellen aber auch der Medien, die sich in der Endphase der 90er Jahre zunehmend von politischer Gängelung befreien konnten und insbesondere kurz vor den Wahlen vermehrt Fälle von Machtmissbrauch aufdeckten. Nach Dunja Melčić spielten die Medien eine große Rolle auch bei der Disziplinierung der oppositionellen Parteien, die sich zur Koalition unter Führung der SDP und der Liberalen entschlossen hatten.[125] Vor diesem Hintergrund erst lassen sich die hohen Stimmverluste der HDZ erklären.

Unter Tuđman hatte Kroatien den Zusammenbruch Jugoslawiens erlebt, den alten Traum des eigenen Staates verwirklicht und schließlich die Kontrolle über das gesamte Territorium wiedererlangt. Auch Führer der Opposition wussten die erlangte Unabhängigkeit zu würdigen und sahen inzwischen eine Chance, ihre eigene Position zu stärken und gleichzeitig die Entwicklung des Landes zu einer Demokratie und offenen Gesellschaft voranzutreiben; Es galt die verlorenen Jahre aufzuholen. Bereits vor den Wahlen ließen sich erste Vorboten des Wandels erahnen. Aufgrund der inneren Fraktionskämpfe wurde eine Teilung der HDZ in einen liberalen, der sich der demokratischen Opposi

[124] Aus dem 1990 erschienenen Buch „Bespuća povijesne zbiljnosti“ von Franjo Tuđman.
[125] Melčić, Dunja: Kroatien auf dem Weg nach Europa, in: Ost-West. Europäische Perspektiven, 2001.

tion anschließen würde und einen moderat nationalistischen Flügel erwartet. Tatsächlich kam es in der Folge auch zur Abspaltung des rechten Randes und insgesamt zu einem dynamischen Prozess bei der Neugründung von Parteien, so dass 2001 bereits über 70 Parteien registriert waren. Auch war abzusehen, dass, welche Regierung auch immer die Geschicke des jungen Staates würde in der Zukunft leiten dürfen, sie ein schwaches wirtschaftliches und politisches System erben würde. Medienfreiheit, Zivilgesellschaft, Mehrparteiensystem, deren Entwicklung war zuvor nicht entscheidend gefördert worden, die wirtschaftlichen Reformen wurden verschleppt und die Beziehungen zu den benachbarten Ländern und der EU waren beschädigt; es gab viel zu tun für die neue Regierung.

Sieger der Parlamentswahl wurde die breite Koalition aus Sozialdemokraten und Liberalen unter Führung von Ivica Račan als neuer Premier. Stipe Mesić, einstiger Protégé von Franjo Tuđman und sein späterer politischer Gegner, wurde am 7. Februar nach einer Stichwahl Kroatiens zweiter Präsident.[126] Die Reaktionen aus aller Welt auf das Ergebnis der Parlaments- und Präsidentschaftswahlen klangen durchweg positiv, in den Medien war von einer „zweiten Wende", einer „neuen Ära" oder gar von „Epochenwechsel" die Rede.[127] Der damalige U.S. Präsident Clinton begrüßte als einer der ersten ausdrücklich den Ausgang der Wahlen und die Europäische Union kündigte bereits im Vorfeld der Regierungsbildung eine neue Qualität in den Beziehungen zu Kroatien an. Den ersten Schritt in Richtung Neuanfang hatte das kroatische Volk somit getan, an der neu gewählten Regierung lag es, das Land aus der schwierigen politischen und wirtschaftlichen Lage zu führen.

Die neue Führung

Die Parlaments- und Präsidentschaftswahlen Anfang 2000 führten nicht nur zu einem Regierungswechsel, sondern brachten auch eine umfassende Neuausrichtung der kroatischen Transformationspolitik zu mehr Demokratie mit sich. Die neue Führung zeigte dabei von Anfang an den Willen, das Land vom Ballast der 90er Jahre zu befreien und stellte sich positiv gegenüber den notwendigen Reformen der Innen- und Außenpolitik, insbesondere im Hinblick auf institutionelle Veränderungen und eine Intensivierung der euro-atlantischen Beziehungen.

---

[126] Bereits am 24. Januar 2000 wurde die erste Runde der Präsidentschaftswahl durchgeführt, bei der sich Mesić vor Dražen Budiša und dem ehemaligen Außenminister Mate Granić mit etwa 40 Prozent, für viele überraschend, durchsetzen konnte.

[127] Frankfurter Allgemeine Zeitung, 03. Januar 2000.

Auf diese Signale reagierte der Westen überaus positiv, ebnete den Weg zum Abschluss der ersten Abkommen, die das Land aus der Isolation herausholen sollten und gewährte so der neuen Führung einen Vertrauensvorschuss. Wer aber waren die neuen Protagonisten der kroatischen Politik seit Anfang 2000, für die Öffentlichkeit allesamt keine unbeschriebenen Blätter, die wesentlich die Politik der kommenden Jahre bestimmen sollten?

Der neue Präsident der Republik, der 1934 in Orahovica geborene Stjepan Mesić, auch Stipe genannt, erschien mit Beginn seiner Amtsperiode als Kontrapunkt zum respektierten, aber überwiegend distanziert wirkenden Amtsvorgänger; seine gelebte Volkstümlichkeit brachte ihm schnell in weiten Teilen der Bevölkerung Pluspunkte ein und seine Rolle als „Hüter der Verfassung" ließ das Präsidentenamt zu einer vertrauenswürdigen Institution werden. Mesić schloss 1961 sein Jurastudium an der Universität in Zagreb ab und betrat bereits in den sechziger Jahren als Mitglied der Kommunistischen Partei die politische Bühne. In den frühen siebziger Jahren wurde er für seine „konterrevolutionären Umtriebe" während des Kroatischen Frühlings zu einem Jahr Gefängnis verurteilt. Nach dem Ende des Sozialismus schloss er sich der HDZ an und stieg schnell zu einem der führenden Männer auf. 1990 wurde er Parteisekretär und später Vorsitzender des Führungsgremiums. Nach der ersten Mehrparteien- und freien Wahl wurde er der erste Premierminister der Republik Kroatien (Mai 1990 - August 1990) und im Anschluss an die Resolution des kroatischen Parlaments der gewählte kroatische Vertreter in der Jugoslawischen Bundespräsidentschaft, in der er dann als Vizepräsident tätig war. Von Mai bis Dezember 1991 bekleidete er schließlich als letzter das Amt des Präsidenten der Sozialistischen Föderativen Republik Jugoslawien. Im unabhängigen Kroatien vertrat Mesić ab 1992 als dessen Sprecher das Parlament der Republik Kroatien. Doch ungeachtet seines verheißungsvollen Aufstiegs in der HDZ verließ Mesić die Partei jedoch nach einem Streit mit Tuđman 1994 und wurde folglich seines Amtes enthoben. Er gründete daraufhin zum Ausdruck seiner Missbilligung der HDZ-Politik im Allgemeinen und der Haltung gegenüber Bosnien und Herzegowina im besonderen die liberal-demokratische HND, die später in der liberalen Oppositionspartei HNS (Kroatische Volkspartei) aufging. Während seiner ersten Amtsperiode trat Mesić aus der von ihm gegründeten Partei jedoch aus, um sein Selbstverständnis als parteiloser Präsident aller Kroaten zu unterstreichen.

Aus den Parlamentswahlen war Ivica Račan als Sieger hervorgegangen. Der neue Premierminister, 1944 im deutschen Ebersbach geboren, nahm in den siebziger Jahren stetig Sprosse um Sprosse auf der Leiter der damaligen Nomenklatur, als der Bund der Kommunisten Kroatiens nach dem Kroatischen Frühling von allen Reformisten gereinigt worden war, und wurde 1989 schließlich ihr Vorsitzender. Im Januar 1990 hatte Račan die schwierige Aufgabe die kroatische Delegation während des Kongresses des Bundes der Kommunisten Jugoslawiens zu führen; gegen die Dominanz der Milošević-Anhänger hatte er jeden nur wenig entgegenzusetzen. Als die slowenische Delegation erklärte, die Partei zu verlassen, schloss sich Račan dieser Entscheidung an; ohne Slowenen und Kroaten war eine Fortführung des Kongresses hinfällig. Als der Sozialismus kollabierte, konnte sich Račan als Führer des reformierten SKH (SDP) etablieren. Er musste sich zwar bei den ersten demokratischen Wahlen in Kroatien der HDZ geschlagen geben, seine Partei blieb jedoch die zweistärkste Fraktion im neuen Parlament und Račan setzte seine politische Karriere fort – diesmal als Führer der Opposition. In der Folge wurde die SKH-SDP mehr und mehr zum Schatten ihrer selbst, als viele der Mitglieder zur HDZ überliefen und der beginnende Krieg die kroatische Öffentlichkeit zunehmend radikalisierte. In diesen Wirren war Račan mehr damit beschäftigt das Überleben seiner Partei zu sichern, denn die Rolle Tuđmans in Frage zu stellen und eine konstruktive Opposition zu betreiben. Er reformierte die SDP, indem er die extreme Linke und die kommunistische Ideologie verbannte. Als nach dem Krieg soziale Fragestellungen wieder vermehrt ins Bewusstsein rückten, vereinte die SDP – inzwischen eine moderat linke Partei - auf Kosten anderer Oppositionsparteien immer mehr Sympathien auf sich.[128] Schließlich begründeten Ivica Račan und Dražen Budiša 1998 eine Allianz, die ihnen knapp zwei Jahre später den Sieg bei den Parlamentswahlen bescheren sollte. Račan wurde Premier mit der Unterstützung der HSLS und eines gemäßigten Blocks bestehend aus der Bauernpartei (HSS), den Liberalen (LS), der Kroatischen Volkspartei (HNS) und der Istrischen Demokratischen Versammlung (IDS).

Institutionelle Veränderungen - eine neue Verfassung

Unter der neuen Regierung und mit dem Ziel, den Demokratisierungsprozess voranzutreiben, wurde im November 2000 die Verfassung des jungen Staates zum zweiten Mal geändert.[129] Damit verwirklichte die neue Regierung zugleich eines ihrer Wahlversprechen. Im Vorfeld der Verfassungsänderung stand hauptsächlich eine Frage nach der Ausgestaltung des Regierungssystems und der künftigen Rolle des Staatspräsidenten im Mittelpunkt des Interesses. Dies mag verständlich sein, wenn man die negativen Erfahrungen mit dem Regierungssystem der vorangegangenen Dekade in Kroatien berücksichtigt

---

[128] Zakošek, Nenad: Das politische System Kroatiens, S. 664.

[129] Insgesamt wurde die kroatische Verfassung dreimal geändert: Dezember 1997, November 2000 und März 2001.

und die Tatsache, dass die frühere Opposition gerade in der Machtfülle des Staatspräsidenten den eigentlichen Grund für die verschleppte Demokratisierung Kroatiens sah. Obwohl es aus Sicht der Verfassungsrechtler nicht der Text allein ist, der letztendlich über die Qualität der Verfassung entscheidet, sondern deren Umsetzung in der Praxis und die Achtung ihrer Prinzipien, so werden doch in der Debatte um Vor- und Nachteile unterschiedlicher Regierungssysteme rein parlamentarische Systeme eher als demokratieförderlich beurteilt, während die Beurteilung semipräsidentieller Systeme insbesondere für „junge" Demokratien kontroverser ausfällt.[130] Vor diesem Hintergrund ist auch die Entscheidung der neuen Regierung für ein parlamentarisches Regierungssystem zu sehen, welches den Semipräsidentialismus der 90er Jahre im Rahmen der Verfassungsänderung ersetzte.

Möglich war dies allerdings nur mit Zustimmung des neuen Staatspräsidenten Stipe Mesić, bedeutete diese institutionelle Veränderung gleichzeitig auch eine weitreichende Beschneidung seiner Kompetenzen als erster Mann im Staate. Über die Notwendigkeit der Verfassungsänderung in Richtung eines parlamentarischen Systems waren sich sowohl der neue Ministerpräsident Račan als auch der Staatschef einig und kündeten diesen Schritt bereits in ihrem Wahlkampf an. Unmittelbar nach seinem Amtsantritt war es auch Mesić, der diesen Schritt einleitete, indem er eine Expertenrunde zur Ausarbeitung eines Entwurfs der Verfassungsänderung beauftragte. Nach einigen Anlaufschwierigkeiten und anfänglichen Kompetenzstreitigkeiten zwischen dem Premier und dem Staatspräsidenten im Bereich der Verteidigungs- und Sicherheitspolitik hat sich das neue Regierungssystem in der Praxis bewährt und seit 2000 zu stabilen demokratischen Institutionen und insgesamt zur Konsolidierung der Demokratie in Kroatien beigetragen.[131]

Aber auch sonst zeichneten sich wichtige Änderungen auf dem Weg zu mehr Demokratie ab. Im Zuge der institutionellen Veränderung nahm die neue Regierung all die Zügel in die Hand, die bislang in den Händen des Staatschefs gelegen hatten. Obwohl weiterhin direkt gewählt, wurde die Stellung des Präsidenten dadurch geschwächt. Seine Sorge für die Einhaltung der Verfassung und die Rechte, den Premier und andere Regierungsmitglieder zu ernennen und entlassen, Regierungssitzungen einzuberufen und zu leiten und die Möglichkeit, weiterhin Mitglied in einer politischen Partei zu bleiben, wurden abgeschafft. Des weiteren wurde der gesamte präsidentiale Beratungs- und Verwaltungsstab des Vorgängers deutlich reduziert und entmachtet. Abgesehen von der Befehlsgewalt über die Streitkräfte obliegt dem Präsidenten seither die

[130] Helmerich, Antje: Kroatien unter Franjo Tuđman, in: Südosteuropa, 53. Jg., 2/2005, S. 269.
[131] Bertelsmann-Transformations-Index 2003.

prozedurale Pflicht, den Premierminister mit Zustimmung des Parlaments zu benennen. Zudem gesteht ihm die Verfassung einen gewissen Einfluss auf die Außenpolitik zu. Die Verfassungsänderungen von November 2000 beendeten somit das System der dualen Exekutive. Der Regierung steht nun der Premierminister – unter Tuđman noch eine Person seines besonderen Vertrauens mit ausgesprochenen Manageraufgaben – vor. Die Exekutive ist zuständig für Gesetzesvorschläge und die Haushaltspolitik, Implementierung der Gesetze, und die Führung der inneren und äußeren Politikangelegenheiten.

Nachdem das kroatische Parlament in den 90er Jahren gegenüber den übrigen Verfassungsorganen eine eher untergeordnete Rolle spielte, wurde im Rahmen der institutionellen Veränderungen auch der Sabor als politische Instanz aufgewertet. Bislang existierte neben dem Abgeordnetenhaus auch eine zweite Kammer. Der *Županijski dom* (das Haus der Gespanschaften) war ursprünglich als regionale Vertretungskörperschaft und als Kontrollinstrument gegenüber der ersten Kammer konzipiert. Allerdings blieb die Funktion der zweiten Kammer während der 90er Jahre bei der Opposition stark umstritten, da sie sich statt an regionalen eher an parteipolitischen Themen orientierte. Mit der Verfassungsänderung vom März 2001 wurde diese zweite Kammer abgeschafft und die erste Kammer mit dem kroatischen Parlament gleichgesetzt.[132] Vorrangige Kompetenzen des Parlaments sind laut Artikel 80 die Verfassungsgebung und –änderung, Gesetzgebung, die Verabschiedung des Staatshaushaltes, Ausschreibung von Referenden, die Kontrolle über die Regierung und andere dem Parlament verantwortlichen Amtsträger, die Entscheidung über Krieg und Frieden und über die Außengrenzen des Landes, sowie das Recht, Amnesie zu gewähren. Das Abgeordnetenmandat ist unvereinbar mit Funktionen in der Regierung, der Gerichtsbarkeit und der Staatsanwaltschaft, in der Diplomatie und oberen Verwaltungsrängen sowie mit militärischem Offiziersdienst, exekutiven Aufgaben auf Ebene der Gespanschaft sowie mit leitenden Posten in staatlichen Unternehmen.

Im Bereich des Justizsystems waren die formalen Änderungen weniger auffallend.[133] Bezüglich der rechtlichen Rahmenbedingungen wurde im Lande selbst immer wieder betont, dass die Gesetze an sich gut waren, dass sie bislang nur zu selten umgesetzt bzw. und durchgesetzt wurden. Sie wurden während der 1990er Jahre somit Teil der „politischen Folklore“.[134] Wie ein roten Faden zog

[132] Zakošek, Nenad: Das politische System Kroatiens, in: Die politischen Systeme Osteuropas, Ismayr, W. (Hrsg.), Opladen 2002, S. 651.

[133] Das kroatische Justizsystem ist dreistufig, bestehend aus dem Obersten Gericht, insgesamt 17 Gespanschaftsgerichten (Županije) als zweiter Instanz und 99 Gemeindegerichten mit allgemeiner Kompetenz.

[134] Josip Kregar, in: Balkan Diskurs, S. 80

sich das Auseinanderfallen von formellen und informellen Regeln bzw. Institutionen durch die Transformationsgeschichte der 1990er Jahre; obwohl die geeigneten Rahmenbedingungen in Form von Norm und Gesetz gegeben waren, fand sich nur mangelnde Bereitschaft, diese auch in ihrem Sinne anzuwenden. Zum einen war die Funktionsweise der Justiz wegen der unzureichenden funktionalen Durchdringung und Ausstattung eingeschränkt, zum anderen muss die Frage der Effizienz gestellt werden. Hier machte sich der Umstand negativ bemerkbar, dass in den 90er Jahren ein Großteil der Richter aus z.T. politischen Gründen vorzeitig in den Ruhestand versetzt wurde und die vorhandenen Kapazitäten an ihre Grenzen stießen. Ein großes Problem stellt die enorme Zahl ungelöster Rechtfälle dar, die in den vergangenen Jahren stetig zugenommen haben. Betrug deren Zahl Ende der 80er Jahre noch etwa 500 000, ist sie bis Ende 2003 auf 1, 3 Millionen angestiegen, dabei sei Kroatien laut dem Rechtswissenschaftler Alan Uzelac mit etwa 40 Richtern auf 100 000 Einwohner keineswegs unterversorgt gewesen.[135] Verbesserungen insbesondere auf dem Gebiet Verfahrensrationalität und Justizverwaltung waren daher notwendig. Mit dem politischen Wechsel, der Verfassungsänderung, mit neuen Akteuren und geänderten Rahmenbedingungen seit 2000 bekam Kroatien eine Chance, auch in diesem Bereich verlorenes Terrain aufzuholen.

Bestandsaufnahme und notwendige Reformmaßnahmen

Kroatien bedurfte zunächst einer schonungslosen Bestandsaufnahme. Die Hinterlassenschaft der letzten Regierung war - wie sich herausstellen sollte - für die neue Mitte-Links Koalition unter Ministerpräsident Ivica Račan eine enorme Herausforderung, und zwar auf politischer, wirtschaftlicher wie institutioneller Ebene. Es galt alle Hebel in Bewegung zu setzten, beispielsweise bei der Wiederherstellung der Glaubwürdigkeit des Staates nach innen und außen, insbesondere um das Land aus seiner Isolation herauszuholen, aber auch wenn es darum ging die schwierige wirtschaftliche Situation zu überwinden und das durch Krieg und Transformationskrise geplagte Volk wieder von neuem zu motivieren.

Wichtig war vor allem die versäumte Demokratisierung voranzutreiben und die Entwicklung der Zivilgesellschaft zu stärken. In diesem Zusammenhang war es notwendig die in den 90er Jahren zumindest teilweise vorhandenen Einschränkungen im Bereich der freien Meinungsäußerung, der Assoziations- und Versammlungsfreiheit sowie der Presse- und Medienfreiheit abzuschaffen. Wurde beispielsweise der Gründung von Vereinen und Organisation, insbe-

[135] Vjesnik, 03.01.04.

sondere der NGOs während der 90er Jahre von staatlicher Seite häufig mit Argwohn begegnet und ihre Gründung zumindest nicht gefördert, so hat das 2001 verabschiedete Gesetz die Zulassung und Wirkungsweise von Organisationen und Vereinen gegenüber der früheren Praxis deutlich erleichtert und dazu geführt, dass sich inzwischen ein robustes Geflecht autonomer, selbst organisierter Gruppen und Organisationen herausgebildet hat. Dringend notwendig waren auch Reformen im Bereich der Informationsfreiheit, Konkurrenz der Medien und der freien journalistischen Tätigkeit. Die eingeleiteten Reformen zeigten unmittelbar nach Verabschiedung der entsprechenden Gesetze erste Wirkung und haben dazu beigetragen, dass inzwischen eine pluralistische Medienszene entstehen konnte.

Ebenso wichtig und notwendig war eine Nivellierung des Gesetzes über die Autonomie der Radio- und Fernsehanstalt HRT. Die bisherige Regelung ermöglichte durch entsprechende personelle Besetzung der Gremien, insbesondere des Nationalen Rats (Vijeće HRT) das Staatsfernsehen insbesondere während der Wahlkämpfe zu einem wirkungsvollen Instrument der politischen Propaganda einzusetzen.[136] War die erste Novellierung noch unvollständig und ermöglichte mitunter noch einseitige politische Einflussnahme, so gelang mit einem Zweiten Anlauf doch eine wesentliche Verbesserung, so dass laut Forschrittsbericht der EU-Kommission der HRT inzwischen reibungslos funktioniert.[137]

Reformbedürftig war auch die bestehende territoriale Organisation Kroatiens, nicht zuletzt auch um der zunehmenden regionalen Disparität, der Zentralisierung des Landes und der Konzentration auf den Nordwesten entgegenzuwirken. Nach wie vor führen alle Wege nach oder über Zagreb, ob politisch, wirtschaftlich, institutionell oder kulturell.[138] Über die Hälfte der jährlichen Wirtschaftsleistung wurde bislang von einem Viertel der Bevölkerung in der Hauptstadt und ihrer engeren Umgebung geschaffen und während in Zagreb in einigen Branchen Arbeitskräftemangel herrschte, lag die Arbeitslosigkeit im Süden und Südosten des Landes örtlich nicht selten über 30 Prozent. Das Wirtschaftswachstum der letzten Jahre ging an manchen Regionen wie der Lika, der Krajina und einigen dünn besiedelten dalmatinischen Inseln vorüber, so dass die traditionell vorhandenen Entwicklungsungleichgewichte zwischen den Regionen nicht verringert wurden, mitunter gar zugenommen haben. Die bisherige Organisation des Landes hat nicht unwesentlich dazu beigetragen, so dass mit der territorialen Neuordnung eine Trendwende eingeleitet werden

[136] Zakošek, Nenad: Das politische System Kroatiens, S. 672.
[137] Fortschrittsbericht der EU-Kommission, 2005 (KOM. 2005 561 endgültig).
[138] Diese Entwicklung setzte bereits seit den 1950er Jahren in Folge der Industrialisierungs- und Urbanisierungspolitik der damaligen SFRJ ein.

sollte. Die Verfassungsänderung von November 2000 stärkte in der Folge die Stellung der Regionen als Selbstverwaltungseinheiten und mit dem Gesetz über lokale und regionale Selbstverwaltung wurde die notwendige Dezentralisierung des Landes eingeleitet.

Zum anderen galt es die - mitunter lethargische - Stimmung im Lande zu verbessern. Noch immer warteten viele Vertriebene und Flüchtlinge darauf, die Auswirkungen des Krieges hinter sich zu lassen und in ihre Heimat und ihre Häuser zurückzukehren. Die neue Führung wagte sich daher nach Regierungsbildung auch an dieses Problem heran. Dass sich der Erfolg nur langsam einzustellen begann - für die Betroffenen verständlicherweise zu langsam - lag vielleicht weniger am politischen Willen denn an den begrenzten Finanzmitteln des Landes, erwies sich doch der Wiederaufbau der durch den Krieg zerstörten Infrastruktur in der Krajina, in West- und Ostslawonien als überaus kostenintensiv. Problematischer und von gelegentlichen Protesten kroatischer Veteranenverbände begleitet war dagegen die Rückkehr der 1995 aus Kroatien geflohenen Serben. In ihre Häuser hatten sich inzwischen kroatische Flüchtlinge niedergelassen, die wiederum zuvor im Rahmen ethnischer Säuberung aus ihren eigenen Häusern vertrieben worden sind. Viele unter ihnen waren alt und gebrechlich und sahen einer erneuten Umsiedlung mit Unwillen entgegen. Die Bemühungen der Regierung für alle Beteiligten eine Lösung zu finden hatten allerdings Signalwirkung: Sie ließen die Bereitschaft erkennen, eine neue Ära in den Beziehungen zwischen dem offiziellen Kroatien und seinen Minderheiten, insbesondere den serbischen, einzuläuten.

Großes Gewicht erhielt unter der neuen Regierung die Korrektur diskriminierender Gesetze und Verhaltensweisen öffentlicher Institutionen. Zusätzlichen Vertrauensbonus erhielt die Regierung von der Bevölkerung dadurch, dass sie ein weiteres Wahlversprechen einhielt und die bis dahin überaus ansehnlichen Politikergehälter kürzte. Zum anderen führte sie die konsequente Abschaffung bisheriger Privilegien für Parteiangehörige voran. Während der 1990er Jahre hatte die Vetternwirtschaft zum Teil groteske Züge angenommen, einträgliche Posten waren nicht selten an Freunde und Verwandte der damaligen Regierungspartei vergeben, Immobilien und Unternehmen im Zuge der Privatisierung weit unter Wert untereinander zugeschanzt worden. Dabei hatte sich die Mitgliedschaft, oder zumindest die Loyalität zur HDZ als Voraussetzung für gesellschaftlichen und beruflichen Aufstieg der neuen Elite erwiesen. Und so fehlte es in Kroatien auch nicht so sehr an einem entsprechenden Gesetzeswerk; was fehlte, war die konsequente Durchsetzung. Beispielsweise konnten sich Arbeitergeber mit guten Beziehungen trotz klarer Gesetzeslage weitgehend ihren Verpflichtungen gegenüber Finanzbehörden und ihren Beschäftigten entziehen. In einigen Fällen zahlten Arbeitgeber zeitweise keine Sozialversicherungsbeiträge, so dass die Arbeiter im Krankheitsfall keine entsprechende Leistung beziehen konnten.

Kurskorrektur und Rückkehr in den Schoß der europäischen Familie

Nach dem Ende der Tuđman-Ära war abzusehen gewesen, dass politische wie wirtschaftliche Probleme die neue Regierung zu weitreichender Kurskorrektur zwingen würden. Dabei ging es um die Beziehungen Kroatiens gegenüber dem Westen aber auch um die künftige Rolle des Landes in der Region selbst. Die neuen politischen Akteure definierten Kroatien als ein mitteleuropäisches und mediterranes Land, gleichzeitig waren sie sich der eigenen Verantwortung für Südosteuropa bewusst und somit bereit, mit einer Politik der Annäherung und Aussöhnung zur Befriedung der unmittelbaren Nachbarschaft beizutragen.[139] Als Folge dieses neuen Kurses und der deutlich veränderten Außenpolitik wurde die Achse Zagreb-Mostar zunehmend brüchiger, stattdessen setzte Račan wie Präsident Mesić vermehrt auf die direkte Kommunikation mit Sarajevo, mit weitreichender Signalwirkung für die gesamte Region.[140] In der Folge begannen sich auch die Beziehungen zu Belgrad und Podgorica zu entspannen, so dass die neue kroatische Außenpolitik – inzwischen weitestgehend entemotionalisiert und rationalisiert - wesentlich zur Stabilisierung der gesamten Region beitrug und die Regierung Račan in der Folge von der internationalen Gemeinschaft als zuverlässig und berechenbar eingestuft wurde. Die Zeit der „stillen" Isolation war für Kroatien damit beendet.

Zeitlich fiel diese Entwicklung in die Phase der Neuausrichtung der EU-Politik gegenüber den südosteuropäischen Staaten, die bislang keine institutionellen Schritte in Richtung EU-Mitgliedschaft vollziehen konnten, d.h. des sogenannten „Westbalkans".[141] Beide aufgelegten Programme, der 1999 ins Leben gerufene *Stabilitätspakt für Südosteuropa* sowie der zeitgleich vom Europäischen

---

[139] Jureković, Predrag: Zur Neuordnung des südslawischen Raumes: Außen- und sicherheitspolitische Bedeutung der politischen Wende in Kroatien, in: Österreichische Militärzeitschrift, 2/2000, S. 197.

[140] Dabei trat Kroatien für transparente Beziehungen zu den Kroaten innerhalb Bosnien-Herzegowinas ein und deklarierte die dortigen Kroaten als Bürger BiHs, die ihre politischen, bürgerlichen und nationalen Rechte in diesem Staat verwirklichen.

[141] Der Begriff „Westbalkan" wurde 1998 von den Europäischen Union zunächst als „Arbeitsbegriff" eingeführt, um zwischen Rumänien und Bulgarien als Beitrittsländern und den übrigen Staaten in Südosteuropa zu unterscheiden, insbesondere den Nachfolgestaaten Jugoslawiens, mit denen die EU zu diesem Zeitpunkt keine weiterreichenden institutionellen Beziehungen aufrechterhielt. Neben Kroatien gehören zum Westbalkan: Albanien, Bosnien-Herzegowina, Serbien, Montenegro und Mazedonien.

Rat aufgelegte *Stabilisierungs- und Assoziierungsprozess* (SAP), waren Ausdruck verstärkter Bemühungen der internationalen Gemeinschaft im Allgemeinen und der EU im speziellen, die Länder des sogenannten Westbalkans näher an die EU zu binden, ihnen langfristig eine Beitrittsperspektive zu eröffnen und über finanzielle und technische Hilfestellung den wirtschaftlichen Aufholprozess zu unterstützen. Kroatien trat seit der Suspendierung des Abkommens über die Zusammenarbeit mit der EU und dem einseitigen Einfrieren der Mittel des PHARE-Programms nach der Militäraktion Oluja auf der Stelle und erst der SAP und der Stabilitätspakt eröffneten dem Land die Möglichkeit einer institutionellen Annäherung an die EU.

Kroatien besann sich auf seine europäische Identität, und so verwunderte es nicht, dass die Intensivierung der Beziehungen zum Westen und die Kooperationsbereitschaft mit der Europäischen Union von der neuen Regierung als politischer Leitfaden zu mehr Stabilität und wirtschaftlichem Aufschwung gewählt wurde.[142] Entsprechend positiv hatte die EU auf die veränderten Verhältnisse in Zagreb reagiert und den neuen Premier bereits am 14. Januar 2000, d.h. wenige Tage nach seiner Amtsübernahme, nach Brüssel eingeladen. Die verantwortlichen in Brüssel erkannten sehr schnell, welche Möglichkeiten sich ihnen mit dem Regierungswechsel in Zagreb boten, um über ein kooperationswilliges Kroatien insgesamt zur Befriedung der gesamten Region in Südosteuropa beizutragen. Die politische „Hebelwirkung" war nicht zu unterschätzen und so mögen die folgenden Monate ein gutes Beispiel dafür abgeben, wie schnell ein bürokratisches, transnationales Gebilde wie die Europäische Union funktionieren und handeln kann, wenn ein entsprechender politischer Wille vorhanden ist. Noch im Februar 2000 wurde eine *consultative task force* für Kroatien formiert, mit der Aufgabe die aktuelle Lage vor Ort zu erkunden und einen Monat später bereits wurde das Büro des EU-Sondergesandten in Zagreb zur Vertretung der Europäischen Kommission aufgewertet. Im Mai 2000 bestätigte die EU-Kommission in einem Durchführbarkeitsbericht für Kroatien, dass die Verhandlungen über ein Stabilisierungs- und Assoziierungsabkommen aufgenommen werden konnten.

Der eigentliche Wendepunkt in den Beziehungen Kroatiens zur EU gelang dann im November 2000 auf dem Zagreber Gipfeltreffen, als die Verhandlungen über das Stabilisierungs- und Assoziierungsabkommen (SAA) zwischen

---

[142] Zu dieser Zeit wurde es in den Hotels der Zagreber Innenstadt schlagartig betriebsamer. Das Interesse aus dem Ausland nahm rapide zu, und damit auch die Zahl westeuropäischer Besucher in der kroatischen Metropole. Die lukrativen Anlagemöglichkeiten in den mitteleuropäischen Transformationsstaaten neigten sich dem Ende zu, so dass es fortan darum ging auch diejenigen Regionen zu erschließen, die bislang von den Anlegern vor allem aufgrund der Kriege und der politischen Instabilität weitläufig gemieden wurden.

Kroatien und der EU aufgenommen wurden. Nur einen Monat später beschloß der EU-Ministerrat, das CARDS-Programm zur Umsetzung des Stabilisierungs- und Assoziierungsabkommens für Kroatien zu öffnen. Damit wurden Kroatien von 2002 bis 2004 insgesamt 62 Millionen Euro zur Verfügung gestellt. Ebenso intensiv wurde daran gearbeitet, Kroatien zusammen mit Makedonien in das PHARE-Programm aufzunehmen und Importbedingungen für Kroatische Produkte durch Senkung der Einfuhrzölle für Textilien und Rindfleisch in die EU zu erleichtern. Zu dieser Zeit, im Jahr 2000, gelang Kroatien bereits die Aufnahme in die Welthandelsorganisation WTO und zeitgleich wurden wesentliche Weichen für eine weitere Annäherung an die EU gestellt. Rückhalt erfuhr die starke Ausrichtung an Westeuropa auch in der Bevölkerung. Ende 2000 sprachen sich nach einer Umfrage 82 Prozent der Befragten für eine baldige EU-Aufnahme aus, wobei etwa die Hälfte für eine schnelle Erfüllung der EU-Beitrittskriterien eintrat und ein Drittel eher eine längere Anpassungsphase bis 2010 bevorzugte.[143]

Im Mai 2000 würdigte auch die NATO Kroatiens Neuausrichtung und die erzielten Fortschritte mit der Aufnahme in das Programm *Partnerschaft für den Frieden* und legte die Marschroute für weitere institutionelle Schritte in Richtung NATO-Beitritt fest. Da die Mitgliedschaft Kroatiens in der NATO von den neuen Akteuren als erklärtes Ziel ausgegeben wurde, setzte man alles daran, den Forderungen des Nordatlantikpaktes nachzukommen um sich im Rahmen des *Membership Action Plan* (MAP) für dieses Ziel vorbereiten zu können. Die Aufnahme in das MAP gelang im Mai 2002 und bereits im Herbst 2003 wurde dem Mitglied der "Vilnius-Gruppe" der NATO-Aspiranten signalisiert, dass eine Einladung für dem NATO-Beitritt schon auf dem Gipfeltreffen in Istanbul 2006 im Bereich des Möglichen sei.[144]

Im Oktober 2001 unterzeichnete Kroatien das Stabilisierungs- und Assoziierungsabkommen (SAA) und nahm damit die erste Hürde auf dem Weg Richtung EU, war doch der Beitritt zur Europäischen Union, neben der Erlangung der staatlichen Unabhängigkeit, eines der wichtigsten politischen Ziele gewesen. Am 5. Dezember 2001 bestätigte der Sabor das Stabilisierungs- und Assoziierungsabkommen, am 12. Dezember des gleichen Jahres wurde es vom Europäischen Parlament bestätigt um daraufhin in den nationalen Parlamenten der einzelnen EU-Mitgliedsländer ratifiziert zu werden. Damit wurde auch der Startschuss zu einem bemerkenswerten Aufholprozess gegeben, der sich fortan in zunehmender politischer Stabilisierung manifestierte und im offiziellen EU-

---

[143] Večernji list, 26.12.2000.

[144] Bei einem Treffen zwischen George Robertson und dem damaligen kroatischen Außenminister Tonino Picula in Brüssel, in: Vjesnik, 29.10.2003.

Beitrittsgesuch vom 21. Februar 2003 gipfelte. Am 21. Juni 2003 wurde Kroatien gemeinsam mit den übrigen Ländern des Westlichen Balkans in der so genannten Thessaloniki-Erklärung eine klare EU-Beitrittsperspektive in Aussicht gestellt und bereits am 9. Oktober überreichte die kroatische Regierung der Europäischen Kommission den beantworteten Fragenkatalog mit über 4000 Fragen, der wenige Monate zuvor der kroatischen Seite anlässlich des Besuchs von Romano Prodi, dem damaligen EU-Kommissionspräsident, in Zagreb zugestellt worden war.[145] Die bis dahin erzielten Fortschritte Kroatiens wurden von verschiednen Organisationen überaus günstig beurteilt, so etwa im Bericht der OSZE im September 2003, gleichzeitig kletterte das Land in internationalen Rankings einige Plätze nach oben.[146] Rückblickend verzeichnete Račan gerade auf dem Gebiet der Außenpolitik seine größten Erfolge; Kroatien meisterte unter seiner Führung in relativ kurzer Zeit die Rückkehr in den Kreis der europäischen Familie und der internationalen Gemeinschaft.

„Odlučno možda"

Vor ihrem landesweiten Wahlerfolg hatte die SDP-geführte Regierung radikale Veränderungen in scheinbar allen Feldern der Politik versprochen. Nach einem vielversprechenden Start blieb sie allerdings - insbesondere in der zweiten Mandatshälfte - hinter einigen ihrer Versprechungen zurück. Račan und seine Minister rechtfertigten sich des Öfteren, die Vermeidung radikaler Maßnahmen sei möglicherweise der beste Dienst, dem sie ihrem Land erweisen könnten. Die Wähler sahen dies jedoch anders, werteten die Zurückhaltung eher als Unentschlossenheit und quittierten die Haltung der Regierung mit weitgehender Politikverdrossenheit und einer Abwahl der Regierung schon nach einer Legislaturperiode. Was blieben die neuen Führer ihrem Land schuldig? Auf der wirtschaftlichen Ebene sollte nach einer Teilrevision der bisherigen Vorgänge die Privatisierungsstrategie geändert werden, um mehr strategische Investoren und ausländisches Kapital anzuziehen, in Teilbereichen wurde dies jedoch halbherzig angegangen. Aus vielerlei Gründen mag Račan recht gehabt haben, dass Kroatien und seine Bewohner insgesamt viel weniger auf radikale Veränderungen vor allem auf dem Arbeitsmarkt vorbereitet waren als andere MOEL. Auf der anderen Seite jedoch war die Regierung allzu zögerlich als es

---

[145] „Hrvatska treba odgovoriti na četiri tisuće pitanja u roku od tri mjeseca" in: Vjesnik, 9. Juli 2003.

[146] So belegte Kroatien beispielsweise in der Studie des *Economist Intelligence Unit* (EIU) unter den betrachteten 27 Transformationsstaaten den neunten Platz und war damit das einzigste Land ohne Kandidatenstatus unter den ersten Zehn. „Hrvatska deveta na listi tranzicijskih zemalja" in: Vjesnik, 01. 10. 2003.

darum ging, alternative Methoden einzusetzen, um Arbeitsplätze zu schaffen und das Wachstum anzuregen. Stabilität wurde beinahe ausschließlich als makroökonomische Stabilität aufgefasst und deshalb wurde - wie schon unter der Vorgängerregierung - darauf beharrt, den Wechselkurs der *Kuna* stabil auf hohem Niveau zu halten, mit der Folge eines chronisch hohen Leistungsbilanzdefizit. Auch gaben die Reformkonzepte keine Antwort auf die ernsten Finanzprobleme des Staates.

Das Mandat, das die Koalition 2000 erhielt, hatte Račan und seine Partner zu Reformen bevollmächtigt, die Kroatien auf die Überholspur in Richtung einer offenen und dynamischen Gesellschaft hätten setzten sollen; diese Weisung nahm die Regierung nur in Teilen an. Es waren insbesondere in der zweiten Hälfte des Mandats oftmals personelle denn inhaltliche Veränderungen, die das wesentliche des Politikwechsels ausmachten. Die politischen Verhaltensweisen muteten allerdings in Teilen anständiger als die ihrer Vorgänger an, obwohl auch unter den neuen Akteuren Korruption keine Unbekannte war und im Nachhinein einige Fälle von Missmanagement bekannt geworden sind. Die Mehrheit der Wähler hatte Račan die Stimme geliehen, um einige wirtschaftliche Ungerechtigkeiten der 1990er Jahre korrigiert zu sehen, insbesondere erhoffte man eine Wiedereröffnung der Privatisierungsverfahren, die durch Korruption und Vetternwirtschaft in der annähernden Zerstörung einst viel versprechender Unternehmen geendet war und die Arbeitslosigkeit zahlreicher Arbeitnehmer verschuldet hatte. Anstatt dieses Problem unmittelbar nach den Wahlen anzugehen, als noch der entsprechende Rückhalt unzweifelhaft vorhanden war, verwirrte sich das Kabinett in einer ganzen Reihe verzögernder Episoden. Viele der Versprechungen, die von der Regierung als kriminell betitelten Verfahren im Rahmen der unrechtmäßigen Bereicherung wieder aufzunehmen, liefen weitgehend ins Leere.

Tatsächlich war aber der gerichtliche Weg zu Klärung wirtschaftlicher Streitfragen ausgesprochen problematisch. Unter anderem kamen überkreuzende Kompetenzbereiche verschiedener Institutionen, ein lückenhafter rechtlicher Rahmen und vielfach Korruption auf allen politischen Ebenen ins Spiel. Zu einer groß angelegten Revision der Privatisierung, wie vielfach in der Öffentlichkeit gefordert und im Wahlkampf auch versprochen, kam es daher nicht. Ein Großteil der Transaktionen stand im Einklang mit der Gesetzgebung, so dass eine Annullierung der Verträge zwischen dem kroatischen Privatisierungsfond und den Investoren weitreichende Auswirkungen auf den weiteren Zustrom ausländischen Kapitals gehabt hätte. Die rechtlichen Grundlagen dafür waren zudem umstritten. Die kroatische Privatisierungsgesetzgebung hatte den Insidern, insbesondere Direktoren der ehemals gesellschaftlichen Unternehmen, weitläufige Spielräume bei der Bewertung der Unternehmen sowie bei der Übernahme eingeräumt.[147] Oft wurden durch Beziehungen zu Banken Kredite bereitgestellt, wobei die Unternehmensaktiva zur Kreditsicherung dienten. Diese Praktiken wurden in der Öffentlichkeit als "menađerski krediti" bekannt.

So war es auch keineswegs verwunderlich, dass in der Bevölkerung insgesamt eine negative Einstellung zur Privatisierung überwog. Nach einer Untersuchung des Soziologen Štuhlhofer glaubten Ende der 90er Jahre nur etwa 25 Prozent der Bevölkerung, durch die Privatisierung sei Kroatien einer modernen Marktwirtschaft einen Schritt näher gekommen.[148] Die Mehrheit war vielmehr der Meinung, durch die umfassende Eigentumsumwandlung hätte sich der Graben zwischen arm und reich weiter ausgedehnt. Auf die Frage nach den Gewinnern des gesamten Prozesses wurden überwiegend Mitglieder der Regierungspartei der 90er Jahre genannt. Tatsächlich erlangten regierungsnahe Akteure durch Ausnutzung rechtsfreier Räume zahlreiche Privilegien, während Beschäftigte der jeweiligen Unternehmen am meisten darunter zu leiden hatten. Das Versagen, diese Art der Vergehen zu sühnen, hatte negative Konsequenzen für andere Reformbemühungen und zehrte am Vertrauen an Rechtstaatlichkeit, insbesondere da auch andere dunkle Kapitel der jüngeren Geschichte geschlossen blieben. Die demonstrierte Unfähigkeit, in den Privatisierungsverfahren für Gerechtigkeit zu sorgen, wurde gesteigert durch die unzureichende und zögerliche Kooperation mit dem Haager Tribunal. Račans Regierung scheiterte hier an der öffentlichen Meinung, die nicht diejenigen vor Gericht sehen wollte, die in der vergangenen Dekade als nationale Helden gefeiert worden waren.[149] Sie ließ sich nicht selten von den angekündigten Massendemonstrationen beeindrucken, so wurde die Bereitschaft vollständig mit dem Tribunal zusammenzuarbeiten zwar mehrfach beteuert, vermochte aber im Ausland nicht immer zu überzeugen.

Wie der neu gewählte Präsident Mesić wurde Račan zu Beginn seiner Amtszeit als der reformistische Führer gepriesen, der den klaren Bruch mit der autoritären Vergangenheit symbolisieren sollte. Tatsächlich wurde später sein Führungsstil oft mit der Phrase „Odlučno možda" etikettiert, womit man auf seine zögerliche Politik und fehlende Entschlusskraft anspielte, insbesondere bei entscheidenden Weichenstellungen für das Land. Nicht selten erwies er sich außer Stande, seine Regierung bestehend aus sechs Parteien zu führen. Es kam recht bald zum Bruch mit dem damaligen Chef der HSLS, Dražen Budiša, der

---

[147] Kušić, Siniša: Privatisierung im Transformationsprozess. Das Beispiel der Republik Kroatien, Wiesbaden 2001.

[148] Štuhlhofer, Aleksander: Krivudava staza hrvatske privatizacije, in: Zeman und Rogić (Hrsg.). Privatizacija i medernizacija, Institut društvenih znanosti Ivo Pilar, Zagreb 1999.

[149] „Hrvatima je prioritet standard i obračun s korupcijom, a ne Haag", in: Vjesnik, 2. Juli 2003.

die Notwendigkeit der Zusammenarbeit mit dem Haager Tribunal von einem anderen Standpunkt aus betrachtete und bewertete. Diese Unstimmigkeiten leiteten auch grundsätzliche Diskrepanzen bei anderen Fragestellungen ein. Račan legte kurz am 5. Juli 2002 sein Amt nieder, nachdem sowohl der Koalitionspartner HSLS als auch der Sabor die Ratifizierung eines Abkommens mit Slowenien (Račan – Drnovšek Sporazum) abgelehnt hatte, ein weiterer Streitpunkt innerhalb der Koalition war auch die Proklamierung der Adria-Wirtschaftszone. Die Koalition bestand jedoch mit leichten Modifikationen bis zu den nächsten Wahlen. Am 23. Dezember 2003 war schließlich seine Zeit endgültig vorüber, als der Sabor den Wahlsieger Ivo Sanader, Vorsitzender der HDZ, zum neuen Ministerpräsidenten bestätigte. Seither wird Kroatien von einer Minderheitsregierung aus HDZ, die über 66 der 152 Sitze im Sabor verfügt, und dem liberal-bürgerlichen Wahlbündnis HSLS-CD regiert, wobei die HSLS, die schon an der Regierung Račan beteiligt war, stark geschwächt aus den Wahlen hervor. Sie stellt nur noch drei statt bisher 17 Abgeordnete. Die Koalition wird von der Bauernpartei HSS und Vertretern der Minderheiten toleriert. Die Sozialdemokraten kommen auf 44 Sitze.

Kontinuität nach dem Regierungswechsel 2003

Die Wahlen Ende 2003 führten zu einem erneuten Regierungswechsel. Damit hielt ein aus Frankreich bekanntes Modell in Kroatien Einzug, denn seither ist die politische Elite zu einer Kohabitation gezwungen: Der neue Premier Ivo Sanader und Präsident Stipe Mesić gehören unterschiedlichen politischen Lagern an.[150] Die guten Neuigkeiten waren die, dass trotz des Sieges der HDZ Kroatien nicht würde zu den autoritären Praktiken der neunziger Jahre zurückkehren. Die Saat einer demokratischen Ordnung, die seit 2000 gestreut und gepflegt wurde, in Verbindung mit weitreichenden Verfassungsänderungen hatten unterdessen feste Wurzeln geschlagen. Die Art und Weise wie die Wahl und anschließend der Regierungswechsel über die Bühne ging, deutete darauf hin. Eine Missachtung demokratischer Strukturen im großen Stile schien eher unwahrscheinlich. Dennoch, auch wenn klar war, was Kroatien nach dem Wahltag des 23. November nicht werden würde, so war doch zu Beginn fragwürdig, ob der konsequente Kurs gen Brüssel weiter durchgehalten werden

[150] Einige theoretische Ansätze gehen davon aus, dass von einer konsolidierten Demokratie gesprochen werden, wenn mindestens zwei Regierungswechsel stattgefunden haben. In Kroatien hat der erneute Regierungswechsel nach 2000 zweifelsohne zur Stärkung demokratischer Spielregeln beigetragen. Ein weiteres Reifezeugnis haben die Kroaten bei den anschließenden Präsidentschaftswahlen abgelegt, als die Mehrheit der Wähler nicht wollte, dass sowohl Premier als auch Präsident der gleichen Partei angehören, und dementsprechend Mesić zum Präsidenten wählten.

würde. Nicht wenige ausländische Beobachter erwarteten mit der Rückkehr der HDZ eine Abwendung von der pro-europäischen Politik der vorangegangen Mitte-Links-Koalition und sahen im Wahlausgang die Gefahr einer Abkühlung in den Beziehungen zur Europäischen Union. Genehmigte sich das Land im Annäherungsprozess eine "Auszeit" oder hielt weiterhin der EU-Kurs?[151]

Er hielt. Und damit überraschte Sanader und die Führungsspitze der HDZ nach dem Wahlsieg sowohl das In- wie das Ausland. Obwohl der Westen dem Wahlsieger zunächst reserviert entgegentrat, konnten die ersten Maßnahmen des neuen Premiers durchaus überzeugen und wurden vom Ausland dementsprechend positiv aufgenommen. Indem Sanader konsequent auf die EU-Karte setzte, sorgte er auch im eigenen Lager für Überraschung, denn so mancher HDZ-Wähler hatte die Partei nicht etwa gewählt um die Politik Račans fortzuführen, noch um die serbischen Minderheit (SDSS) in die politische Arbeit einzubeziehen.[152] Damit aber signalisierte Sanader, dass die Phase der Normalisierung im Land endgültig angebrochen war und streckte die Hand zur Versöhnung aus. Diese neue politische Ausrichtung der HDZ war allerdings nur möglich, weil es dem Vorsitzenden Sanader zuvor gelang seine Partei von alten Kadern und überkommenen Vorstellungen zu lösen. Und auch wenn sich die Partei nie öffentlich von ihrem Gründer distanziert hat, war doch nicht zu verkennen, dass im Zuge der Umorientierung der rechte Flügel merklich geschwächt wurde und die Partei die politische Mitte in den Blick nahm. Inzwischen definiert sich die HDZ als eine christlich-demokratische Mitte-Rechts-Partei - auf europäischer Ebene Mitglied der Europäischen Volkspartei (EVP) - und sieht sich als moderne konservative Perspektive des Landes. Der Erfolg der reformierten HDZ ist bis heute eng verbunden mit dem Parteivorsitzenden und neuem Regierungschef Ivo Sanader.

Der neue, 1953 in Split geborene, Premier machte Eindruck auf der Bühne der internationalen Politik und nicht nur, weil er mit Englisch, Deutsch, Französisch und Italienisch die wichtigsten Sprachen in der EU beherrscht und auch nicht, weil die Bühne ohnehin sein Metier ist. 1982 erhielt Sanader an der Universität Innsbruck den Titel eines Doktors in vergleichender Literatur. Er ist Autor einiger Bücher zur Literaturgeschichte und Politik der Gegenwart und Mitglied des kroatischen Zentrums des PEN Clubs. Seine Karriere begann 1983 als Programm- und dann Chefredakteur des Verlagshauses "Logos" in Split. Von 1987 bis 1990 war er Mitherausgeber des Magazins "Mogućnosti".

---

151 Kušić, Siniša: Kroatien nach dem Regierungswechsel: Weiterhin auf EU-Kurs ?, in: Südosteuropa, Zeitschrift für Gegenwartsforschung, Jg. 52, Nr. 7-9, 2003, S. 382.

152 Žarko Puhovski, Interview in der TAZ, 26.03.2005, S. 15.

Seit 1988 zog es ihn immer wieder zurück nach Österreich, wo er in Innsbruck bis 1991 seine eigenen Unternehmen leitete. Später wurde er Generaldirektor des Kroatischen Nationaltheaters in Split bevor es ihn auch auf die politische Bühne zog. 1992 wurde er erstmals in das Repräsentantenhaus des Sabor gewählt und legte seitdem einen steilen Karrierepfad zurück: 1992-1993 war er Minister für Wissenschaft und Technologie, 1993-1995 stellvertretender Außenminister, 1995-1996 Stabschef des kroatischen Präsidenten und Generalsekretär des Verteidigungs- und Nationalen Sicherheitsrates, 1996-2000 wiederum stellvertretender Außenminister. Im Jahr 2000 wurde er nicht nur Präsident der HDZ, in welchem Amt er 2002 bestätigt wurde, sondern auch Parlamentsabgeordneter und stellvertretender Vorsitzender des Komitees für auswärtige Angelegenheiten des Repräsentantenhauses des Sabor. Der rasante Aufstieg wurde gekrönt durch die Wahl zum Premierminister 2003.

Positive Beurteilung aus Brüssel – Kroatien wird Beitrittskandidat

Nachdem die Mitte-Links Regierung unter Ministerpräsident Račan das Land aus der Isolation der 1990er Jahre herausgeholt und durch pro-europäische Orientierung und entsprechender Reformpolitik auf EU-Kurs geführt hatte, erntete der neue Premier Sanader die Früchte dieser Arbeit. Die positive Stellungsnahme aus Brüssel zum offiziellen kroatischen Beitrittsantrag vom Februar 2003 traf am 20. April 2004 ein und damit nur wenige Monate nach seiner Amtseinführung.[153] In dieser – von kroatischer Seite – mit großer Spannung und Ungeduld erwarteten Stellungsnahme vermerkte die EU-Kommission eine Verbesserung bei der Kompetenzabgrenzung von Regierung, Parlament und Judikative, unterstrich die politische und ökonomische Stabilität des Landes und bezeichnete Kroatien als eine funktionierende Demokratie mit marktwirtschaftlichen Strukturen.[154] Folgerichtig und entsprechend den eigenen Kriterien hob der Europäische Rat am 18. Juni 2004 Kroatien in den Status eines Beitrittskandidaten.

Dieser Tag markierte ein historisches Datum in der jüngeren Geschichte Kroatiens und wurde entsprechend landesweit mit ausgelassenen Feierlichkeiten begangen. Im Zentrum der Hauptstadt, auf dem *Trg Bana Jelačića* wurden riesige Europaflaggen gehisst und die markante blau-gelbe Farbkombination

---

[153] Kušić, Siniša: Kroatien, in: Jahrbuch der Europäischen Integration 2005, Weidenfeld, W./Wessels, W. (Hrsg.), Institut für Europäische Politik, Baden-Baden 2006, S. 439.

[154] Opinion on Croatia's Application for Membership of the European Union, Brussels, 20. April, KOM (2004) 257 final.

dominierte fortan das Stadtbild. Gleichzeitig legte sich im Land die monatelange Anspannung. Nachdem das offizielle EU-Beitrittsgesuch 2003 eingereicht war, wurde die tägliche Debatte von einem einzigen Thema beherrscht: gibt es eine positive Beurteilung der EU-Kommission und wann beginnen die konkreten EU-Beitrittsverhandlungen? Als Annerkennung der Reformleistungen wurde zum Ende des Jahres 2004 der Beginn der Beitrittsverhandlungen seitens der EU auf den 17. März 2005 terminiert, geknüpft an die Bedingung der Zusammenarbeit mit dem Internationalen Strafgerichtshof für das ehemalige Jugoslawien (ICTY) in Den Haag. Mit dem positiven Avis und der Ernennung zum Beitrittskandidaten eröffnete sich dem Nachzügler somit die Möglichkeit, zusammen mit Bulgarien und Rumänien bei der für 2007 vorgesehenen zweiten Erweiterungsrunde der Europäischen Union dabei zu sein. Kroatien hatte bis zu diesem Zeitpunkt - seit der Annäherung an die Europäische Union Anfang 2000 und Unterzeichung des SAA Ende 2001 - einen bemerkenswerten und in vielerlei Hinsicht auch beispiellosen Aufholprozess hinter sich. Die Tür nach Europa war offen.

Ermöglicht wurde dieser Aufholprozess durch die pro-europäische und prowestliche Orientierung über die Grenzen der politischen Lager hinweg. Bereits vor der Wahl war parteiübergreifend die euro-atlantische Annäherung und Integration als oberstes Ziel mit strategischer Bedeutung definiert worden, so dass der Kurs mit Richtung Europäische Union ohne Turbulenzen eingehalten werden konnte. Dies wurde nicht zuletzt auch in den Berichten der Europäischen Kommission zur Beitrittsfähigkeit Kroatiens gewürdigt.[155] Sie bestätigten die Kontinuität des Reformprozesses und die anhaltenden Trends unter der Regierung Sanader. In verschiedenen *country reports* und Indices wie dem *BTI* wurde die kontinuierliche Verbesserung in unterschiedlichen Reformbereichen vermerkt, darunter den Konsolidierungsgrad der Demokratie, und übereinstimmend die politische und ökonomische Stabilität des Landes als einer der Vorteile Kroatiens auf dem Weg in Richtung EU hervorgehoben.[156]

Dass vom Regierungswechsel keine Impulse für einem weitreichenden Kurswechsel ausgingen, lag auch am Wahl- und Regierungsprogramm der HDZ, das sich eng an das der Vorgängerregierung anlehnte und der wirtschaftspolitische Schwerpunkt weiterhin auf makroökonomischer Stabilität lag, neben der Intensivierung der Privatisierung und Reduzierung der Steuerbelastung.[157] In einigen Bereichen nahm die Intensität der Reformaktivitäten gegenüber der Vorgängerregierung zu, mitunter waren auch graduelle Veränderungen bei den

---

[155] Commission of the European Communities: Report from the Commission. The Stabilization and Association Process for South East Europe. Brussels, 30.03.2004 – COMM /2004.

[156] Bertelsmann-Transformations-Index (BTI) 2006.

[157] Vgl. dazu „HDZ za neoliberalistički pristup i smanjenje PDV-a" in: Vjesnik, 29.11.2003.

außenpolitischen Prioritäten festzustellen. Waren etwa Račans außenpolitische Bemühungen überwiegend auf die EU-Integration und daher auf Brüssel und die politischen Schwergewichte in Europa ausgerichtet, so erkannte Sanader die bestehenden Interdependenzen von EU- und NATO-Mitgliedschaft und brachte dementsprechend dem anvisierten NATO-Beitritt mehr Aufmerksamkeit entgegen.[158]

Bis Ende 2004 passierten zahlreiche Gesetzte und Gesetzesvorlagen den Sabor, die im Zusammenhang mit der Anpassung des institutionellen Rahmens an EU-Standards standen. Nach Angaben der kroatischen Regierung entsprach zu diesem Zeitpunkt bereits etwa die Hälfte der Gesetze den Anforderungen des *acquis communautaire*. Bei der Erfüllung der Kopenhagener Kriterien lag Kroatien damit in einigen Bereichen gleichauf oder noch vor den damaligen Beitrittskandidaten Bulgarien und Rumänien, die inzwischen in die EU aufgenommen wurden. Beim Kriterium Armut und soziale Kohäsion lag Kroatien deutlich von den übrigen Staaten des Westbalkans und war hinsichtlich der Entwicklungs- und Armutsproblematik eher der Gruppe der mitteleuropäischen Länder zuzuordnen, die bereits seit 2004 EU-Mitglieder sind.[159]

Aber auch auf anderen Politikfeldern waren Fortschritte festzustellen, was nicht zuletzt daran lag, dass die neue Regierung vor allem auf der Ebene der Verwaltungsbezirke (Županije) aufgrund der dortigen Mehrheitsverhältnisse ihre Politik leichter durchsetzen konnte. Da die HDZ in den meisten Verwaltungsbezirken über Jahre die Mehrheit hielt, standen diese zuvor häufig im Spannungsfeld zur Mitte-Links-Koalitionsregierung in Zagreb. Die Folge war, dass die Durchsetzung bestimmter Gesetzte und Verordnungen auf lokaler Ebene blockiert oder verhindert wurde. Zum anderen konnte sich Ivo Sanader eher als sein Vorgänger an heikle Themen wie die Rückkehr serbischer Flüchtlinge und die Auslieferung kroatischer Generäle an das Kriegsverbrechertribunal heranwagen, ohne gleich Massendemonstrationen erwarten zu müssen. Dies zumindest schienen die ersten Wochen und Monate nach der Wahl zu bestätigen. Verstärktes Monitoring durch die EU seit Abschluss des SAA 2001 zusammen mit der Verbesserung der Rechtslage beim Minderheitenschutz und der versöhnenden Haltung der kroatischen Regierung gegenüber den ethnischen Minderheiten haben wesentlich dazu beigetragen, dass auch die Zahl ethnisch motivierter Übergriffe deutlich rückläufig war, wie aus dem Bericht der Europäischen Kommission zur Beitrittsfähigkeit Kroatiens aus 2004 zu entnehmen war. Darin wurden auch insgesamt progressive Tendenzen hin-

---

[158] "Scheffer: NATO ce pomoči Hrvatskoj na putu u euroatlantske integracije" in: Vjesnik, 14. Januar 2004.

[159] Kušić, Siniša: Kroatiens Wirtschaft auf dem Weg in die EU, in: Südosteuropa- Zeitschrift für Gegenwartsforschung, 54. Jg., 2/2006, S. 214-234.

sichtlich der freien Tätigkeit gesellschaftlicher Organisationen, der Meinungs- sowie der Medienfreiheit genannt, allesamt Ergebnisse einer breit angelegten Reformoffensive seit Anfang 2000.

Das Land war – nach einer langen Odyssee – inzwischen eindeutig in der Normalität angekommen. Rückblickend standen die Verbesserungen der demokratischen Transformationsbilanz und Fortschritte auf institutioneller Ebene, neben der erwähnten Kontinuität des Reformprozesses auch im Zusammenhang mit der Kooperationsbereitschaft mit externen Akteuren. Die Verantwortlichen in Kroatien nutzten im Rahmen des Stabilitätspaktes und der Heranführungsstrategie der Europäischen Union zahlreiche Programme und Projekte zur Unterstützung der eigenen Reformbemühungen, wobei in dieser Phase insbesondere die politische Konditionalität des EU-Beitrittsprozesses, also die Kopplung von Finanzhilfen an Reformen, unterstützend wirkte.[160]

„Causa Gotovina“

Nach der hoffnungsvollen Entwicklung und einem rasanten Aufholprozess ließ der Rückschlag nicht lange auf sich warten, der Euphorie sollte - wie so oft - Ernüchterung folgen. Kroatien wurde kurz vor dem Ziel unsanft abgebremst und die bereits beschlossene und terminlich festgelegte Aufnahme von Beitrittsverhandlungen wurde von Brüssel kurzerhand ausgesetzt. Für viele kam dieser Schritt überraschend und nicht wenige Kroaten fühlten sich von der Europäischen Staatenfamilie zum wiederholten male benachteiligt: zunächst hat man es nicht verstanden, dass das Land nach Ausrufung der Unabhängigkeit nicht mehr Rückendeckung erfahren und schon Anfang der 90er Jahre eine klare EU-Beitrittsperspektive erhalten hat. Die zweite große Enttäuschung erlebte man schließlich Anfang 2005, als die auf den 17. März 2005 terminierte Aufnahme von Beitrittsverhandlungen auf unbestimmte Zeit aufgeschoben wurde. Zur inzwischen gedämpften EU-Euphorie der Kroaten kam vermehrt das Gefühl hinzu, in der EU möglicherweise doch nicht erwünscht zu sein. Was aber waren die Gründe für die Entscheidung aus Brüssel und wie überraschend kam sie tatsächlich?

Der konkrete Termin zur Aufnahme der Beitrittsverhandlungen war von Seiten der EU auf der letzten offiziellen Sitzung im Dezember 2004 anberaumt worden unter der Bedingung der uneingeschränkten Kooperationsbereitschaft mit dem ICTY.[161] Für die Verantwortlichen in Den Haag bedeutete volle Koopera-

---

[160] Kušić, Siniša: Croatia: Advancing Political and Economic Transformation, in: Southeast European and Black Sea Studies, Vol. 6, 1/2006, S. 65-81.

[161] Brüssel, 17.12.2004 unter http://ue.eu.int/ueDocs/cms_Data/docs/pressData/de/ec/83221.pdf

tion wiederum die Auslieferung – oder zumindest den zweifelsfreien Nachweis, dass eine solche unmöglich sei – des flüchtigen Generals Ante Gotovina, der vom ICTY für den Tod von etwa 150 und die Vertreibung von etwa 150.000 Krajina-Serben verantwortlich gemacht wird. Die Anklage steht im Zusammenhang mit der kroatischen Militäraktion „Oluja" („Sturm"), bei der es um die Rückeroberung der zuvor durch serbische Aufständische mit Unterstützung der Jugoslawischen Volksarmee JNA besetzten Krajina ging. Da es den kroatischen Behörden bis Anfang 2005 weder gelang Ante Gotovina auszuliefern noch zu lokalisieren, erhielten die Warnungen aus Den Haag und Brüssel immer mehr Nachdruck und spätestens ab Februar gab es erste Anzeichen dafür, dass sich die „causa Gotovina" für Kroatien als möglicher Stolperstein auf dem Weg Richtung EU erweisen könnte. Die von kroatischer Seite zwischenzeitlich intensivierten diplomatischen Bemühungen konnten an der starren Haltung einiger EU-Mitglieder ebenso wenig ändern wie die hastig eingeleiteten Maßnahmen.[162]

Bis zum 16. März gelang es Kroatien weder alle Verantwortlichen in Den Haag noch in Brüssel vom uneingeschränkten Kooperationswillen zu überzeugen. Völlig überraschend kam die Entscheidung also nicht, schon eher überraschte die von Brüssel demonstrierte Unnachgiebigkeit, die zu diesem drastischen und in der Geschichte der Europäischen Union einmaligen Schritt führte. Denn bislang hatte man sich in Brüssel bei den Beitrittsverhandlungen vielfach kompromissbereit und großzügig gezeigt, insbesondere bei den damaligen EU-Beitrittskandidaten und inzwischen neuen Mitgliedsstaaten Bulgarien und Rumänien.[163] Vielleicht deshalb war man in Kroatien davon überzeugt gewesen, dass die unternommenen Maßnahmen im Fall Gotovina ausreichten um Kooperationsbereitschaft zu signalisieren, und dass die EU den Beginn der Verhandlungen nicht verzögern würde.

Grundsätzlich konnte Kroatien ja auch kein mangelnder Kooperationswillen vorgeworfen werden. In den letzten Jahren bekam das Land immer wieder die

---

[162] Kroatien muss in dieser Angelegenheit ungeschicktes diplomatisches Vorgehen bei der Kommunikation seiner Botschaften vorgeworfen werden. Konkrete Maßnahmen fehlten lange und wurden erst nach verstärkten Druck aus Brüssel ergriffen, wie beispielsweise das Einfrieren von Gotovinas Konten, wenige Tage vor dem 17. März 2005.

[163] Als beispielsweise Ende 1999 Beitrittsverhandlungen mit Rumänien aufgenommen wurden, konnte laut *Human Rights Watch* weder von Pressefreiheit, ausreichendem Schutz der Minderheiten, insbesondere der Roma, noch unabhängiger Rechtsprechung die Rede sein. Zum gleichen Zeitpunkt beschränkten in Bulgarien staatliche Autoritäten bürgerliche Grundfreiheiten und Menschenrechte wie Meinungs- und Religionsfreiheit. Diese offensichtlichen Einschränkungen im Bereich der Menschenrechte hinderten Brüssel weder an einer Aufnahme der Beitrittsverhandlungen, noch verhinderten Unregelmäßigkeiten bei den letzten Wahlen in Rumänien und anhaltende Rechtsunsicherheit einen Abschluss derselben.

Gelegenheit den Willen zur Zusammenarbeit unter Beweis zustellen, so beispielsweise 2003, als es um die Auslieferung der ebenfalls angeklagten Generäle Markač und Čermak ging. Beide Generäle hatten sich daraufhin freiwillig auf den Weg Richtung Niederlande begeben um sich und die Befreiungsaktion „Oluja" gegen die Anschuldigungen um Chefanklägerin Carla del Ponte zu verteidigen. Von insgesamt 626 Forderungen des ICTY nach Übergabe von Dokumenten oder Auslieferung von Personen konnte Kroatien lediglich einer einzigen nicht nachkommen: Ante Gotovina.[164] Die Chefanklägerin zeigte sich in diesem Fall außerordentlich hartnäckig und unnachgiebig, obwohl es lediglich Vermutungen und einzelne Indizien dafür gab, dass Kroatien tatsächlich Zugriff auf den gesuchten General hatte. Nachdem ihre negative Beurteilung der Kooperationsbereitschaft bereits zur Verschiebung der Beitrittsverhandlungen geführt hatte, verlangte sie in der Folgezeit immer wieder härteres Vorgehen gegenüber Kroatien und forderte gar Zwangsmaßnahmen ein.[165] Schließlich warf sie der kroatischen Regierung Täuschungsmanöver vor legte sich mit der katholischen Kirche an, als sie in einem Interview behauptete, Gotovina hielte sich in einem Franziskanerkloster auf und genieße den Schutz der kroatischen Kirche und des Vatikans.[166] Konkrete Beweise blieb Carla del Ponte allerdings schuldig, so dass Rückwirkend den verantwortlichen Akteuren auf internationaler Ebene in diesem Zusammenhang mangelndes Fingerspitzengefühl attestiert werden muss. Insbesondere da sich später herausstellen sollte, dass der gesuchte General tatsächlich außerhalb des Landes und damit außerhalb der Zugriffsmöglichkeiten kroatischer Behörden war. Kroatiens EU-Aspirationen hingen somit seit Anfang 2005, ungeachtet der eigenen Reformfortschritte, im Wesentlichen vom Urteil Carla Del Pontes ab, da Brüssel das Ruder an den ICTY übertragen zu haben schien.[167]

Problematisch am Fall „Gotovina" und der Verschiebung der Aufnahme von Beitrittsverhandlungen mit Kroatien war zudem, dass innerhalb der EU kein Konsens darüber bestand, was „uneingeschränkte Kooperation" mit dem Tribunal in letzter Konsequenz bedeutete. Nicht alle EU-Mitglieder sahen daher die Verschiebung der Aufnahme von Beitrittsverhandlungen mit Kroatien als gerechtfertigt an. Insbesondere Österreich, Ungarn, Slowenien die Slowakei drangen bis zuletzt auf die Aufnahme der Beitrittsverhandlungen und warnten davor, den Reformeifer und die EU-Ambitionen des Landes am Verbleib eines Einzelnen zu koppeln. Deutliche Kritik übte insbesondere der damalige öster-

---

[164] Laut Aussagen des kroatischen Präsidenten Stipe Mesić im März 2005. http://www.nato.int/docu/speech/2005/s050301a.htm

[165] RFE/RL, Vol. 9, No. 95, 19.05.2005.

[166] Neue Züricher Zeitung, 22.09.05.

[167] Kušić, Siniša: Ende der Warteschleife - Kroatien nach Aufnahme der EU-Beitrittsverhandlungen, in: Südosteuropa Mitteilungen, Jahrgang 46, Heft 2, 2006, S. 29-30.

reichische Kanzler Schüssel. Es sei nicht fair, Kroatien in einem "ewigen Wartesaal" zu belassen und sprach von "doppelten Standards".[168] Diese Haltung konnte sich allerdings auf der entscheidenden Sitzung der Außenminister nicht durchsetzen. Die Mehrheit der anwesenden sprach sich gegen die Aufnahme von Beitrittsverhandlungen aus, in erster Linie - und dabei überaus entschieden - der britische Außenminister sowie die Vertreter Dänemarks und Schwedens. Für einen Aufschub der Verhandlungen plädierten auch die Niederlande, Finnland und - etwas verhaltener - Deutschland.

Kroatien in der Warteschleife

Kroatien war somit in der Warteschleife, in einer Art stand-by Stellung oder in der Schwebe, denn ein neuer möglicher Termin für die Aufnahme von Beitrittsverhandlungen wurde zunächst nicht festsetzt. Zusätzlichen Dämpfer bekam das kroatische Projekt „EU-Mitgliedschaft" durch die negativen Ergebnisse der beiden Referenden in Frankreich und den Niederlanden zur EU-Verfassung sowie durch die wenig optimistisch stimmenden Umfrageergebnisse des Eurobarometers im Frühsommer 2005. Dementsprechend vermied die EU-Gipfelerklärung vom Juni 2005 auch jegliche Erwähnung der Beitrittsperspektiven einzelner Länder.[169] Kroatiens Weg in Richtung EU war plötzlich keineswegs mehr klar vorgezeichnet und das ehrgeizige Ziel, bereits 2007 zusammen mit Bulgarien und Rumänien in den Kreis der EU aufgenommen zu werden, war nach dieser Entscheidung Makulatur. Wie aber würde die eigene Bevölkerung darauf reagieren? Wie würde sich die Brüsseler Entscheidung auf die innenpolitische Stabilität auswirken und welche Richtung würde das Land künftig einschlagen? Die Unsicherheit bei den verantwortlichen Akteuren war nicht zu verkennen und es dauerte auch eine Weile, bis man das *Nein* aus Brüssel in seiner Tragweite realisierte und bis sich Zagreb über die möglichen Auswirkungen bewusst wurde.

Die offiziellen Verlautbarungen nach der Entscheidung, die Eröffnung von EU-Beitrittsverhandlungen zu verschieben, klangen allerdings durchweg gelassen. Die neue Außenministerin Kolinda Grabar-Kitarović - zuvor Ministerin für EU-Integration - nannte die Entwicklung für Kroatien „weder Triumph noch Debakel".[170] Von kroatischer Seite würden die Anstrengungen ohnehin weitergehen und die EU-Ausrichtung des Landes bliebe unverändert. Der Präsident Mesić und auch der sozialdemokratische Oppositionsführer Račan

---

[168] Interview mit Wolfgang Schüssel, in: Der Spiegel, 29. September 2005.
[169] RFE/RL, Balkan Report, Vol. 9, No. 17, 06.06.2005.
[170] Vjesnik, 18.03.2005.

zeigten sich von der Entscheidung wenig überrascht, bedauerten aber die Verschiebung des Verhandlungsbeginns.[171] Laut Račan bot die Verschiebung sogar eine Chance für intensivere Vorbereitungen.[172] Von den Verantwortlichen unterschiedlicher Parteien wurde betont, dass die von der EU geforderten Maßnahmen im Sinne einer Harmonisierung mit ihren Standards und einer institutionellen Veränderung ohnehin der Entwicklung des Landes zum Vorteil gereichen.

In der Bevölkerung stieß die Verschiebung der Beitrittsverhandlungen allerdings auf geteiltes Echo: laut einer Umfrage des kroatischen Fernsehens waren 35 Prozent der Kroaten über die Entscheidung enttäuscht, während 31 Prozent der Entscheidung gleichgültig gegenüberstanden und gar 26 Prozent sich damit zufrieden zeigten, dass die Verhandlungen nicht wie geplant stattfanden. Allerdings gaben etwa 60 Prozent der Befragten an, der auf Kroatien ausgeübte Druck aus Brüssel sei unfair und die causa Gotovina sei lediglich ein vorgeschobenes Argument, um das Land weiterhin außerhalb der EU halten zu können.[173] Große Teile der kroatischen Bevölkerung befürchteten mit dieser Entscheidung auf ein Abstellgleis gestellt worden zu werden, um der Union möglicherweise erst später im Paket mit Mazedonien, Serbien und Montenegro beitreten zu können.[174] Nur vor diesem Hintergrund lässt sich der drastische Einbruch bei der kroatischen Zustimmung zur EU erklären. In Kroatien empfand man die Brüsseler Entscheidung ohne Zweifel als Ohrfeige, die Frage war nur, welche Auswirkungen diese haben und wie lange sie innerhalb Kroatiens nachhallen würde? Bei einer kurzfristigen Verschiebung des Termins, so die überwiegende Meinung, wären keine nachhaltigen Folgen zu befürchten, die innenpolitischen Effekte könnten als moderat eingeschätzt werden. Bliebe Kroatien aber längerfristig vor den Toren der EU, so wären innenpolitische Turbulenzen nicht auszuschließen.[175]

Was die Entscheidung aus Brüssel zu destabilisieren drohte, war Sanaders Regierung. Als sich die HDZ Ende 2003 zur Wahl stellte, insistierte sie nicht nur eine vollkommene Neuausrichtung seit der Tuđman-Ära durchlaufen zu

---

171 FAZ, 18.03.2005, S. 5.

172 Večernji list, 18.03.2005.

173 Interessant und aufschlussreich waren die zahlreichen Kommentare in den verschiedenen kroatischen Internet-Foren jener Zeit.

174 Seit März 2005 waren vermehrt Stimmen laut geworden, die Verschiebung der Beitrittsverhandlungen wäre Teil der Brüsseler Hinhaltetaktik, um Kroatien nicht vor den übrigen Ländern des westlichen Balkans in die EU aufnehmen zu müssen. »Frankfurter Allgemeine Zeitung«, 07.03.2005; »Neue Zürcher Zeitung«, 13.05.2005 und 30.06.2005.

175 Kušić, S. und Grupe, C.: Ohrfeige aus Brüssel - Kurzer Schall oder langer Schmerz? Über die Verschiebung der EU-Beitrittsverhandlungen mit Kroatien, in: Südosteuropa - Zeitschrift für Gegenwartsforschung, 53. Jg., 2/2005, S. 227-241.

haben, sondern kündigte auch an, Ante Gotovina nach Den Haag ausliefern zu wollen.[176] So erstaunt auch nicht die Tatsache, dass unmittelbar nach Bekanntwerden der Verschiebung der EU-Beitrittsverhandlungen die Forderung nach Neuwahlen vor allem aus dem rechten Lager laut wurde. Die Brüskierung aus Brüssel begünstigte für den Moment zweifellos die Zunahme anti-europäischer und nationaler Tendenzen und bot solchen kurzfristig ein unverhofftes Podium. Allerdings nur kurzfristig, denn spät in der Nacht des 3. auf den 4. Oktober eröffnete die EU auf der Bilateralen Konferenz in Luxemburg, nach einer wahren Marathon-Sitzung, Beitrittsverhandlungen mit Kroatien, nachdem zuvor Carla del Ponte dem Land volle Kooperationsbereitschaft mit dem ICTY bescheinigte. Und so konnte Kroatien – nach der unerwarteten Unterbrechung – den Weg in Richtung EU fortsetzen.[177]

Die Meinungen zu dieser Entscheidung fielen in den Medien unterschiedlich aus. Während manche darin einen längst überfälligen Schritt sahen und diesen daher begrüßten, war an anderer Stelle von „Zitterpartie", Verhandlungen à la „Basar" und fragwürdigem Meinungswechsel die Rede.[178] Für viele kam diese Entscheidung überraschend und die Art und Weise, wie diese mitternächtliche Entscheidung zustande kam, veranlasste so manchen Autor zu wilden Spekulationen über Flüsterdiplomatie und zwielichtige Machenschaften. Einige Artikel hinterließen nicht selten den Beigeschmack, Kroatien habe sich – ohne volle Kooperationsbereitschaft zu zeigen - in die EU hinein gemogelt, mit einem für die EU unwürdigen Kuhhandel.[179] Berücksichtigt man allerdings die Tatsache, dass der kroatische Premier unmittelbar nach Aussetzung des Beginns von Beitrittsverhandlungen ein 6-Punkte-Aktionsplan aufgelegt hatte, der in der Folgezeit zur Umbesetzung wichtiger Posten bei Polizei und Geheimdienst, zur engeren Zusammenarbeit mit ausländischen Nachrichtendiensten sowie zur Verhaftung von Hrvoje Petrač in Griechenland führte, lassen sich Zweifel an der Kooperationsbereitschaft Kroatiens nur schwer aufrecht erhalten.[180]

Nimmt man noch die Tatsache hinzu, dass am 8. Dezember - wenige Wochen nach der Brüsseler Entscheidung zur Aufnahme von Beitrittsverhandlungen - präzise Informationen des kroatischen Geheimdienstes über den Aufenthaltsort des gesuchten Generals schließlich zu seiner Ergreifung auf einer Kanarischen Insel geführt hatten, und geht man letztendlich davon aus, dass die Chefanklägerin über die Aktivitäten kroatischer Behörden bereits im Vorfeld - Ende

---

[176] The Economist, 22.11.2003.
[177] Kušić, S.; Kroatien, in: Jahrbuch der Europäischen Integration 2006, Weidenfeld, W./Wessels, W. (Hrsg.), Institut für Europäische Politik, Baden-Baden 2007, S. 445.
[178] Richter, Solveig: Kroatien: Zitterpartie nach Europa, in: Südosteuropa Mitteilungen, 6/05, S. 6f.
[179] „Meinungswechsel übers Wochenende" in: Süddeutsche Zeitung, 05.10.2005.
[180] RFE/RL, Newsline, Vol. 9, No. 74, 20.04.2005.

September - unterrichtet war, ist die positive Einschätzung der kroatischen Kooperationsbereitschaft auch keineswegs überraschend zustande gekommen.[181] Dementsprechend würdigte Del Ponte die enge Zusammenarbeit zwischen Zagreb und Den Haag.[182]

Kräftemessen innerhalb der EU

Das der Beschluss zur Aufnahme der Beitrittsverhandlungen überhaupt erst Raum für Spekulationen eröffnete, lag nicht zuletzt an der komplizierten Ausgangslage der Sitzung vom 3. Oktober. Denn hier ging es nicht allein um Kroatien, sondern um die viel gewichtigere und weitaus problematischere Beziehung Brüssels zur Türkei bzw. um den Status des „ewigen Beitrittskandidaten". An der Türkeifrage entzündete sich auch eine heftig geführte Debatte um die Aufnahmefähigkeit der Europäischen Union und um die endgültige Silhouette, oder die *Finalité* Europas, die nicht nur Geographie sondern auch Religion, Kultur und Geschichte zum Gegenstand hatte. Dagegen wurde grundsätzlich die Zugehörigkeit Kroatiens zur europäischen Familie - zumindest öffentlich – kaum angezweifelt.[183]

Trotz des ungleichen Gewichts beider Länder, und im Falle des EU-Beitritts auch unterschiedlichen Anpassungsbedarfs innerhalb der EU, schien das Schicksal Kroatiens in Punkto EU-Beitrittsverhandlungen eng mit dem der Türkei verbunden zu sein. Besonders deutlich wurde dies im Vorfeld der Marathon-Sitzung. Die Art und Weise wie Brüssel und London daran arbeiteten, die übrigen Mitgliedsstaaten auf Linie zu bringen, um mit der Türkei wie vorgesehen die Beitrittsverhandlungen am 3. Oktober 2005 aufzunehmen, eröffnete indirekt auch Kroatien die Tür zur EU. Zwar kamen aus Brüssel immer wieder Warnungen, man solle beide Länder bei der Frage der Beitrittsverhandlungen einzeln betrachten und bewerten, allerdings schien sich bei der Beurtei-

---

[181] Da von den verdeckten Maßnahmen nur verhältnismäßig wenig an die Öffentlichkeit drang und sich die kroatischen Medien in dieser Frage in Zurückhaltung übten, entstand der Eindruck, Kroatien habe keine konkreten Ergebnisse vorweisen. Verstärkt wurde dieser Eindruck durch vereinzelte Äußerungen der Chefanklägerin, vor allem aber durch die Meldung, Carla del Ponte hätte sich bei ihrem letzten Besuch in Zagreb, am 30. September, über alle Maßen enttäuscht gezeigt, nur wenige Tage vor der entscheidenden Sitzung des Europäischen Rats. Del Ponte hatte ihre Enttäuschung aber nicht über die mangelnde Kooperationsbereitschaft Kroatiens ausgedrückt, sondern vielmehr über die Tatsache, dass Ante Gotovina noch nicht nach Den Haag überstellt werden konnte.

[182] „Kroatien arbeitet seit einigen Wochen vollständig mit den ICTY zusammen", in: „Basar auf dem Kirchberg", Spiegel, 41/2005, S. 124.

[183] Laut Umfrage des Spiegels unterstützte zu damaligen Zeitpunkt der überwiegende Teil der Bevölkerung eine EU-Integration Kroatiens, in: Der Spiegel, 41/2005.

lung der Beitrittsfähigkeit des jeweiligen Landes abzuzeichnen, dass dem einen Kandidaten eine wohlwollende Beurteilung alleine schon deshalb zukomme, weil im negativen Fall womöglich die sicherheitspolitische Lage in Europa gefährdet sei.[184] Auch EU-Kommissar Olli Rehn argumentiert in seinem Buch, mit Blick auf die sicherheitspolitische Lage und mögliche Auswirkungen auf das weitere Verhältnis der EU zu islamischen Ländern, dass die Aufnahme von EU-Beitrittsverhandlungen mit der Türkei ein notwendiger Schritt war und setzt sich mit der gleichen Begründung vehement für die EU-Mitgliedschaft der Türkei ein.[185] Was aber bedeutet dies im Umkehrschluss für den anderen Beitrittskandidaten? Ist Kroatien zu klein, zu unbedeutend und zu ungefährlich für Europa - unabhängig ob innerhalb oder außerhalb der europäischen Familie - als dass man es in die EU aufnehmen muss? Sind die Aufnahmekriterien tatsächlich für alle gleich?[186] Dass es trotz britischer und skandinavischer Bedenken schließlich doch zur Eröffnung der Beitrittsverhandlungen mit Kroatien kam, ist nicht zuletzt auf das ungewohnt vehemente Auftreten Österreichs zurück zuführen. Wien forderte dabei eine Gleichbehandlung beider Länder, denn wenn der Türkei zugestanden werde, notwendige Auflagen erst nach Beginn der Verhandlungen erfüllen zu dürfen, dann müsse dies auch für Kroatien gelten, so der damalige Kanzler Schüssel. So wurde aus der Entscheidung über die Aufnahme von EU-Beitrittsverhandlungen mit Kroatien indirekt ein Kräftemessen der jeweiligen Positionen innerhalb der EU.

Ende gut, alles gut?

Nach der Luxemburger Entscheidung war ein tiefes Aufatmen zu vernehmen, der dunkle Himmel über Zagreb hellte sich schlagartig auf. War mit der Aufnahme der Beitrittsverhandlungen für Kroatien nun alles in trockenen Tüchern,

---

[184] Wann die Verhandlungen mit Ankara beginnen würden, war zwar bis zuletzt ungewiss, dass sie eröffnet werden würden war angesichts des Drucks aus Washington (sicherheitspolitische Überlegungen) und London (Vertiefung versus Erweiterung), aber auch angesichts der Wünsche der Industrie in einigen Staaten de EU wahrscheinlich.

[185] Die Art und Weise wie EU-Erweiterungskommissar Rehn die Notwendigkeit einer EU-Mitgliedschaft der Türkei begründet und gleichzeitig die anderen Aspiranten vernachlässigt, lässt einen zum Schluss kommen, dass seinem Buch statt *Europe's Next Frontiers* der folgende Titel besser zu Gesicht gestanden hätte: *Warum die Türkei Mitglied der EU werden muss!* Mit der überwiegend einseitigen und unausgewogenen Argumentationsweise vergibt EU-Kommissar Rehn darin allerdings die Chance, die zunehmend hitziger geführte Debatte um künftige EU-Erweiterungen sowie um eine mögliche EU-Mitgliedschaft der Türkei auf den Boden der Tatsachen zu holen, mit abwägenden Argumenten zur Versachlichung beizutragen und den EU-Bürgern einen ernsthaften Dialog anzubieten. Rehn, Olli: Europe's Next Frontiers, Baden-Baden 2006.

[186] Wie wahrscheinlich wäre etwa die Aufnahme von EU-Beitrittsverhandlungen zwischen Brüssel und Zagreb, hätte sich Kroatien zuvor hartnäckig geweigert ein EU-Mitgliedsland anzuerkennen?

nach dem Motto: Ende gut alles gut? Was änderte sich tatsächlich mit dem 3. Oktober? Nüchtern betrachtet war der Beginn der Beitrittsverhandlungen ja nichts anderes, als ein weiterer Schritt in Richtung EU-Mitgliedschaft, der weder unumkehrbar ist noch automatisch zum ersehnten Ziel führt. Psychologisch gesehen wurde mit diesem Schritt allerdings eine wichtige Hürde genommen, beendete er doch den Schwebezustand und eröffnete Kroatien eine klare EU-Perspektive. Kommissionspräsident José Manuel Barroso sprach unmittelbar darauf von einem neuen Kapitel in den Beziehungen zwischen Brüssel und Zagreb, betonte die partnerschaftlichen Beziehungen, das gemeinsame Ziel und die Vollmitgliedschaft Kroatiens in der EU.[187]

Mit der Eröffnung der Beitrittsverhandlungen waren zugleich auch große Erwartungen in der Gesellschaft verbunden. Viele versprachen sich dadurch bessere Rahmenbedingungen für die wirtschaftliche Entwicklung, mehr Sicherheit und Stabilität. War bislang das Gefühl wirtschaftlicher und sozialer Stagnation weit verbreitet und die Enttäuschung über die Reformbilanz der verantwortlichen Akteure groß, erhoffte man sich nun – zumindest unter den EU-Befürwortern - von der externen Assistenz aus Brüssel deutliche Verbesserungen im weiteren Reformprozess. Der Mann auf der Straße verband damit in erster Linie die Hoffnung auf höheren Lebensstandard und eine bessere Zukunftsperspektive. Eingang fand diese positive Grundstimmung in den Umfrageergebnissen über die Zustimmung zur Europäischen Union, die unmittelbar nach Aufnahme der Beitrittsverhandlungen deutlich in die Höhe schossen.[188] Zu diesem erfreulichen Trend dürften auch landesweite EU-Kampagnen beigetragen haben, in denen die Notwendigkeit der Anpassung an EU-Standards und die Vorteile der EU-Mitgliedschaft herausgestellt werden. Dazu zählen Initiativen des kroatischen Ministeriums für auswärtige Angelegenheiten und der Europäischen Integration wie die „Europäische Woche" und „Tage der Europäischen Union" mit dem Ziel, im Rahmen verschiedener Veranstaltungen über die Entstehung der EU und über ihre politischen Entscheidungsmechanismen und Organe zu informieren, aber auch Programme wie „Upoznajmo EU" („Lernen wir die EU kennen"), mit dem vor allem Schüler und Studenten spielerisch an das Wissen über die EU herangeführt werden sollen.[189]

Über lange Zeit hatte man genau solche Aufklärungskampagnen vernachlässigt und dadurch das Feld den Populisten überlassen, die die Unwissenheit der Bürger in Sachen EU auszunutzen versuchten und Ängste schürten. So wurden manche Akteure nicht müde zu behaupten, eine ganze Reihe heimischer Waren

---

[187] „Hrvatska i EU imaju partnerske odnose" in: Večernji list, 16.02.2006.
[188] PULS, 13.10.2005; Večernji list,
[189] Programme mit ähnlicher Zielsetzung: „Login@Europe", „Citizenship through Education", „Klik do Europe" und „EUQuiz", unter: http://www.mei.hr

- in der Regel landwirtschaftliche Produkte - dürfe nach erfolgtem EU-Beitritt nicht mehr produziert bzw. verkauft werden und inszenierte sich medienwirksam mit allen angeführten Produkten auf verschiedenen Plätzen Zagrebs. Verglichen mit den Aufklärungskampagnen anderer EU-Beitrittskandidaten und mit Blick auf die hohe Volatilität in der kroatischen Zustimmungsrate zur EU besteht daher auch in Zukunft Nachholpotenzial bei der Kommunikation mit den Bürgern, insbesondere beider Fragestellung welche Änderungen konkret mit der EU-Mitgliedschaft verbunden sind, wie Präsident Mesić gegenüber EU-Kommissionspräsident Barroso bei seinem Besuch in Zagreb richtigerweise konstatierte.[190]

Die augenfälligste Veränderung, die unmittelbar mit der Aufnahme der Beitrittsverhandlungen einherging, war – neben der wachsenden Zustimmung zur EU – die Zunahme der Regierungsbefürworter und die gestiegene Popularität des Premiers. Die Umfragewerte für Ivo Sanader und die Regierende HDZ, noch September 2005 im Keller, schnellten unmittelbar nach dem 3. Oktober 2005 in die Höhe.[191] Nichts ist mehr geblieben von der drohenden Destabilisierung der Regierung nach der „Ohrfeige aus Brüssel". Stand der Premier noch während der Sommermonate aufgrund des außenpolitischen Stillstands auch innenpolitisch nicht selten mit dem Rücken zur Wand und musste er zusehen, wie sein Gegenpart Ivica Račan in der Beliebtheitsskala an ihm vorbeizog, so verstummten aufgrund des außenpolitischen Erfolgs die – ohnehin leisen – Rufe nach vorgezogenen Wahlen. Dass man auch die Verhaftung Ante Gotovinas, die zwar außerhalb Kroatiens, aber immerhin mit Hilfe kroatischer Behörden ermöglicht wurde, ohne größere politische Turbulenzen überstanden hat, mag ein weiterer Hinweis auf die wiedererlangte politische Stabilität seit Aufnahme der Beitrittsverhandlungen sein.

Beitrittsverhandlungen und Reformbedarf

Mit der Brüsseler Entscheidung zur Aufnahme der EU-Beitrittsverhandlungen nahmen die verantwortlichen Akteure in Kroatien die notwendigen Anpassungsmaßnahmen und die Übernahme der EU-Standards verstärkt in den Blick. Verglichen mit der Situation noch wenige Monate zuvor ging ein positiver Ruck durch manchen Gang einzelner Ministerien und Behörden und er spiegelte sich im Engagement der Arbeitsgruppen wieder. Da diese bereits formiert waren, konnten die Beitrittsverhandlungen von kroatischer Seite zügig

---

190 „...trebamo pojačati komunikaciju s građanima jer su oni partner na našem europskom putu", in: Večernji list, 16.02.2006.

191 PULS, Crobarometer, Sptember 2005, (unter http://www.puls.hr); Večernji list, 30.10.2005.

aufgenommen werden. Der bisherige Verlauf der Beitrittsverhandlungen wurde dementsprechend von beiden Seiten als erfolgreich angesehen, was nicht zuletzt an der engen und guten Zusammenarbeit der vergangenen Jahre zwischen Brüssel und den einzelnen Ministerien in Zagreb lag.[192] Die erste Phase des Verhandlungsprozesses, das sogenannte *Screening*, begann am 20. Oktober 2005 und konnte bereits zwölf Monate später, im Oktober 2006, beendet werden.[193] Beim Screening geht es um den Vergleich des europäischen Rechts mit dem Kroatiens, mit dem Ziel eventuelle Probleme bei der Umsetzung des Acquis zu identifizieren sowie den eventuellen Bedarf für Übergangsfristen und -lösungen zu ermitteln. Anschließend entscheiden die Mitgliedsstaaten auf Basis des Screening-Berichts, ob und in welchen Kapiteln Kroatien seine Verhandlungsposition vorlegen kann. Die Verhandlungen finden dabei im Rahmen einer Regierungskonferenz unter Beteiligung aller EU-Mitgliedstaaten statt, die ihre Beschlüsse einstimmig fasst.

Zwischenzeitlich konnte Kroatien mit der EU insgesamt sechs Kapitel eröffnen, wovon die ersten beiden bereits vorläufig geschlossen werden konnten.[194] Nach Meinungen einiger Beobachter könnten noch während der Deutschen Ratspräsidentschaft, also bis Ende Juni 2007, weitere sechs Kapitel eröffnet werden. Damit wäre man - laut Vladimir Drobnjak, Verhandlungsführer der kroatischer Seite - im Plansoll, denn der eigene Zeitrahmen sieht vor, sämtliche Kapitel des acquis communautaire möglichst bis Ende 2008 abgeschlossen zu haben, um 2009 der EU beitreten zu können.[195] Hinsichtlich der Tatsache, dass neben den Bedingungen des SAP-Prozesses auch sämtliche Kopenhagener Kriterien erfüllt sein müssen, ein ehrgeiziges Ziel.[196] Dies um so mehr, als die Verhandlungen zwischen der EU und Kroatien auf einem neuen Verhandlungskonzept basieren, das die Erfahrungen mit der bisherigen Osterweiterung reflektiert. Neu ist dabei vor allem die Vorverlegung der Implementierung und ihrer Kontrollen vor den Zeitpunkt des Abschlusses der Verhandlungen. Damit soll gewährleistet werden, dass die neuen Mitgliedstaaten ihre vertraglichen Verpflichtungen sofort mit Beitritt bzw. unmittelbar nach Ablauf der Übergangsfristen auch tatsächlich erfüllen.

---

[192] Interview mit Doris Pack, in: Vjesnik, 22.03.2006.

[193] Zu den einzelnen Arbeitgruppen und zum Beginn des screening siehe http://www.eu-pregovori.hr/Default.asp?ru=415&sid=&akcija=&jezik=1

[194] Zuletzt fand eine Beitrittskonferenz zwischen der EU und Kroatien am 29.03. 2007 in Brüssel statt, bei dem das sechste Kapitel geöffnet werden konnte.

[195] Interview in Večernji list, 22.03.2006.

[196] Altmann, Franz-Lothar: EU-Westlicher Balkan: Eine schwierige Verlobung, in: Südosteuropa, Jg. 53, 2/2005, S. 208-209.

Von Seiten der Europäischen Kommission, die Kroatiens Bemühungen im vergangenen Jahr mit finanziellen Mitteln aus dem *pre-accession* Fonds in Höhe von 140 Millionen EUR unterstützt hatte, ist man dementsprechend deutlich zurückhaltender, wenn es um mögliche Beitrittstermine geht und die dafür Zuständigen werden nicht müde zu betonen, dass vor allen Diskussionen über Termine zunächst die Erfüllung sämtlicher Kriterien ansteht. Mit Blick allein auf den Umfang der EU-Verträge und des Sekundärrechts ist dies durchaus verständlich, hat der gemeinschaftliche Besitzstand bislang mit jeder Erweiterungsrunde zugenommen und erweitert sich jährlich um etwa 2500 Rechtsakte.[197] Und so bleibt trotz des Aufholprozesses der letzten 4 bis 5 Jahre noch viel zu tun, wie der jüngste Fortschrittsbericht der EU-Kommission auch bestätigte. Die EU erwartet von Kroatien nach wie vor eine intensive Zusammenarbeit mit Den Haag, die Bereitschaft zur regionalen Kooperation und verstärkte Bemühungen beim Minderheitenschutz sowie der Rückkehr der Flüchtlinge. Bei dem inzwischen auf 35 Kapiteln angewachsenen Verhandlungsrahmen sind größere Probleme im Bereich Landwirtschaft und Umweltschutz zu erwarten. Laut Kommission ist zudem die begonnene Dezentralisierung des Landes noch unzureichend und die öffentliche Verwaltung nach wie vor ineffizient, so dass in diesen Verhandlungskapiteln ebenso wie im Bereich Justiz und Korruptionsbekämpfung weitere Anstrengungen notwendig sein werden, um sich für die Vollmitgliedschaft zu empfehlen.[198]

Sorgen bereitet ebenfalls die kroatische Wirtschaft, die sich nach wie vor im Transformationsprozess in Richtung einer leistungsfähigen Marktwirtschaft befindet. Da die Fähigkeit, den Wettbewerbsdruck innerhalb des gemeinsamen EU-Binnenmarktes standhalten zu können, ein weiteres Kopenhagener Beitrittskriterium darstellt, es also nicht zuletzt auch von der kroatischen Wirtschaft abhängen wird, wie schnell der Beitritt tatsächlich gelingt, soll diesem Aspekt im folgenden Kapitel Aufmerksamkeit geschenkt werden.

---

[197] Bei der letzten EU-Erweiterungsrunde 2004 umfasste der Bestand der EU-Verträge und des Sekundärrechts etwa 80 000 Seiten. European Commission: Press Releases, Memo/05/10, 13.01.2005.

[198] Croatia 2006 Progress Report – Commission Staff Working Document (COM (2006) 649 final), Brussels, 08.11.2006

5. Kroatiens Wirtschaft zwischen Stagnation und Wachstum

Der tiefe Drang nach staatlicher Souveränität hatte in Kroatien auch eine ökonomische Komponente: nach dem Verständnis der damaligen verantwortlichen Akteure würde sich das Land alleine, ohne den Ballast der südlichen Nachbarn, ökonomisch besser entwickeln und alleine dadurch einen raschen Anstieg des Lebensstandards verzeichnen können.[199] Als Begründung diente unter anderem der Entwicklungs- und Ausgleichsfonds der Sozialistischen Föderativen Republik Jugoslawien (SFRJ), bei dem die reicheren Teilrepubliken wie Slowenien und Kroatien die ärmeren subventionierten mit dem Ziel subventionierten, den Entwicklungsstand der einzelnen Republiken und autonomen Provinzen auf längere Sicht aneinander anzugleichen. In der Praxis hatte sich dieser Fonds nicht bewährt, die Schere war in den letzten beiden Jahrzehnten des Bestehens der SFRJ weiter auseinender gegangen, trotz der vielen Milliarden USD, die Richtung Süden geflossen waren. Und so war man in Zagreb der Meinung, das eigens verdiente Geld - nicht zuletzt die Devisen aus dem Tourismusgeschäft - besser einsetzen zu können, um den Wohlstand des Landes zu fördern. Die Entscheidung, den bereits Ende der 80er Jahre begonnenen Prozess in Richtung Marktwirtschaft alleine fortzuführen, war Anfang der 90er Jahre also gefallen.

Wie stand es aber tatsächlich um Kroatiens Wirtschaft im Vorfeld des Niedergangs des Sozialismus und des Zerfalls der SFRJ? In der Literatur finden sich einige länderspezifische Einflussfaktoren der Transformation, die sich besonders stark auf die Entwicklungsfähigkeit eines Landes auswirken und als „Wettbewerbsvorteile“ im Transformationsprozess bezeichnet werden können. Zu den wesentlichen Einflussfaktoren zählen neben historischen Erfahrungen mit marktwirtschaftlich-demokratischen Systemen, Erfahrungen mit weitreichenden Reformen, der Grad der Industrialisierung und die räumliche Nähe zu Staaten mit etablierten Marktwirtschaften.[200] Wie war also die Ausgangslage für die anstehende Transformation in Kroatien, insbesondere im Vergleich mit

[199] Die Überzeugung der Kroaten, dass man innerhalb Jugoslawiens ökonomisch benachteiligt war, reicht zurück in die Zeiten des ersten Jugoslawien. Siehe dazu die von Rudolf Bićanić zusammengestellte und von Vladko Maček herausgegebene Schrift „Ekonomska podloga Hrvatskog pitanja“, erschienen 1938 in Zagreb.

[200] Balcerowicz, Laszek: Socialism, Capitalism, Transformation, Budapest 1995, S. 1-16.

Ländern des sogenannten „Ostblocks"? Hätte man noch Mitte der 80er Jahre eine Gruppe bestehend aus Wirtschaftswissenschaftlern, Politikern und Vertretern der Wirtschaft auf eine Reise durch Ost-, Mittel- und Südosteuropa geschickt und sie bei ihrer Rückkehr danach befragt, welches der bereisten Länder die größten Aussichten auf eine rasche Transformation in Richtung Marktwirtschaft und Demokratie und gleichzeitig auf eine frühzeitige EU-Mitgliedschaft hätte, so wäre vermutlich das ehemalige Jugoslawien, bzw. die beiden nördlichen Teilrepubliken Slowenien und Kroatien - zugleich die Leistungsstärksten Wirtschaften innerhalb der SFRJ - am häufigsten genannt worden. Ähnlich hätten wohl auch die zahlreichen Touristen aus Ungarn, Polen und der Tschechoslowakei auf die gleiche Frage geantwortet, da sie bei ihren Aufenthalten an der kroatischen Küste die wirtschaftlichen Gegebenheiten im Lande und den kroatischen Lebensstandard mit den Verhältnissen in ihrer Heimat vergleichen konnten. Für die vorteilhafte Ausgangslage mit Blick auf die Transformation und EU-Integration sprachen gleich mehrere Gründe: das spezifisch jugoslawische Wirtschaftssystem, eine weitgehende Dezentralisierung der politischen und wirtschaftlichen Strukturen sowie der Status eines blockfreien Landes mit offenen Grenzen zu Westeuropa seit den 60er Jahren. Aufgrund der offenen Grenzen war die damalige Teilrepublik Kroatien im Vergleich zu den Ländern des Ostblocks sowohl enger an den Westen ausgerichtet als auch durch Zehntausende kroatischer „Gastarbeiter" mit Westeuropa verbunden, die für einen stetigen Zufluss an Devisen sorgten. Zusätzlich erfolgte mit der durchgeführten Verfassungsreform auf Bundesebene bereits 1988 – und damit vor den übrigen ehemals sozialistischen Ländern Osteuropas - der ideologische Dammbruch in Richtung Marktwirtschaft.[201]

Diese günstige Startposition für den Übergang zur Marktwirtschaft und die Einbindung in die europäische Staatengemeinschaft konnte die damalige Teilrepublik Kroatien allerdings nicht ausnutzen, stattdessen kam es zu einem beispiellosen Einbruch der Wirtschaftstätigkeit, so das der Vorsprung gegenüber den übrigen ex-sozialistischen Staaten verloren ging. Erst seit einigen Jahren kann Kroatien mit robusten Wachstumsraten aufwarten und die wirtschaftliche Talsohle scheint überwunden zu sein. Inzwischen präsentiert sich das Land als stärkste Volkswirtschaft in der gesamten Region, dennoch stehen im Zuge der EU-Annäherung und der Beitrittsverhandlungen weitreichende Anpassungsmaßnahmen noch bevor.

---

[201] Brunner, Georg: Verfassungsrechtliche Rahmenbedingungen der wirtschaftlichen Transformation, in: Hartwig/Thieme, J. (Hrsg.), Transformationsprozesse in sozialistischen Wirtschaftssystemen, Berlin 1991, S. 204.

Die wirtschaftliche Entwicklung innerhalb der SFRJ

Der Grundstein für die vergleichsweise vorteilhafte Lage Kroatiens wurde bereits in den späten 50er Jahren gelegt, in einer Zeit, als sich das Land von den Boykottmaßnahmen durch die Sowjetunion und die Ostblockstaaten langsam zu erholen begann und den Prozess der nachholenden Modernisierung einleiten konnte. In der Folge war dementsprechend ein beachtliches Wirtschaftswachstum zu verzeichnen. Insbesondere die Erfolge der 50er und 60er Jahre mit Wachstumsraten des Gesellschaftsprodukts zwischen 6 und 11 Prozent[202] waren zum großen Teil späte Auswirkungen des wirtschaftlichen Wiederaufbaus nach dem Zweiten Weltkrieg sowie Ergebnis der größeren Freiheiten auf Unernehmensebene im Zuge der Einführung des jugoslawischen Wirtschaftssystems. Das spezifische Wirtschaftssystem mit Arbeiterselbstverwaltung in Verbindung mit Gesellschaftseigentum an den Produktionsmitteln ermöglichte – wenn auch nur in geringem Maße - Wettbewerb auf den Gütermärkten. Die zentrale Wirtschaftsplanung wurde Ende der 50er Jahre aufgegeben, die Preisbindung seit den 60er Jahren schrittweise beseitigt.[203]

Die weitgehende Dezentralisierung der Wirtschaft brachte für die kroatischen Unternehmen auch die Notwendigkeit der Vermarktung eigener Produkte mit sich, sowohl auf den Binnenmarkt als auch auf ausländischen Märkten. Aufgrund der weitreichenden Autonomie der Unternehmen, d.h. ohne verbindliche Vorgaben und Planzuweisungen einer Planbehörde wie etwa in Ländern des sogenannten Ostblocks, konnten sich so zahlreiche Wirtschaftsbeziehungen zwischen kroatischen und westeuropäischen Produzenten und Unternehmen entwickeln. Parallel dazu näherte sich die SFRJ der europäischen Staatengemeinschaft an. In den 80er Jahren wurde das erste Kooperationsabkommen zwischen Jugoslawien und der EG geschlossen, das Handelserleichterung für spezielle Produkte aus der Region einräumte.

Allerdings waren Mitte der 70er Jahre bereits auch erste Anzeichnen einer wirtschaftlichen Krise zu erkennen, mit rückläufigen Wachstumsraten, einer zunehmend geringeren Arbeitsproduktivität sowie einer Zunahme der Arbeitslosenzahl.[204] Lag die Arbeitslosenquote in den 60er Jahren noch bei etwa 6

---

[202] Statistički godišnjak Jugoslavije, Beograd verschiedene Jahrgänge.

[203] Mencinger, Jože, Vom Sozialismus zum Kapitalismus, vom Balkan nach Europa?, in: Europäische Rundschau, Vol. 22, No. 1, 1994, S. 26. Bereits Ende der 80er bildeten sich etwa 80 % der Preise ohne administrative Kontrolle. Von der freien Preisbildung ausgenommen waren Preise für Elektrizität, Öl und Benzin. Im Bereich der Lebensmittel wurde lediglich der Preis für Schwarzbrot weiterhin staatlich reglementiert. Die Freigabe der restlichen administrativ festgesetzten Preise erfolgte 1990 im Rahmen der Wirtschaftsreformen unter Marković.

[204] Die wirtschaftliche Krise hatte ihren Ursprung in den frühen 70er Jahren. Zu dieser Zeit war die Grundorganisation der vereinten Arbeit (GOVA) die Basiseinheit der Selbstverwaltung. Diese

Prozent, stieg sie in den 70er Jahren auf über 10 Prozent an.[205] In der Folge haben zahlreiche Reformversuche die Kohärenz der sozialistischen Wirtschaftsordnung jugoslawischer Prägung oder den „Marktsozialismus" nach und nach aufgelöst und den Markt zugunsten der sogenannten „Selbstverwaltungsabmachungen" immer weiter in den Hintergrund gedrängt.[206]

Die Produktion in den jugoslawischen Selbstverwaltungsbetrieben war seit der zweiten Hälfte der 70er Jahre in zunehmender Weise von Importen aus dem Westen abhängig. Dabei entstand ein chronisches Handelsdefizit gegenüber dem Westen bei gleichzeitig steigender Auslandsverschuldung. Der Mangel an Devisen führte zu einem Mangel an dringend benötigten Ersatzteilen und Vorprodukten aus dem Westen. Die Folge waren Produktionsengpässe, eine niedrige Kapazitätsauslastung und ausbleibende Modernisierung der Anlagen.[207] Eine sinkende Produktivität in der Industrie und geringe Wettbewerbsfähigkeit jugoslawischer Exporte verstärkten das Handelsdefizit.[208] Die ohnehin angespannte Zahlungsbilanzsituation verschärfte sich dadurch zusätzlich - zwischen 1975 und 1979 verdreifachte sich das Defizit der Devisenbilanz - so dass damit die Auslandsverschuldung weiter anstieg und Ende der 80er Jahre gar die Zahlungsunfähigkeit drohte.[209] Wie ernst es um die Wirtschaft stand und wie hoch die Auslandsverschuldung des Landes tatsächlich war, wurde allerdings erst nach dem Tod von Josip Broz Tito bekannt. Die Rückzahlung der oftmals ineffizient angelegten Darlehen ließ keine nennenswerte Investitionstätigkeit mehr zu und die Abhängigkeit von Auslandskrediten wurde spürbar, nachdem

---

Grundorganisationen waren selbständige, aber nicht abgetrennte Unternehmensabteilungen oder Betriebe größerer Unternehmen, die im Rahmen einer assoziierten Unternehmung zusammengeschlossen waren. Die Koordination zwischen den einzelnen Grundorganisationen erfolgte über Selbstverwaltungsabmachungen. Bei diesen Verhandlungen wurden Produktionsziele und Produktionsprozesse sowie die Einkommensverteilung zwischen den einzelnen wirtschaftlichen Handlungsträgern festgelegt. Verhandlungen und Absprachen ersetzten auf vielen Ebenen den Markt als Koordinationsmechanismus. Dazu Leipold, Helmut: Wirtschafts- und Gesellschaftssysteme, S. 173 sowie 192-193, und Sieburger, Marlies: Verfassungsänderungen zur Wirtschaftsreform: Ein Weg aus der Krise Jugoslawiens?, in: Südosteuropa, 37. Jg., Heft 11-12, 1988, S. 652.

[205] Statistički godišnjak Jugoslavije, Beograd verschiedene Jahrgänge.

[206] Kušić, Siniša: Privatisierung im Transformationsprozess. Das Beispiel der Republik Kroatien, Wiesbaden 2001, 5. Kapitel .

[207] Der mangelhafte Zustand vieler Unternehmen war u.a. Folge einer stark rückläufigen Investitionsquote kroatischer Unternehmen seit Beginn der 80er Jahre. Wenn Kapital zur Verfügung stand floß es nicht in zukunftsträchtige Branchen und Unternehmen, da die ökonomischen Entscheidungen für den Kapitaleinsatz von politischen Zielen überlagert waren. Die ineffiziente Kapitalallokation führte langfristig zu strukturellen Ungleichgewichten in der kroatischen Wirtschaft. Weiche Budgetschranken und eine Hyperinflation haben zusätzlich rationale mittel- und langfristige Entscheidungen der Wirtschaftsakteure beeinträchtigt.

[208] Iversen, H.-Ch.: Wirtschaft und Wirtschaftspolitik in Jugoslawien. Die Krise in der Ära nach Tito, in: Aus Politik und Zeitgeschehen, Nr. 6, Bonn 1988.

[209] Dobias, Peter et al: Marktwirtschaftliche Transformation in Kroatien, Berlin 2000, S. 42.

der weitere Zugang zu internationalen Fonds und Geldinstituten erschwert wurde. Während des Kalten Krieges hat die Sonderstellung Jugoslawiens als blockfreier Staat relativ weiche Budgetschranken im Bezug auf Auslandskredite geschaffen. Infolge der einsetzenden Ost-West-Entspannung verlor das Land für den Westen allerdings an Bedeutung, so dass ein Rückgang der Kreditzusagen insbesondere aus den USA zu verzeichnen war.[210] Spätestens seit Ende der 80er Jahre befand sich die Wirtschaft im freien Fall, mit hohen Inflationsraten, einer chronischen Auslandsverschuldung und einem deutlichen Rückgang der Wirtschaftsleistung, wie die folgende Tabelle verdeutlicht.

Leistungsdaten der SFR Jugoslawien

Zeitraum	1988	1989	1990
Wirtschaftswachstum	0%	-1%	-10%
Inflationsrate	194%	1256%	550%
Leistungsbilanz	2,2Mrd	2,0Mrd	-2,0Mrd

Quelle: Statistički godišnjak Jugoslavije, Beograd 1991.

Innerhalb Jugoslawiens war die kroatische Wirtschaft überdurchschnittlich entwickelt, mit einer im Vergleich zu anderen sozialistischen Ländern relativ diversifizierten Produktionsstruktur und einem geringeren Hang zur Schwerindustrie. Bei den wichtigen Indikatoren nahm die kroatische Wirtschaft nach der Teilrepublik Slowenien den zweiten Platz innerhalb der SFRJ ein. So trug Kroatien 1990 mit einem Bevölkerungsanteil von 19,7 Prozent mit etwa 25 Prozent zum Gesellschaftsprodukt Gesamtjugoslawiens bei, war an 22,2 Prozent der Bruttoanlageinvestitionen beteiligt und trug mit 20,4 Prozent zum Export Jugoslawiens bei.[211] Die Wirtschaft der Teilrepublik Kroatien realisierte zu diesem Zeitpunkt ein Bruttosozialprodukt von etwa 15, 2 Mrd. USD. Am Sozialprodukt war die Industrie mit 39, der Handel mit 15, Verkehr mit 13,5 sowie Landwirtschaft mit 13 und der Bau mit 6,8 Prozent beteiligt. Innerhalb des Industriesektors dominierte der Schiffsbau, die Erdölindustrie und die chemische Industrie. Weitere Bereiche des Industriesektors waren der Maschinen- und Elektromaschinenbau sowie die Textil-, und Holzverarbeitungsindustrie. Neben der Industrie spielte der Tourismus eine wichtige Rolle. Der Fremdenverkehr steuerte vor dem Krieg etwa 10 Prozent des kroatischen Sozi-

---

[210] Križan, Mojmir: Postkommunistische Wiedergeburt ethnischer Nationalismen und der Dritte Balkankrieg, in: Osteuropa 1995, S. 201.
[211] Statistički godišnjak Jugoslavije, Beograd 1991.

alprodukts bei und war gleichzeitig die Haupteinnahmequelle für Devisennettoeinkünfte.[212]

Wirtschaftliche Stagnation: die 90er Jahre

Anders als von manchem kroatischen Politiker vorausgesagt und von der Mehrheit der Bevölkerung erhofft, erlebte das Land parallel zur staatlichen Unabhängigkeit Anfang der 90er Jahre keinen Aufschwung in Richtung „blühender Landschaften" oder einer „südosteuropäischen Schweiz", sondern vielmehr einen enormen Einbruch der Wirtschaftstätigkeit. Die typischen Begleitumstände waren ein drastischer Rückgang der industriellen Produktion, ein erheblicher Anstieg der Arbeitslosigkeit, sinkende Produktivität und Exporte, Hyperinflation, ein sinkendes Realeinkommen und damit verbunden ein sinkender Lebensstandard breiter Bevölkerungsschichten. Der eigentliche Einbruch vollzog sich im Kriegsjahr 1991, als knapp 2000 Unternehmen mit insgesamt 372 000 Beschäftigten das Geschäftsjahr mit großen Verlusten abgeschlossen.[213] Das Bruttoinlandsprodukt ging real um 23 Prozent zurück, die Industrieproduktion sank sogar um 28 Prozent. Innerhalb von nur zwei Jahren halbierte sich die kroatische Industrieproduktion womit gleichzeitig der Prozess der Deindustrialisierung eingeleitet wurde.[214] Besonders deutlich wird der wirtschaftliche Einbruch in der unabhängigen Republik Kroatien, wenn man die Daten mit denen einiger MOEL vergleicht, die transformationsbedingt ebenfalls einen wirtschaftlichen Einbruch zu verzeichnen hatten.

Einbruch der Wirtschaftstätigkeit im Ländervergleich (in % des BIP)

	Ungarn	Polen	CSFR	SLO	HR
1990-92	-12	-10,3	-26	-14,7	-48

Quelle: Focus on Transition 1/1999, Österreichische Nationalbank

Dass man im weiteren Verlauf der 90er Jahre gegenüber den MOEL wirtschaftlich immer weiter zurückfiel, hatte mehrere Gründe, lag aber zuallererst an den schwierigen Begleitumständen der Transformation, d.h. die Gleichzeitigkeit von Staatsbildung, verbunden mit Bemühungen um internationale Anerkennung der staatlichen Unabhängigkeit, Verlust des gemeinsamen Binnen-

---

212 Državni zavod za statistiku, 1990.
213 Daten aus der kroatischen Zeitschrift Banka, Nr. 6, 1998.
214 Reuter, Jens: Wirtschaftliche und soziale Probleme Kroatiens, in: Südosteuropa, Jg. 42, Heft 9, 1993, S. 476.

marktes, dem Krieg und der Notwendigkeit zur Landesverteidigung als Reaktion auf die unmittelbar nach Ausrufung der staatlichen Unabhängigkeit beginnende Aggression, die insbesondere in der ersten Phase der Transformation große Ressourcen des Landes verschlungen hatte. Zusätzlich belastet wurde das Land durch die Notwenigkeit, für die Unterbringung und Versorgung der vielen Tausend Vertriebenen und Flüchtlingen in den ersten Kriegsjahren zu sorgen und entsprechende Mittel zur Verfügung zustellen.

Obwohl bereits seit Ende der achtziger Jahre erste Anzeichen des Auflösungsprozesses sichtbar waren, ist die kroatische Wirtschaft relativ unvorbereitet in diesen Auflösungsprozess eingetreten. Der Verlust des jugoslawischen Binnenmarktes als Folge des Staatszerfalls hat die kroatische Wirtschaft dementsprechend schwer getroffen. Insbesondere der Import von Rohstoffen war stark beeinträchtigt, eine Vielzahl von Unternehmen - vor allem aus der Metallbranche - musste ihre Produktion aufgrund der Material- und Energieengpässe drosseln oder ganz einstellen. Auf der anderen Seite verkleinerte sich der Absatzmarkt für kroatische Unternehmen schlagartig von über 20 auf 4,4 Millionen Konsumenten. Da gleichzeitig auch traditionelle Märkte wie der RGW-Raum wegbrachen - Zerfall der Sowjetunion und Transformationskrise in den MOEL und den GUS-Staaten - auf denen kroatische Unternehmen noch 1990 etwa 25 Prozent ihrer Produkte absetzen konnten, hatten diese folglich mit enormer Überschussproduktion zu kämpfen.[215] Der Verlust bisheriger Absatzmärkte konnte durch Eroberung anspruchvoller Westmärkte nur zum Teil abgefedert werden, es bestand daher die Notwendigkeit der Anpassung der Industrie auf die neue Marktgröße. Die Folge war ein Abbau von Kapazitäten mit dementsprechend negativen Auswirkungen auf die Beschäftigungssituation.[216] Enorme Auswirkungen auf die kroatische Wirtschaft gingen vom Krieg im Lande selbst sowie den Kriegshandlungen in der unmittelbaren Nachbarschaft aus. Neben direkten Kriegsschäden und Zerstörungen von Produktionsanlagen waren auch indirekte Kriegsschäden in Milliardenhöhe zu verzeichnen. Vor allem wurde die Infrastruktur stark in Mitleidenschaft gezogen, es kam zur Unterbrechung der Strom- Wasser- und Telefonverbindungen sowie

[215] Der Wegfall des sowjetischen Marktes hat sich sei 1991 negativ auf den Maschinenbausektor ausgewirkt. Im weiteren wurden von der Auflösung des RGW-Marktes auch die kroatische Lebensmittelindustrie und die chemische Industrie betroffen. Büschenfeld, Herbert, Die Nachfolgestaaten Jugoslawiens, Geographische Rundschau, 46. Jg., 1994, S. 151.

[216] Dies zu verhindern gelang von allen Nachfolgestaaten Jugoslawiens nur Slowenien einigermaßen gut, da sie relativ erfolgreich ihre Waren auf EU-Märkten etablieren konnte und auch recht früh begannen, die alten Absatzkanäle in den ex-jugoslawischen Staaten aufzufrischen.

zur Verringerung der Rohölförderung.[217] Bis Mitte der 1990er Jahre war etwa 1/3 des Territoriums von aufständischen Serben okkupiert, darunter fruchtbare Agrargebiete und Ölvorkommen in West- und Ostslawonien sowie überwiegend dünn besiedelte Landstriche in der Krajina.[218] Die unmittelbare Folge der Besetzung war, dass wichtige Verkehrsverbindungen zwischen der Hauptstadt Zagreb, Slawonien und Teilen der Dalmatinischen Küste empfindlich gestört oder gar unterbrochen waren, mit negativen Auswirkungen auf Transportzeiten und –kosten. Aber auch nach Beendigung der offiziellen Kriegshandlungen (1992) war das Land bis zur Rückeroberung der Krajina 1995 in einem Zustand, den man mit „weder Krieg noch Frieden" bezeichnen konnte und der zusätzlich durch die Ereignisse in Bosnien-Herzegowina und später auch dem Kosovo negativ beeinflusst wurde. Besonders deutlich waren diese Auswirkungen für den Tourismus als Hauptdevisenbringer, der nach den hohen Übernachtungszahlen in den 80er Jahren einen rapiden Einbruch zu verzeichnen hatte. Die Einnahmen schrumpften Anfang der 90er Jahre auf etwa 10 Prozent des Niveaus vor dem Krieg zusammen.[219]

Alleine den Krieg für die unbefriedigenden wirtschaftliche Resultate der Transformation verantwortlich zu machen, würde der Situation des Landes während der 90er Jahre allerdings nicht gerecht werden. Rückblickend muss der politischen Elite in Kroatien erhebliche Teilverantwortung zugewiesen werden. In der Regel kommt dem Staat bzw. der politischen Führung im Zuge der umfassenden Transformation in Richtung Marktwirtschaft auf der ökonomischen Ebene die Aufgabe zu, stabile wirtschaftliche, insbesondere monetäre, Rahmenbedingungen zu schaffen und sich anschließend selbst aus dem Wirtschaftsgeschehen zurückzuziehen. Zwar wurde mit der Verabschiedung der neuen Verfassung rein formal die Voraussetzung für den Aufbau einer markt-

---

[217] Schönfelder, Bruno, The Doubtful Blessing of Capital Imports, Reflections on the Fragility of Croatian Stabilisation, in: Communist Economies and Economic Transformation, Vol. 8, No.1, 1996, S. 76.

[218] Große Teile der landwirtschaftlich genutzten Flächen lagen entweder auf besetztem Territorium oder in unmittelbarer Nähe zu den aufständischen Serben, so dass die Nutzung der Agrarflächen aus Sicherheitsgründen stark eingeschränkt war. Viele Agrarflächen lagen von 1992 bis 1995 vollständig brach. Büschenfeld, Herbert, Die Nachfolgestaaten Jugoslawiens, in: Geographische Rundschau, S. 151.

[219] Nach Schätzungen hat der Tourismus in den Jahren 1991 und 1992 einen Verlust von jeweils mehr als 2 Mrd. USD zu verzeichnen. Etwa 6 bis 8 % der Hotels und Ferienanlagen wurden zerstört oder beschädigt. Die intakt gebliebenen Hotels wurden vermehrt zur Unterbringung von Flüchtlingen und Vertriebenen umfunktioniert. Die nördlichen Urlaubszentren, vorwiegend Istrien und der Kvarner, konnten ihre Kapazitäten in den Jahren 1992/93 zumindest zu 30 % auslasten, während die Gebiete in Mittel- und Süddalmatien einen totalen Ausfall der Einnahmen zu verzeichnen hatten. Hrvatski Turizam u Brojkama, Ministarstvo turizma Republike Hrvatske, Zagreb 1995, S. 26-27.

wirtschaftlichen Wettbewerbsordnung geschaffen,[220] wie sich herausstellen sollte war die neue Elite jedoch nicht bereit, die ökonomischen Zügel aus der Hand zu geben und die Wirtschaft allzu schnell in private Hände zu übergeben, obwohl bereits im April 1991 mit dem Gesetz zur Umwandlung gesellschaftlicher Unternehmen sowie der Etablierung einer staatlichen Privatisierungsinstanz die rechtlichen und institutionellen Grundlagen dafür geschaffen worden waren.[221] Die Restrukturierung großer Staatsunternehmen wurde lange hinausgeschoben, mit der Folge sinkender Konkurrenzfähigkeit der kroatischen Exportwirtschaft.[222] Die ansteigenden Handelbilanzdefizite konnten nicht mehr durch Devisenzuflüsse aus dem Tourismus ausgeglichen werden, die angespannten Beziehungen zu den wichtigen Akteuren USA und EU haben gleichzeitig auch den Zugang zu internationalen Kapitalmärkten erschwert, mit der Folge hoher Kapitalkosten für Wirtschaft und Staat. Während der gesamten 90er Jahre hatte Kroatien dementsprechend mit hoher Arbeitslosigkeit und der Unternehmenssektor mit verbreiteter Illiquidität zu kämpfen.[223] Eine Erholung der Wirtschaftstätigkeit wurde in der Folge immer wieder durch mangelnde Rechtsicherheit, Produktivitätsrückstände und einem großen Bestand an staatlichen Unternehmen behindert.

Privatisierung

An diesem Zustand war die damalige Regierung nicht ganz schuldlos, insbesondere die Privatisierung, die zu Beginn der 90er Jahre durch eine zögerliche und inkonsequente stop-and-go Politik vor dem Hintergrund politischer Machtkämpfe durchgeführt wurde, sollte die kroatische Wirtschaft bis heute

[220] Bei der Ausgestaltung der Verfassung hat sich Kroatien an den Normen der westeuropäischen Staaten orientiert, insbesondere an das Bundesdeutsche Gesetzeswerk. Dazu Marko, Joseph: Die neuen Verfassungen: Slowenien - Kroatien - Serbien. Ein Vergleich, in: Slowenien, Kroatien, Serbien, Die neuen Verfassungen, Hrsg.: Marko/Barić, Wien 1991.

[221] Zakon o pretvorbi društvenih poduzeća, 1991.

[222] Wie in den meisten ehemals sozialistischen Staaten bestand auch in Kroatien ein Hang zu Großbetrieben, wobei ihre Größe nicht immer aus einer sinnvollen Nutzung von Größen- und Verbundvorteilen resultierte. Noch heute sind Großunternehmen vorwiegend im Schiffsbau, der Erdölverarbeitenden Industrie und in der chemischen Industrie anzutreffen. Infolge der Unternehmenszusammenführung seit den siebziger Jahren sind auch im Bereich des Tourismus und des Handels mehrere Konglomerate entstanden. Estrin, Saul, Privatisation, Self-management and Social Ownership, in: Communist Economies and Economic Transformation, Vol. 3, No. 3, 1991, S. 356; Sirc, Ljubo, The Revival of Entrepreneurship, Comments on the Draft of the Slovene Act on Privatisation, in: Communist Economies and Economic Transformation, Vol. 3, No. 3, 1991, S. 377.

[223] Das am häufigsten gebrauchte Wort im Sprachschatz der Manager und Direktoren war zu jener Zeit *nelikvidnost* (Illiquidität), ein Ausdruck der schon in den achtziger Jahren populär war und die schwierige Lage der meisten Unternehmen treffend beschrieb.

nachhaltig beeinflussen. Ausgangspunkt der kroatischen Privatisierung war das überwiegend gesellschaftliche Eigentum an den Produktionsmitteln. Es verkörperte einen speziellen Typ kollektiven Besitzes, welcher durch unklare Eigentumsdefinition gekennzeichnet war. Aus diesem Grunde stand die neue kroatische Regierung zunächst vor der Aufgabe, klar spezifizierte Eigentumsverhältnisse im Unternehmenssektor zu schaffen. Bei der Entscheidung den Übergang vom gesellschaftlichen zum privaten Eigentum direkt oder eher über den Umweg der Verstaatlichung zu vollziehen, wählte die kroatische Regierung einen Mittelweg, der sich im Nachhinein als nachteilig erweisen sollte. Zunächst wurde eine Reihe großer Unternehmen verstaatlicht, die Mehrzahl der kleineren und mittleren Unternehmen wurde nach dem Gesetz zur Umwandlung gesellschaftlicher Unternehmen in Kapitalgesellschaften umgewandelt, und erst anschließend erfolgte der eigentliche Privatisierungsprozess.[224]

Abgesehen davon, dass man damit wertvolle Zeit vergeudete, die nur sehr schwer einzuholen ist (Costs of Delay),[225] hatte die Konzeption und Durchführung der sogenannten *Insider*-Privatisierung enorme Auswirkungen auf die geringe Beteiligung strategischer Investoren, einen geringen Zufluss von Auslandskapital, eine langsame Restrukturierung des Unternehmenssektors und trug wesentlich dazu bei, dass man kroatischen Unternehmen über weite Strecken hinweg eine nur geringe Wettbewerbsfähigkeit bescheinigen musste.[226] Ende der 90er Jahre, nach knapp einer Dekade seit Beginn der Privatisierung war der Staatssektor mit etwa 45 bis 50 Prozent am BIP weiterhin groß, insbesondere wenn man einen Vergleich mit Ländern wie Ungarn, Polen, Estland und Tschechien anstellte. Neben dem weiterhin hohen Anteil staatlicher Unternehmen wiesen viele bereits privatisierte Unternehmen - aufgrund der gewählten Privatisierungsverfahren wie *Manager- und Worker-buyout* (MBO bzw. WBO) - eine breite Streuung der Eigentümeranteile auf oder wurden von einigen wenigen Insidern dominiert. Wir können hier von einer insgesamt ungünstigen Eigentümerstruktur sprechen, die in der Folge die notwendige Modernisierung erschwerte und vielfach nur defensive Restrukturierung ermöglichte. Die Kroaten in den Führungsetagen großer Unternehmen blieben somit weitestgehend unter sich und trugen nicht unerheblich zu einer insgesamt geringen Transparenz im gesamten Privatisierungsprozess bei, wobei die enge Verbindung zur politischen Elite diesen Effekt noch verstärkte. Die mangelnde Transparenz ermöglichte dabei nicht nur Vetternwirtschaft und *asset-*

---

[224] Kušić, Siniša: Privatisierung im Transformationsprozess. Das Beispiel der Republik Kroatien, Wiesbaden, 2001.

[225] Kušić, Siniša: Institucionalni i evolucijski aspekti privatizacije u srednjoj i istočnoj europi, in: Ekonomski pregled, Jg. 58, 1-2/2007, S. 91-105.

[226] Kušić, Siniša: Wie wettbewerbsfähig ist Kroatiens Wirtschaft?, in: Südosteuropa Mitteilungen, Jahrgang 43, Heft 4-5, 2003, S. 56-69.

stripping im großen Stil, sondern verhinderte auch ein größeres Engagement strategischer bzw. ausländischer Investoren. Von großer Bedeutung für die wirtschaftliche Entwicklung des Landes war die Tatsache, dass während der 90er Jahre aufgrund der gewählten Privatisierungsstrategie ausländische Investoren einen großen Bogen um Kroatien machten und somit nur wenig ausländische Direktinvestitionen (ADI) nach Kroatien geflossen ist. Im Gegensatz zu erfolgreichen Transformationsstaaten wie Ungarn, Polen und der Tschechischen Republik, die den Löwenanteil der ADI unter den ehemals sozialistischen Ländern verbuchen konnten, konnte Kroatien von positiven spillover Effekten des Auslandskapitals nicht profitieren, denn mit ADI sind neben dem „frischen" Kapital in der Regel auch ausländisches Know-how und ein erleichterter Zugang zu westlichen Märkten verbunden.

Zu guter letzt war der gesamte Prozess - unabhängig von der jeweils regierenden Mannschaft - während der gesamten Privatisierungsphase immer wieder mit Skandalen und Affären begleitet. Im Wahljahr 2007, genauer im Juni wurde im Zuge einer Anti-Korruptionskampagne auch eine der größten Bestechungsaffären der Landes aufgedeckt, in der nicht zufällig der Kroatische Privatisierungsfonds HFP im Zentrum des Interesses steht.[227] Der gesamte Privatisierungsprozess ist auch heute weit davon entfernt, abgeschlossen zu sein, der Staat hält weiterhin einen nicht zu vernachlässigenden Anteil an einigen großen Unternehmen, somit bleibt uns an dieser Stelle nur ein vorläufiges Fazit zu ziehen: Beim Versuch entsprechende Rahmenbedingungen für die Umwandlung kroatischer Unternehmen zu etablieren sowie den Prozess in Richtung eines modernen, leistungs- und wettbewerbsfähigen Unternehmenssektors einzuleiten, hat die politische Elite – insbesondere in den 90er Jahren - größtenteils versagt.

Makroökonomische Stabilisierung

Erfolgreicher war man dagegen auf dem Gebiet der makroökonomischen Stabilisierung, insbesondere bei der Inflationsbekämpfung. Die Fokussierung der politischen Elite auf makroökonomische Stabilisierung wird verständlich, wenn man sich vergegenwärtigt, das die Kroaten im ehemaligen Jugoslawien jahrzehntelange Erfahrungen mit hoher Inflation - mitunter auch Hyperinflation - hatten, und sie daher für dieses Problem inzwischen außerordentlich sensibilisiert waren; nun wurde makroökonomische Stabilität um den Preis von Wachstum und Beschäftigung konsequent zu verteidigen versucht.

[227] Laut Präsident Mesić handelt es sich dabei um die größte Korruptionsaffäre des Landes. „HFP - najveća korupcijska afera dosad", in Vjesnik, 18. Juni 2007.

Ausgangspunkt des ersten Stabilisierungsversuchs Anfang der 90er Jahre war die vom ehemaligen Jugoslawien vererbte Hyperinflation, die zunächst nach Einführung des kroatischen Dinars (HRD) auf monatliche Inflationsraten von etwa 25 auf 15 Prozent zurückgeführt werden konnte. Allerdings war dies nicht von langer Dauer, denn die Subventionierung von Staatskonzernen, weiche Budgetschranken das hohe Haushaltsdefizit waren weiterhin Triebfedern der Inflation, die enormen öffentlichen Aufwendungen für die Landesverteidigung sorgten für weiteren Inflationsdruck.[228] Im Oktober 1993 wurde das zweite Stabilisierungsprogramm gestartet und konnte bereits im November des gleichen Jahres erste Erfolge verzeichnen.[229] Der gemeinsame Kurs von Regierung und Zentralbank übte einen positiven Einfluss auf die makroökonomische Stabilisierung aus, wobei eine Kombination aus restriktiver Kredit-, Finanz- und Einkommenspolitik praktiziert wurde. Die Einkommenspolitik beinhaltete eine scharfe Lohnkontrolle und Einkommenskürzungen in öffentlichen Unternehmen, der Ankauf ausländischer Währungen wurde beschränkt. Die Monatsinflationsraten konnten in der Folgezeit drastisch gesenkt werden. Im Oktober 1993 lag die Steigerung der Konsumentenpreise noch bei 38,7 Prozent gegenüber dem Vormonat, im November des gleichen Jahres war nur noch eine monatliche Preissteigerung von 1,4 Prozent zu verzeichnen. Damit konnte die jahrelang vorherrschende Inflationsmentalität gebrochen werden. Die kroatische Kuna, die 1994 die Übergangswährung HRD (Hrvatski Dinar) ablöste, erwies sich während der 90er Jahre als eine der stabilsten Währungen aller Transformationsstaaten.

Inflationsrate im Jahresdurchschnitt (in %)

	1992	1993	1994	1995	1996	1997	1998
Inflationsrate	764	1617	5,0	4,0	4,3	3,9	6,2

Quelle: Deutsche Bank Research, Aktuelle Länderberichte Balkan, März 1999

Das Ende 1993 durchgeführte Stabilisierungsprogramm führte nicht nur zur Beruhigung bei der Preisentwicklung, sondern hatte zunächst auch positive Auswirkungen auf das Wirtschaftswachstum. Ab 1994 waren erste Anzeichen der wirtschaftlichen Erholung sichtbar, das BIP wuchs mit knapp 6 Prozent

[228] Schönfelder, Bruno: Croatia between Reform and Post-communist Populism, in: Communist Economies and Economic Transformation, Vol. 5, No. 3, 1993, S. 320.
[229] Schönfelder, Bruno, The Doubtful Blessing of Capital Imports, in: Communist Economies and Economic Transformation, Vol. 8, No. 1, 1996, S. 68.

erstmals seit Ausrufung der staatlichen Unabhängigkeit wieder an, die Industrieproduktion verzeichnete seit 1996 positive Zuwachsraten auf und konnte mit einem Wachstum von 6,8 Prozent im Jahr 1997 wesentlich zum Wachstum der kroatischen Gesamtwirtschaft beitragen. Das Produktionsniveau erreichte damit jedoch nur etwa 60 Prozent des Wertes vom Vorkriegsjahr 1990.[230] Im Laufe der Jahres 1997 begann ein erneuter Niedergang der kroatischen Wirtschaft: Zwischen 1997 und 1999 wurden als Reaktion auf das zunehmende Zahlungsbilanzdefizit die währungspolitischen Zügel angezogen. Die restriktivere Währungspolitik, ein Absinken der Inlandsnachfrage und zunehmend notleidende Kredite der Banken entluden sich in der Bankenkrise 1998/99.[231] Was folgte war eine erneute Rezessionsphase, die allerdings im Vergleich zum Beginn der 90er Jahre kürzer und weniger schmerzvoll ausfiel. Sie dauerte vom letzten Quartal 98 bis zum dritten 1999, das BIP schrumpfte real um 0,9 Prozent.

Kroatiens Wirtschaft im Aufholprozess

Die Neuausrichtung der Politik seit Anfang 2000 hat auch die Entwicklung der kroatischen Wirtschaft beeinflusst.[232] Obwohl die Reformdynamik im Bereich marktwirtschaftlicher Transformation gegenüber der demokratischen insgesamt schwächer ausfiel, befindet sich die kroatische Wirtschaft seit 2000 in einer Phase des Wachstums, getragen in erster Linie vom starken Anstieg der Binnennachfrage und begleitet von verbesserten institutionellen Rahmenbedingungen. In diesem Zusammenhang spielt auch die Konsolidierung des Bankensektors nach der Bankenkrise, die Intensivierung des Privatisierungsprozesses mit einer neuen Herangehensweise sowie ein insgesamt günstigeres Investitionsklima eine nicht zu vernachlässigende Rolle.[233]

---

[230] Länderanalysen der Frankfurter Allgemeine Zeitung, Slowenien/ Kroatien, März 1998, S. 15.

[231] Im ehemaligen Jugoslawien existierten enge Verbindungen zwischen Banken und Unternehmen, die nicht zwangsläufig im Rahmen des Privatisierungsprozesses aufgebrochen wurden, so dass weiche Budgetschranken vorherrschten und in vielen Fällen das *related party lending* fortgeführt wurde. Die Bankenkrise nahm ihren Anfang 1998 mit dem Konkurs der Dubrovačka Banka. In den folgenden Monaten wurden zwei weitere Banken Opfer von bank runs: die Kuna wertete stark gegenüber der Deutschen Mark ab; der Rückgang der Kreditvergabe leitete die Rezession im letzten Quartal des Jahres 1998 ein. Allerdings hat sich die Qualität und Stabilität des Bankensystems seit der Finanzkrise 1998-99 und den überwiegenden Verkauf an ausländische Banken stetig verbessert, und zählt inzwischen zu einem der leistungsfähigsten Bankensystem in der Region.

[232] Der Text zu diesem Abschnitt wurde in ähnlicher Form bereits veröffentlicht in: Kušić, S.: Kroatiens Wirtschaft auf dem Weg in die EU, in: Südosteuropa- Zeitschrift für Gegenwartsforschung, 54. Jg., 2/2006, S. 214-234.

[233] Kušić, Siniša: Croatia: Advancing Political and Economic Transformation, in: Southeast European and Black Sea Studies, Volume 6, 1/2006, S. 65-81.

Ausgewählte makroökonomische Daten

BIP – Veränderung gegenüber dem Vorjahr (in %)							
1998.	1999.	2000.	2001.	2002.	2003.	2004.	2005.
2,5	-0,9	2,9	4,4	5,6	5,3	3,8	4,3
BIP p.c. (EUR)							
4.284	4.102	4.560	4.998	5.507	5.906	6.397	6.972
Inflation - Veränderung gegenüber dem Vorjahr (in %)							
5,7	4,0	4,6	3,8	1,7	1,8	2,1	3,3
Arbeitslosenrate							
-	-	21,4	22,3	22,1	19,2	18,1	18,0

Quelle: DZS, HNB, 2006

In Südosteuropa nimmt Kroatiens Wirtschaft inzwischen eine führende Rolle ein. Mit einem Bruttoinlandsprodukt von über 30 Mrd. USD macht die kroatische Wirtschaftsleistung inzwischen knapp die Hälfte der des Westbalkans aus, und beim BIP pro Kopf liegt das Land deutlich über dem der übrigen Ländern Südosteuropas.[234] Auch im direkten Vergleich mit Bulgarien und Rumänien, die 2007 der Europäischen Union beigetreten sind, schneidet Kroatien durchaus gut ab, insbesondere beim BIP pro Kopf sowie beim ADI-Zufluss. Hier liegt Kroatien im Verhältnis der ADI-Bestände zum BIP mit 39 noch vor Bulgarien und Rumänien mit 31 bzw. 25 Prozent.[235] Aber auch bei einer ganzen Reihe weiterer Indikatoren im Rahmen des Bertelsmann-Transformations-Index 2006 und Transition Report 2005 fällt der direkte Vergleich mit den übrigen Transformationsstaaten wie Litauen, Lettland und Polen für Kroatien nicht ungünstig aus.[236]

Neben der erfreulichen Entwicklung im Bereich Wirtschaftswachstum, beim BIP pro Kopf und der Preisstabilität sind allerdings weiterhin eine Reihe ungünstiger Indikatoren festzustellen, etwa ein über Jahre hinweg un-

[234] Grupe, C. und Kušić, S.: Zwischen Brüssel und Balkan – Kroatiens Wirtschaft auf dem Weg in die EU, in: Südosteuropäischer Dialog - balkan diskurs, Jg. 4, Heft 5, 2005, S. 71-78.

[235] UNCTAD – FDI/TNC Database, 2005.

[236] Verschiedene Rating-Agenturen wie Standard & Poor's oder Moody's beurteilten im Jahr 2006 Kroatien mit BBB* bzw. Baa3* besser als die damaligen EU-Beitrittskandidaten als Bulgarien und Rumänien.

befriedigendes Beschäftigungsniveau, eine chronisch negative Handelsbilanz, ein hoher Staatsanteil am BIP von knapp 40 Prozent sowie eine zunehmende Tendenz der Verschuldung. Die seit Ende der 90er Jahre Besorgnis erregende Zunahme der Auslandsverschuldung konnte inzwischen gebremst werden, sie verbleibt allerdings mit knapp über 80 Prozent des BIP weiterhin auf hohem Niveau.

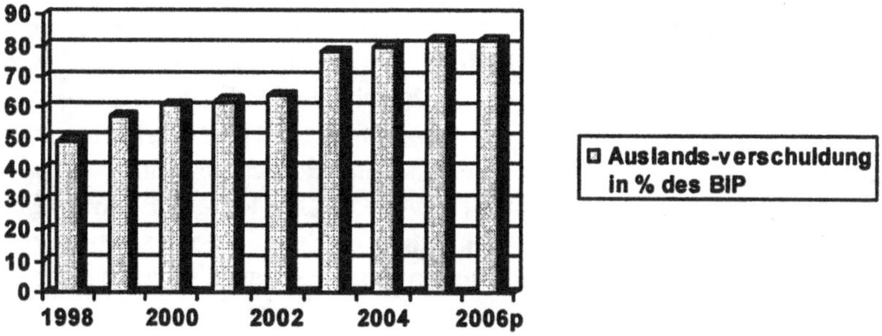

Quelle: HNB, 2006

Wettbewerbsfähigkeit

Wie die Erfahrungen der Länder der ersten EU-Erweiterungsrunde zeigen, hängt die wirtschaftliche Entwicklung des jeweiligen Landes nach Aufnahme in die EU nicht unwesentlich davon ab, wie gut man auf den schärferen Wettbewerb des EU-Binnenmarktes vorbereitet und die eigene Handelsstruktur entsprechend den neuen Anforderungen angepasst war. Hier geht es um die Frage der Wettbewerbsfähigkeit, d.h. die Fähigkeit mit seinen Produkten auf internationalen Märkten zu konkurrieren, seine Marktanteile nach Möglichkeit zu vergrößern und die Realeinkommen der Einwohner langfristig zu steigern.[237] In diesem Zusammenhang ist auch die Struktur- und Wettbewerbspolitik der EU zu sehen, legt sie doch als Voraussetzung für die EU-Integration das Konzept der Wettbewerbsfähigkeit zugrunde. So wurden 1993 in den Kopenhagen Kriterien zwei Schwerpunkte gebildet, welche die Beitrittsfähigkeit und Reife der Kandidatenländer definieren: das Bestehen einer funktionsfähigen Marktwirtschaft und die Fähigkeit, dem Wettbewerbsdruck und den

[237] Nach OECD, World Competitiveness Report 1997. Weiter geht der Ansatz der britischen Regierung im UK White paper on Competitiveness 1994, der unter Wettbewerbsfähigkeit die Schaffung hoher Qualifikation, Produktivität und Auslastung der Kapazitäten einer Volkswirtschaft versteht.

Marktkräften innerhalb der EU standzuhalten. Diese Fähigkeiten werden durch den Grad der Handelsintegration, die die Kandidatenländer vor dem Beitritt in die EU mit der Gemeinschaft erreicht haben, indiziert.

Wenn wir uns den kroatischen Handelsdaten der letzten Jahre zuwenden, stellen wir fest, dass der Anstieg der Exportleistung im Vergleich zu den MOEL insgesamt moderat ausgefallen ist und die Exporte in die EU - nach einem Anstieg Anfang der 90er Jahre – in den vergangenen Jahren stagnieren, während sich die Importe fast verdreifacht haben. Das Ergebnis ist eine chronisch defizitäre Außenhandelsbilanz mit der EU als dem wichtigsten Handelspartner.[238] Die kroatische Exportleistung gibt umso mehr Anlass zu Besorgnis wenn man bedenkt, dass bereits vor Abschluss des SAA – genauer seit November 2000 - auch weitreichende asymmetrische Handelserleichterungen mit der EU vereinbart wurden. Diese Handelspräferenzregelung ermöglicht es Kroatien, etwa 96 Prozent seiner Produkte zollfrei auf den EU-Markt zu platzieren. Die Tatsache, dass es der kroatischen Seite in den letzten Jahren nicht gelungen ist, diese Kontingente auszunutzen, lässt auf Probleme in den Bereichen Preis/Qualität, Mengenkontingente und Vermarktung kroatischer Produkte auf westlichen Märkten schließen. Spätestens mit Aufnahme in die EU werden diese asymmetrischen Handelserleichterungen wegfallen und die kroatischen Unternehmen werden auch auf dem heimischen Markt einem intensiveren Wettbewerb ausgesetzt sein.[239]

Anlass zur Sorge bietet auch die kroatische Außenhandelsstruktur. Ein Blick auf die komparativen Vorteile (RCA) lässt folgern, dass bislang nur ein geringer Wandel der Handelsstruktur erfolgt ist und Rohstoffe sowie arbeitsintensive Produkte weiterhin den Handel mit der EU dominieren, d.h. es handelt sich um eine Produktpalette, die größtenteils im low-tech Bereich anzusiedeln ist. Da auf diesen Märkten ein besonders intensiver Preiswettbewerb herrscht - die neuen EU-Mitglieder weisen hier ebenfalls komparative Vorteile auf - machen sich auf kroatischer Seite sowohl die hohen Lohnstückkosten als auch eine (zu) starke Kuna negativ bemerkbar und erklären zum Teil die stagnierende Exporttätigkeit während der letzten Jahre, während sie in anderen Transformationsstaaten - wie etwa Ungarn mit über 240 Prozent - enorme Zuwachsraten ver-

---

[238] Kroatisches Amt für Statistik DZS und COMTEXT Database EUROSTAT (2005).

[239] Das Stabilisierungs- und Assoziierungsabkommen (SAA) ist seit 1. Februar 2005 in Kraft und regelt die Beziehungen zwischen der EU und Kroatien, wobei wichtige Vereinbarungen der freie Dienstleistungs-, Personen- und Kapitalverkehr sowie die bis 2007 schrittweise Öffnung des kroatischen Marktes für Industrieprodukte sind. Bereits jetzt haben die meisten kroatischen Produkte freien Zutritt auf den EU-Markt.

zeichnete.[240] Die Konzentration der Exporte in die EU ist bei leicht fallender Tendenz weiterhin hoch, was auf eine wenig aufgefächerte Produktpalette und eine langsame Anpassung an die EU-Handelsstrukturen hindeutet.[241] Somit stehen der kroatischen Wirtschaft im Hinblick auf die Wettbewerbsfähigkeit des Landes weitreichende Anpassungsmaßnahmen noch bevor. Die Frage der Wettbewerbsfähigkeit steht in Kroatien nicht zuletzt auch deshalb im Fokus, weil man bei internationalen Wirtschaftsrankings (z.B. WEF – Global Competitiveness Ranking), die die Wettbewerbsfähigkeit eines Landes beurteilen, unbefriedigende Plätze einnimmt und dabei in den letzten Jahren sogar an Boden verloren hat, wie aus folgender Tabelle ersichtlich wird.

World Economic Forum – Global Competiveness Ranking

	2002	2003	2004	2005
Deutschland	14	13	13	15
Slowenien	26	31	33	32
Ungarn	29	33	39	39
Tschechien	36	39	40	38
Polen	50	45	60	51
Kroatien	48	53	61	62
Bulgarien	58	64	59	58

Quelle: www.weforum.org/site/homepublic.nsf/Content/Growth+Competitiveness+Index+rankings +2005+and+2004+comparisons

Aus dem bisherigen können wir folgern, dass das Wirtschaftswachstum der letzten Jahre zum großen Teil auf gestiegener Binnennachfrage basiert. Die Bevölkerung hat nach der Phase der wirtschaftlichen Stagnation, den Jahren der Entbehrung und rückläufiger Einkommen den Konsum wieder entdeckt, was mit einer kräftigen Zunahme der Konsumentenkredite einhergeht und durch die überaus positiven Bilanzen der Banken belegt wird. Dieser Trend der Verschuldung stößt allerdings allmählich an seine Grenzen und nicht wenige kroatische Ökonomen sehen sie schon überschritten. Mit anderen Worten kön-

[240] Kušić, S./Cvijanović, V.: The Importance of Foreign Direct Investment for Stimmulating Economic Growth in Croatia, in: Osteuropa-Wirtschaft, 1/2003, S. 64-85.

[241] Gaucaite-Wittich, Vitalija: Some Aspects of Recent Trade Developments in South-East Europe, Discussion paper series No. 7, United Nations Economic Commission for Europe, December 2005.

nen Wachstumszahlen von 4 bis 5 Prozent oder darüber künftig nur mit der Zunahme der Exporttätigkeit erreicht werden, und dies wiederum kann nur gelingen, wenn kroatische Produkte auf ausländischen Märkten konkurrenzfähiger werden. Da die Handelsausweitung mit der EU bislang nur langsam vorankommt, und mitunter mit Rückschlägen verbunden ist, ergibt sich eine weitere Möglichkeit, über die Exporttätigkeit die heimische Wirtschaft anzukurbeln und dadurch für nachhaltiges Wachstum zu sorgen: die Ausweitung der Exporte im Rahmen der regionalen Kooperation mit dem westlichen Balkan sowie die Wiederbelebung alter Handelskontakte mit den Nachfolgestaaten der ehemaligen Sowjetunion, d.h. Rückeroberung von Marktanteilen parallel zur Eroberung gänzlich neuer Märkte. Vor allen Russland, die Ukraine und die an Rohstoffen reichen Länder rund um das kaspische Meer sind inzwischen wieder liquide und ihre Märkte aufnahmefähig.

Für den weiteren Aufholprozess in Richtung EU ist ein nachhaltiges Wachstum von Nöten, es muss daher künftig um Schaffung von Standortvorteilen und Steigerung der Exportleistung gehen. Da die Lohnstückkosten, die durchschnittlichen Lohnkosten und das Preisniveau der Produktionsfaktoren höher als in den meisten anderen Transformationsstaaten sind, kann die Niedrigkostenstrategie für die künftige Ausrichtung der kroatischen Wirtschaft keine Option darstellen. Hohe Lohnstückkosten können nur durch Erhöhung der Produktivität durch Innovation und Technologietransfer gesenkt werden, daher sollten Forschung und Entwicklung, Investitionen in Humankapital, Zufluss von ausländischen Direktinvestitionen und die Entwicklung des Unternehmertums im Vordergrund stehen.

Ausländische Direktinvestitionen

Impulse in Richtung Modernisierung und Restrukturierung des Unternehmenssektors kamen in den MOEL nicht selten in Form von ausländischen Direktinvestitionen (ADI). Im Fall Kroatien wurde die günstige Ausgangslage für einen nennenswerten Zufluss von Auslandskapital zu Beginn der Transformation durch den Krieg, die bereits angesprochene Insider-Privatisierung der 1990er Jahre sowie administrative Hürden zunichte gemacht. Dies führte insgesamt bis Ende der 1990er Jahre zu verhältnismäßig wenig ADI, insbesondere im direkten Vergleich mit den MOEL. Mit der Neuausrichtung der Politik Anfang 2000 und der Annäherung an die Europäische Union hat sich die Situation schlagartig geändert, begünstigt auch durch einen veränderten Privatisierungsansatz der kroatischen Regierung, die inzwischen zur *direct-sales* Methode übergegangen ist. Indem man sich strategischen Investoren geöffnet hat und den Zufluss von Auslandskapital unterstützt, wendet man letztendlich

Privatisierungsverfahren an, die sich bereits zuvor in Ländern wie Ungarn, Polen und der Tschechischen Republik bewährt hatten. Die gleichzeitige Eröffnung einer EU-Beitrittsperspektive hat die Attraktivität des Landes als Investitionsstandort insgesamt gesteigert und dementsprechend zu einem rasanten Anstieg der ausländischen Direktinvestitionen geführt, der bis heute – allerdings mit starken Schwankungen – anhält (Abbildung). Insbesondere seit 1999 kann der Nachzügler einen ADI-Zufluss pro Kopf aufweisen, der um ein vielfaches über dem der Nachbarländer liegt und sogar mit einigen MOEL mithalten kann.

Zufluss ausländischer Direktinvestitionen nach Kroatien (in Mio. USD)

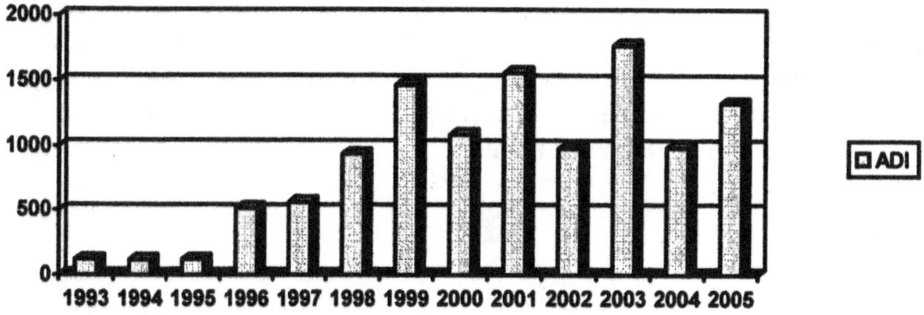

Quelle: HNB

Der Beginn der Beitrittsverhandlungen stellt in diesem Zusammenhang einen nicht zu unterschätzenden Schritt in Richtung Verbesserung der Rahmenbedingung für künftige Investitionen. Er signalisiert den potentiellen Investoren, dass der begonnene Reformkurs mit Blick auf EU-Integration weitergeführt wird und dies bedeutet gleichzeitig mehr Sicherheit und größere Attraktivität für das eingesetzte Kapital. In diese Richtung zielt auch das Bestreben der kroatischen Regierung, parallel zur EU-Integration möglichst rasch die Einladung für die NATO-Mitgliedschaft zu erhalten, ist die Mitgliedschaft in dieser Organisation nicht minder wichtig, wenn es um allgemeine Sicherheitsfragen und damit gleichzeitig auch um Kreditsicherheit eines Landes geht. Weitere Privatisierungsmaßnahmen, eine weiterhin starke Inlandsnachfrage und die für Investoren interessante geostrategische Lage werden über ein verbessertes Investitionsklima auch weiterhin zu steigenden ADI-Zuflüssen führen. Dies ist keineswegs unbegründet, denn künftig könnte Kroatien von dem „Brückenkopfeffekt" profitieren, d.h. der Tatsache, dass man in der Region wirtschaftlich die Nase vorne hat und als derjenige Standort fungieren kann, von dem aus auch die umliegenden Märkte von den international tätigen Unternehmen ins Visier genommen werden können. Hier hat Kroatien deutliche Standortvorteile gegenüber den übrigen Ländern des westlichen Balkans, deren weitere Schritte in Richtung EU zunehmend mit größerer Ungewissheit verbunden sind.

Bei der Attrahierung von ADI wird es allerdings notwendig sein, künftig nicht alleine auf das Investitionsvolumen abzuzielen, sondern auch auf die Qualität und Motivation der Investitionen.[242] Bislang gelangte nach Kroatien hauptsächlich marktorientiertes Kapital, mit dem Ziel der Markteroberung insbesondere im Telekommunikations- und Bankensektor. In der Regel war zur Zufluss von ADI mit dem Privatisierungsprozess verbunden. Damit von ADI ähnlich positive spill-over Effekte für die heimische Wirtschaft ausgehen, wie dies beispielsweise in Ungarn oder Estland der Fall war, oder seit den 80er Jahren etwa in Irland, gilt es verstärkt *effizienzorientiertes* Auslandskapital anzulocken und die Ansiedlung neuer Unternehmen auf der grünen Wiese zu fördern. Gerade *greenfield investments* erhöhen die Produktion und können technologischen Fortschritt im Zielland unterstützen. Hierzu sollten Erfahrungen der jeweiligen Länder Beispiel geben können.[243]

Infrastruktur

Eines der vordringlichsten Ziele der beiden Regierungen seit Anfang 2000 war die Verbesserung der Infrastruktur. Diese hat nicht nur durch die Kriegseinwirkungen nach Ausrufung der staatlichen Unabhängigkeit gelitten, sondern bereits seit den 70er Jahren innerhalb Jugoslawiens (SFRJ), als man größere Infrastrukturprojekte in der damaligen Teilrepublik Kroatien aus politischen Gründen aufs Eis legte. Große Fortschritte konnten in den letzten Jahren insbesondere im Bereich der Verkehrswege erreicht werden, etwa bei der Modernisierung des Schienennetzes und vor allem beim Ausbau der Autobahn. Diese Maßnahmen waren für das kleine Land mit großem finanziellem Aufwand verbunden und haben dringend benötigte Investitionen in anderen Bereichen erschwert bzw. verhindert.

---

[242] Kušić, S./König, M.: Ausländische Direktinvestitionen in Kroatien – Qualität statt Quantität? in: Südosteuropa, 52, 10-12/2003, S. 583-596.

[243] Estland dient als Beispiel für einen enormen Technologietransfer, der insbesondere durch ADI mittelständiger high-tech Unternehmen aus den benachbarten skandinavischen Ländern initiiert wurde. In Ungarn dagegen sorgte die Ansiedlung großer, international tätiger Unternehmen für positive spill-over Effekte für die heimische Wirtschaft, indem der Anpassungsdruck auf ungarische Zulieferbetriebe für einen Modernisierungsschub sorgte. Zudem wirkte sich die Ansiedlung der *Multinationals* positiv auf die Exportwirtschaft aus, da sie überwiegend für den Weltmarkt produzieren.

Seit 2000 hat sich das Autobahnnetz deutlich vergrößert, neben dem Ausbau der Strecke Varaždin-Rijeka ist vor allem die Fertigstellung der Autobahn Zagreb-Split von großer Bedeutung. Dadurch konnte Dalmatien, der südliche Landesteil, enger an das wirtschaftliche Zentrum um die Hauptstadt Zagreb angebunden werden was gleichbedeutend ist mit geringeren Transportzeiten und –kosten. Dies ist ebenso wichtig für die kroatische Industrie wie auch für die Entwicklung des Tourismus in dieser Region. In den vergangenen Jahren konnten Verbesserungen der Infrastruktur auch in den Bereichen Strom, Wasser und Telekommunikation erzielt werden, so dass Kroatien nicht zuletzt aufgrund verbesserter Infrastruktur gegenüber den übrigen Ländern der Region deutliche Standortvorteile für künftige ausländische Investitionen besitzt. Ein weiterer Fortschritt in Bereich Infrastruktur ist die Umsetzung des Vorhabens, die bewohnten größeren Inseln stärker als bislang mit dem Festland zu verbinden, durch häufigere Fährverbindungen und der Einrichtung von Nachtlinien, so dass ein größerer Anreiz gegeben wird, auf den Inseln zu verbleiben und dadurch der nicht unerheblichen Landflucht vorzubeugen. Obwohl man seit einiger Zeit mit Unterstützung der EU an der Dezentralisierung des Landes arbeitet, haben sich die Entwicklungsungleichgewichte zwischen den Regionen bislang nicht wesentlich verringert. Unbefriedigend ist vor allem die Entwicklung in der Krajina, der Lika und auf einigen dalmatinischen Inseln.[244] Damit das starke wirtschaftliche Gefälle zwischen Stadt und Land abgemildert wird, wurden einige staatliche Förderprogramme aufgelegt, um auch auf den Inseln für einen wirtschaftlichen Aufschwung zu sorgen. Statt nur auf den Tourismus zu setzten, der nur während der Sommermonate für Einnahmen sorgt, soll dort zunehmend die Ansiedlung von KMU gefördert werden.

Unternehmertum und das Investitionsklima

Für den wirtschaftlichen Aufholprozess ist neben dem Zufluss von Auslandskapital und der Restrukturierung größerer heimischer Unternehmen vor allem ein dynamisches Unternehmertum notwendig. Kleine und Mittelständische Unternehmen (KMU) sind in der Regel flexibler und können sich den jeweiligen Gegebenheiten auf den Märkten schneller anpassen, wie die Entwicklung in Westeuropa der letzten Jahrzehnte zeigt. Im Vergleich zur EU ist in Kroa-

[244] Nach wie vor führen alle Wege nach oder über Zagreb. Das Herz Kroatiens schlägt unbestritten in der Hauptstadt, die zugleich eine herausragende politische, wirtschaftliche, gesellschaftliche und kulturelle Bedeutung hat. Die Einwohnerzahl nähert sich der Millionengrenze, fast jeder fünfte Kroate lebt inzwischen in Zagreb, Tendenz steigend. In und um Zagreb (Županija Zagreb) haben sich nahezu 38 Prozent aller Unternehmer angesiedelt und selbst die in der Provinz tätigen Unternehmen bevorzugen ihren Hauptsitz in Zagreb.

tien die unternehmerische Aktivität, die KMU-Dichte, sowie der Beitrag zum BIP mit unter 50 Prozent relativ gering. Trotz eines Anteils von etwa 53 Prozent an der Gesamtbeschäftigung tragen KMU lediglich 28 Prozent zum Export des Landes bei (Tabelle). Verantwortlich für die relativ geringe unternehmerische Aktivität sind neben einem erschwerten Zugang zu Kapital auch administrative Hürden sowie ein verbesserungswürdiges Investitionsklima.

KMU in Kroatien

Anteil an... (in %)	Mikro- und Klein- unternehmen (bis 50 Beschäftigte)	Mittlere Unternehmen (51-250)	Große Unternehmen (>250)
BIP	30.4	17.3	52.3
Beschäftigung	32.7	20.8	46.5
Export	13.4	14.2	72.4

Quelle: Croatian Chamber of Commerce, 2005

Für ein investitionsfreundliches Umfeld bedarf es entschlossener Maßnahmen auf allen Ebenen der Staatsverwaltung, insbesondere bedarf es eines integren Verwaltungsapparates, denn sinnvolle Maßnahmen auf nationaler Ebene können durch Widerstand auf regionaler oder kommunaler Ebene konterkariert werden. Bürokratische Hindernisse und rechtliche Vorschriften der Verwaltungsstrukturen können die Gründung neuer Firmen erschweren und ebenso investitionsfeindlich sein wie unzureichendes Kapitalangebot. Die größten Hindernisse auf dem Weg zu einem dynamischen Unternehmertum und einem besseren Investitionsklima sind nach einer Umfrage unter mittelständigen Unternehmen nach wie vor langwierige Genehmigungs- und Zulassungsverfahren, mangelnde Rechtssicherheit, Probleme bei der Rechtsdurchsetzung und Korruption.[245]

Obwohl die Reformen im Bereich der öffentlichen Verwaltung insgesamt weniger dynamisch verliefen, gab es erste Fortschritte bei der Korruptionsbe-

[245] Grupe, C./Kušić, S.: Innovative Entrepreneurship in Croatia. Is There a Market for Venture Capital?, Baden-Baden 2005.

kämpfung und Verbesserung der institutionellen Rahmenbedingungen.[246] Als erfolgreiche Reformmaßnahmen der letzten ein bis zwei Jahre können die Einführung von HITRO und die Aktualisierung der Grundbücher, insbesondere die Einführung des virtuellen „e-Kataster" verbucht werden. Sie sind wichtige Schritte auf dem Weg, Licht in das institutionelle Dickicht zu bringen. Da die Grundbücher in Kroatien seit Jahrzehnten nur unzureichend geführt wurden, war die Gefahr des Totalverlustes beim Immobilienerwerb groß, insbesondere da man nicht sicher sein konnte, das Grundstück auch vom aktuellen und rechtmäßigen Eigentümer erworben zu haben. Die Folge waren lange Rechtsstreitigkeiten mit oftmals ungewissem Ausgang. Die längst überfälligen Maßnahmen tragen so wesentlich zur Reduzierung der Unsicherheit beim Erwerb von Grundstücken und Immobilien bei und somit insgesamt zur Verbesserung des Investitionsklimas.

In diese Richtung zielt auch die Einführung des One-Stop-Shops HITRO als Anlaufstelle für Unternehmensneugründungen, der die Genehmigungsdauer von Anträgen verkürt und die Behördengänge verringert. Man verspricht sich dadurch eine positive Wirkung auf die Entwicklung des Unternehmertums, das Zurückdrängen der ausufernden Bürokratie und gleichzeitig einen positiven Beitrag zur Bekämpfung der Korruption in der Verwaltung. Bei Gesprächen mit in- und ausländischen Unternehmern im Zuge verschiedener Studien waren es regelmäßig diese Punkte, die als Investitionshemmnisse in Kroatien angeführt wurden. Die richtigen Signale zur Ankurbelung der unternehmerischen Tätigkeit ist auch dringend notwendig, hielt sich doch bislang die Entwicklung des Unternehmertums im Vergleich mit benachbarten Transformationsländern in Grenzen.[247] Im Bereich Rechtsprechung allerdings verbleibt trotz einiger Fortschritte einiges an Arbeit, wie die weiterhin langen Behandlungszeiten von Rechtsfällen aufzeigen. In diesem Sinn können die notwendigen Anpassungen im Zuge der EU-Beitrittsverhandlungen zum Motor für die Beseitigung bestehender ökonomischer und institutioneller Hemmnisse werden.

---

[246] Das verstärkte Vorgehen gegenüber der Korruption auf höchster Ebene im Lande, etwa die Aufdeckung der Bestechungsaffäre beim HFP (kroatischer Privatisierungsfonds) 2007 und die enge Zusammenarbeit zwischen der anti-Korruptionseinheit (USKOK) und verschiedener Behörden wurde auch von Seiten der Europäischen Kommission positiv beurteilt.

[247] Vieles deutet – trotz eines konsolidierten Bankensektors - auf eine Unterversorgung von Kapital hin, insbesondere für kleine und mittelständige Unternehmen. Siehe dazu Grupe, C./Kušić, S.: Innovative Entrepreneurship in Croatia. Is There a Market for Venture Capital?, Baden-Baden 2005.

Wirtschaftspolitische Vorgaben

Relativ unbeachtet von der Öffentlichkeit wurde im Mai vergangenen Jahres von der Regierung ein Strategiepapier präsentiert, welches die Richtung der wirtschaftlichen Entwicklung bis 2013 vorgibt. Neben der bekannten Elemente der kroatischen Wirtschaftspolitik wie makroökonomische Stabilität, strukturelle Reformen, Erhöhung der Beschäftigung, Stärkung der Wettbewerbsfähigkeit kroatischer Exporte und Verbesserung des Investitionsklimas, enthält das Papier im Vergleich zu den bisherigen Dokumenten auch Neues. Es zielt stärker als bislang auf die soziale Gerechtigkeit ab und definiert einige Felder, bei denen der Staat größeres Engagement als bislang zeigen soll. Während der Schwerpunkt der erster Hälfte des Mandats von Ivo Sanader insbesondere auf außenpolitischem Feld lag, insbesondere um die Annäherung Kroatiens an die EU, der Überwindung der Hindernisse (causa Gotovina) und der Eröffnung der EU-Beitrittsverhandlungen, soll nun die Innenpolitik an Gewicht gewinnen und dabei insbesondere die Frage der wirtschaftlichen Wettbewerbsfähigkeit. Als Ziel wird bis 2013 ein durchschnittliches Wachstum von 6 Prozent angegeben, wobei 5 Prozent in den kommenden 2 bis 3 Jahren anvisiert sind und nach erfolgter EU-Integration mit einem Wachstum um 7 Prozent gerechnet wird. Mittelfristig soll das BIP pro Kopf von derzeit etwa 52 Prozent des EU-Durchschnitts auf 75 angehoben werden. Gleichzeitig soll nach erfolgter EU-Integration die Arbeitslosigkeit auf unter 10 Prozent sinken. Als vorrangiges Ziel wird die Verlangsamung der Außenverschuldung und Verringerung der Armut genannt. Ein anderer Aspekt betrifft den Unternehmenssektor, wobei im Papier eine größere soziale Verantwortung der Unternehmer eingefordert wird. Auf einen kurzen Nenner gebracht kann man die Ausrichtung folgendermaßen umschreiben: stärkere Abgrenzung von den Überbleibseln des Kommunismus ohne in den ungezügelten Kapitalismus abzugleiten.[248]

---

[248] www.vlada.hr (09.07.2006)

6. Perspektiven

Seit Anfang der 90er Jahre war in verschiedenen Artikeln gelegentlich von der Rückkehr der ost-, mittel- und südosteuropäischen Transformationsländer nach Europa zu lesen. So gut sich diese „Rückkehr" für eine Überschrift einer Abhandlung oder eines Zeitungsartikels auch eignet um Aufmerksamkeit zu erwecken und um auf einen bestimmten historischen Prozess hinzudeuten, so irreführend ist sie auch, denn die Polen, Ungarn, Slowenen oder etwa die Slowaken haben Europa niemals verlassen. Sie haben sich niemals vom alten Kontinent verabschiedet, ebenso wenig wie die Kroaten. Vielmehr ermöglichte der Niedergang des Kommunismus, der Zerfall der Sowjetunion und des ehemaligen Jugoslawiens den ehemals sozialistischen Ländern und den einzelnen Völkern im Rahmen der Transformation zu Demokratie und Marktwirtschaft eine Annäherung an die EU, es handelte sich also um eine Rückkehr in den Kreis der europäischen (Staaten-)Familie, von der man aufgrund der politischen Entwicklung nach Ende des Zweiten Weltkriegs über Jahrzehnte durch den eisernen Vorhang getrennt war. Und auch wenn Kroatien als Teilrepublik des blockfreien sozialistischen Jugoslawiens durch die durchlässigeren Grenzen nicht völlig abgeschottet war, so war man doch von den Entwicklungen und Strukturen des demokratischen Europas und der Europäischen Gemeinschaft getrennt. Für die Kroaten ist es daher heute von enormer Bedeutung, nicht nur zu Europa – was selbstverständlich ist - sondern auch zur Europäischen Union zu gehören.

Alternativen dazu gibt es eigentlich nicht, es sei denn, das Land sähe seine Zukunft in einer Gemeinschaft zu der möglicherweise - auf längere Zeit – neben einigen Ländern des Westbalkans auch Moldawien, die Ukraine und andere Staaten ohne konkrete EU-Beitrittsperspektive angehören könnten. Zwar könnte Kroatien in dieser Runde wirtschaftlich durchaus wettbewerbsfähig sein und insofern eine Vorreiterrolle spielen, was aber würde es dem Land tatsächlich nützen? Würde der Aufholprozess anhalten, zumal man sich unweigerlich von der europäischen Staatenfamilie und gleichermaßen vom Wettbewerbsdruck und den damit verbundenen Impulsen zur Modernisierung verabschieden würde? Könnte man überhaupt als kleines Land alleine – außerhalb des gemeinsamen EU-Binnenmarktes - die Herausforderungen der Globalisierung bewältigen? Hätte es sich überhaupt gelohnt den ungeliebten Staatenbund auf dem Balkan zu verlassen, zumal unter den tragischen Umständen, wenn man nicht wie vorgesehen nach langer Odyssey schließlich in *EU*ropa ankommt?

Auch wenn sich in Kroatien verschiedene Gruppierungen auf der politischen Bühne gelegentlich Gehör verschaffen, um die Bürger von den Vorteilen einer Nicht-Mitgliedschaft zu überzeugen, so ist die Mehrheit - völlig zurecht - fest davon überzeugt, dass Kroatiens Platz aus wirtschaftlichen, politischen und geostrategischen Gründen nur innerhalb der Europäischen Union sein kann. Ähnlich gestaltet sich im Übrigen auch die Frage einer Nato-Zugehörigkeit, wenn auch die Antwort in diesem Fall weniger eindeutig ausfällt.

Wenn sich also die Frage nach der Zugehörigkeit Kroatiens zu EU nicht stellt, bzw. nicht stellen sollte, so kann es durchaus interessant sein danach zu fragen, welche Perspektiven sich für das Land nach einer erfolgten Integration in die Europäische Union ergeben? Welche Vorteile ergeben sich daraus und wie lassen sich insbesondere all jene Erwartungen erfüllen, die die Kroaten mehrheitlich mit einer EU-Integration verbinden? Interessant aber ist auch eine andere Frage: Was erwartet die Europäische Union von Kroatien als künftigem Mitglied? Was kann Kroatien, neben der kulturellen Bereicherung der Union, im Sinne der *Vielfalt in der Einheit*, in die EU einbringen, oder: welchen Vorteil hat die Union bzw. die einzelnen EU-Mitglieder von Kroatien als neues EU-Mitglied? Diese Frage ist durchaus berechtigt, denn die europäische Staatenfamilie - als freiwilliger Zusammenschluss einzelner Staaten - ist in erster Linie eine Interessensgemeinschaft, die nur dann funktioniert, wenn alle einzelnen Mitglieder besser gestellt werden als sie es ohne EU-Mitgliedschaft wären. Die Zukunft der EU ist heute mehr denn je offen, und so hängt die weitere Entwicklung der Staatengemeinschaft wie auch die endgültige Silhouette der EU von der Interessenlage der einzelnen Mitglieder ab; somit auch das Schicksal Kroatiens.

Kroatien und *EU*ropa

Kroatien hat sich seit dem Zusammenbruch des alten Systems viel Zeit gelassen, wenn es darum ging, mit der Transformation in Richtung Marktwirtschaft und Demokratie auch direkten Kurs auf *EU*ropa zu nehmen. Kroatiens Weg in Richtung EU war daher - wie an verschiedenen Stellen bereits verdeutlicht wurde – alles andere als gradlinig verlaufen und die Gründe dafür waren unterschiedlicher Art. Neben dem Krieg im Lande und eigenen Versäumnissen haben gelegentliches Misstrauen und mitunter auch Missverständnisse zwischen Brüssel und Zagreb dazu beigetragen, dass die Kommunikation zwischen beiden Seiten lange Zeit gestört blieb oder gelegentlich gar auf „Eis“

lag.[249] Die causa Gotovina mag etwa ein gutes Beispiel für mangelndes Vertrauen von Seiten der EU sein, ebenso wie das überaus starke Beharren der kroatischen Seite, den Annäherungsprozess an die EU auf Grundlage der eigenen Fortschritte beurteilt zu wissen. Obwohl dieses sogenannte *Regatta-Prinzip*, zumindest in offiziellen Stellungsnahmen der Europäischen Kommission und des Europäischen Parlaments, nie in Frage gestellt wurde, war es unter der Überschrift Regatta versus Konvoi in kroatischen Medien immer wieder Gegenstand heftiger Debatten.[250] Dahinter stand die Befürchtung - genährt durch gelegentliche Äußerungen der verantwortlichen Akteure einzelner EU-Mitgliedsstaaten - nur zusammen im Paket mit den übrigen südosteuropäischen Ländern der EU beitreten zu können.[251] Da die meisten dieser Staaten allerdings wirtschaftlich, politisch und institutionell nach wie vor große Probleme haben und dementsprechend weit entfernt von einer EU-Mitgliedschaft sind, hätte dies letztendlich Kroatien in einen Warteraum versetzt und das kroatische Projekt „EU-Integration" zu einem Spiel mit einer großen Unbekannten verwandelt.[252]

Dass die Befürchtungen in Zagreb nicht ganz unbegründet waren, und dass die sechsmonatige Verschiebung der Aufnahme von EU-Beitrittsverhandlungen für das Land alles andere als vorteilhaft war, zeigen die jüngsten Entwicklungen innerhalb der EU. Seit dem Frühling 2005, d.h. nach den gescheiterten Referenden zur EU-Verfassung in Frankreich und den Niederlanden, zeigen

---

[249] Nach Paić sahen sich die Kroaten über mehrere Jahrhunderte als Bollwerk Europas und seit Anfang der 1990er Jahre als Verteidiger Europas gegen Kommunismus, Orthodoxie und Islam. Entsprechend selbstverständlich sahen sie ihren Platz innerhalb der EU, vor allen Nachbarn in Südosteuropa. Hier allerdings lag das Missverständnis in den Beziehungen zwischen Brüssel und Zagreb, denn die EU betrachtete Kroatien nicht als europäische Grenze, als Bollwerk gegen, sondern eher als Brücke zu den südöstlichen Nachbarn und künftigen EU-Mitgliedern. Dies erforderte in den 90er Jahren demnach einen schmerzhaften Umdenkungsprozess. Paić, Hrvoje: Kroatien – das Bollwerk Europas?, in: Südosteuropäischer Dialog: Balkan diskurs #3 – Kroatien und die EU, Jg. 4, Heft 5, 2005.

[250] Auf dem EU-Gipfel in Thessaloniki im Juni 2003 wurde den Ländern des Westbalkans die Perspektive der künftigen EU-Mitgliedschaft bestätigt. Diese Länder müssen jedoch neben den politischen, wirtschaftlichen und institutionellen Kopenhagener Kriterien des Jahres 1993, zusätzlich auch die spezifischen Kriterien des SAP erfüllen, d.h. uneingeschränkte Zusammenarbeit mit dem ICTY sowie die Beachtung der allgemeinen Menschen- und Minderheitenrechte und klare Bereitschaft zur regionalen Kooperation. Im Unterschied zur Big-Bang Erweiterung der MOEL soll die künftige EU-Erweiterung nach dem Regatta-Prinzip erfolgen, um Anreize zu Wettbewerbsverhalten zu geben, indem die jeweiligen Fortschritte einzelner Staaten beurteilt werden. Altmann, F.-L.: EU und Westlicher Balkan. Eine schwierige Verlobung, in: Südosteuropa, Jg. 53, Nr. 2, 2005.

[251] Meier, Viktor: Jugoslawiens Erben, München 2001, S. 21.

[252] Kušić, S. und Grupe, C.: Scrutinising EU Policy: Does Intra-Regional Cooperation in the Western Balkans Contribute to Economic Progress?, in: The Western Balkans an their Way to the EU?, (Hrsg.) Kušić/Grupe, Frankfurt 2007, S. 121- 156.

sämtliche Umfrageergebnisse des Eurobarometers eine überaus geringe Bereitschaft der EU-Bürger, neue Mitglieder in ihrem Club zu begrüßen. Vielfach wird im Europäischen Parlament, in den einzelnen nationalen Parlamenten von Krise gesprochen, von der Gefahr einer Überdehnung der Union, von der Schwerfälligkeit und den institutionellen Schwierigkeiten.[253] Verstärkt rückt die Frage der Aufnahmefähigkeit in den Vordergrund, so dass die gesamte Erweiterungsdynamik auf dem Prüfstand steht. Nicht wenige EU-Politiker unterschiedlicher politischer Couleur mahnen seitdem eine ausgedehnte Phase der „Verdauung" oder Konsolidierung an, mit anderen Worten: die EU soll sich nach der „big-bang" Osterweiterung eine Ruhephase verordnen und künftige Erweiterungen, nicht zuletzt mit Blick auf den Beitrittskandidaten Türkei, auf die lange Bank schieben. Dementsprechend fand sich weder in der EU-Gipfelerklärung vom Juni 2005 noch in der Deklaration zum 50-Jährigen Jubiläum der Römischen Verträge vom März 2007 die explizite Erwähnung weiterer Erweiterungen noch gar konkreter Termine.

Es zeichnet sich immer weiter ab, dass Kroatien mit Aufnahme der Beitrittsverhandlungen im Herbst 2005 möglicherweise auf den vorläufig letzten Zug in Richtung EU ausgesprungen ist, während sich weitere Beitrittsinteressierte auf absehbare Zeit eher mit Gesprächen über verschiedene Formen und Intensitäten von Partnerschaften begnügen werden müssen. Dass auch der Beitrittskandidat Türkei davon grundsätzlich nicht ausgenommen ist, belegen die mitunter angespannten Beziehungen zwischen Brüssel und Ankara auch nach erfolgter Aufnahme von Beitrittsverhandlungen, die sich nicht selten in Enttäuschung, dem Schwinden der Hoffnung auf endgültige Mitgliedschaft und Erlahmung des Reformeifers auf türkischer Seite widerspiegeln. Neben der Zypernfrage treten immer wieder neue Problemfelder zu Tage, so etwa die Forderung nach Annerkennung des Völkermordes an den Armeniern oder die jüngsten Ereignisse im Vorfeld der türkischen Präsidentschaftswahlen und die Tendenz der Rückkehr zu autoritärer Politik, die den Annäherungsprozess erschweren und die Beziehungen belasten, so dass der Ausgang der Beitrittsverhandlungen letztendlich ein offener bleibt.[254]

Auch wenn für Kroatien inzwischen eine EU-Mitgliedschaft bedeutend näher gerückt ist, bedeutet dies zugleich, dass der Ausgang der begonnenen Verhandlungen auch zwischen Brüssel und Zagreb jederzeit von unerwarteten Ereignissen und Szenarien auf beiden Seiten beeinflusst werden kann, so etwa

---

[253] Bericht des Europäischen Parlaments (Ausschuss für auswärtige Angelegenheiten (A6-0025/2006): Das Strategiepapier 2005 der Kommission zur Erweiterung (2005/2206(INI) und die Aussprache vom 15.03.2005.

[254] Seufert, Günther: Türkei, in: Jahrbuch der Europäischen Integration 2006, (Hrsg.) Weidenfeld und Wessels, Baden-Baden 2007, S. 453-455.

durch erhöhte Anforderungen, Nebenbedingungen oder Sonderforderungen einzelner Mitgliedsstaaten. Dafür sorgt nicht zuletzt die neue Klausel, eingeführt nach den Erfahrungen mit zuletzt abgeschlossenen Beitrittsverhandlungen, dass die Verhandlungen mit den beitrittswilligen Ländern „ergebnisoffen" geführt werden, d.h. am Ende der Beitrittsverhandlungen nicht zwingend die Vollmitgliedschaft stehen muss. Zum anderen schwebt über dem gesamten Verhandlungsprozess nach wie vor die Frage der Aufnahmekapazität, der institutionellen wie der finanziellen. Die schwierigen Verhandlungen über die Finanzplanung der EU für die Jahre 2007-13 mögen dafür ein beleg sein. Gleichzeitig nimmt die Zahl derer kontinuierlich zu, die den bisherigen institutionellen Rahmen einer EU-27 für ausgereizt bzw. überreizt ansehen. Wie groß aber ist die Bereitschaft der einzelnen Mitgliedsstaaten zu institutionellen Neuerungen der EU, zur Reform der Entscheidungsverfahren, um auch über die Zahl von 27 Mitgliedern hinaus entscheidungs- und handlungsfähig zu sein? Zumal sich damit eine bequeme Möglichkeit eröffnet, weitere Beitrittsaspiranten ohne konkrete Begründung eine gewisse Zeit vor den Toren der EU halten zu können. Gibt es möglicherweise auch ohne einen Verfassungsvertrag doch die Bereitschaft zu Kompromisslösungen, oder nach Weidenfeld einen „Vertrag zum Vertrag von Nizza"?[255] Möglicherweise gelingt unter deutscher Ratspräsidentschaft im ersten Halbjahr 2007 doch ein Durchbruch, der die EU aus der Agonie der letzten ein bis zwei Jahre befreit und der Europäischen Staatengemeinschaft den notwendigen institutionellen Rahmen für die anstehende Vertiefung und Erweiterung gibt.

Unabhängig von der Reformbereitschaft innerhalb der EU wird für den Beitrittskandidaten Kroatien mit Blick auf den Fahrplan in Richtung Europäische Union eines umso deutlicher: mit jeder Erweiterungsrunde wurden und werden die Aufnahmekriterien der europäischen Staatenfamilie anspruchsvoller, und somit auch die Hürden einer Vollmitgliedschaft höher. Gleichzeitig ist zu beobachten, dass sich die Transferzahlungen im Rahmen verschiedener Programme und EU-Fonds (z.B. Strukturpolitik) immer bescheidener ausnahmen, je später ein Beitritt zur EU erfolgte. Dies wird umso deutlicher, wenn man die Transferleistungen an die Mitglieder früherer Erweiterungsrunden wie etwa Spanien mit denen späterer Runden vergleicht und auch die Mittel berücksichtigt, mit denen künftige Kandidaten - beispielsweise die Türkei - im Falle eines Beitritts rechnen können.[256] Will man den Annäherungsprozess Kroatiens in

---

[255] Weidenfeld, Werner: Die Bilanz der Europäischen Union 2006, in: Jahrbuch der Europäischen Integration 2006, (Hrsg.) Weidenfeld und Wessels, Baden-Baden 2007, S. 24.

[256] So mag es durchaus paradox anmuten, dass die am wenigsten entwickelten europäischen Staaten im Verlauf der Beitrittsverhandlungen die höchsten Hürden zu nehmen haben, um Vollmitglied der EU zu werden. Es bleibt überaus fraglich, ob ein solcher Ansatz geeignet ist, die Nachzügler bei dem dringend benötigten Aufholprozess zu unterstützen und sie insgesamt auf einen Pfad hin

Richtung EU rückblickend auf einen Nenner bringen, so mag „besser spät als nie“ durchaus treffend sein. Dennoch sollte man nicht aus den Augen verlieren, dass sich der spät eingeleitete Annäherungsprozess sowohl auf den Transformationsprozess als auch insgesamt auf die wirtschaftliche Entwicklung des Landes negativ ausgewirkt hat.

Wie schnell Kroatien der Beitritt zur EU schließlich gelingt, hängt inzwischen neben der Erfüllung der politischen und wirtschaftlichen Kriterien sowie der Übernahme des Besitzstandes auch davon ab, wie kooperationsbereit es sich innerhalb der Region zeigt, d.h. im Rahmen des Regionalansatzes der Europäischen Union für den Westbalkan.[257] Dabei geht es neben dem Abschluss bilateraler Freihandelsabkommen insbesondere um konstruktive Zusammenarbeit in all jenen Problembreichen, die nur länderübergreifend gelöst werden können, beispielsweise auf dem Feld der Infrastruktur, des Umweltschutzes, der internationalen Verkehrskorridore und insbesondere der Energiepolitik.

Regionale Kooperation – warum?

Der heutige regionale Ansatz der EU mit Blick auf den Westbalkan unterscheidet sich vom Grundsatz her nicht wesentlich von der Idee, die nach dem Zweiten Weltkrieg zur Gründung der Kohle- und Stahlunion führte: Ohne Stahl und Kohle gab es keine Rüstung und ohne Rüstung keinen Krieg. Durch die Zusammenlegung der französischen und deutschen Kohle- und Stahlproduktion sollten die beiden Kontrahenten und ehemalige Kriegsgegner Deutschland und Frankreich an einem Tisch zusammengebracht werden und über eine gemeinsame wirtschaftliche Zielsetzungen zur nachhaltigen Befriedung auf dem Kontinent beitragen. Fünf Jahre später wurde daraus die EWG, die Montan-Union gilt daher als erste Etappe auf dem Weg zur Einigung Europas. Zusammenarbeit auf wirtschaftlicher Ebene und gemeinsame wirtschaftliche Ziele und Interessen sind nach wie vor geeignete Maßnahmen um Vorurteile und Misstrauen zu umgehen, die nach Konflikten und kriegerischen Auseinandersetzungen bestehen. In diesem Zusammenhang ist auch die von Seiten der EU geforderte Bereitschaft zur regionalen Kooperation zu verstehen, die den einzelnen Vertretern Westbalkans im Rahmen einer konditionierten Politik -

---

zu Stabilität und Wachstum zu bringen. Bislang hat sich nämlich gezeigt, das sämtliche Erfolge in der Region mit der Option einer späteren Mitgliedschaft verbunden waren. Fehlt eine solche Option, läuft Brüssel Gefahr damit einen wichtigen Hebel bei der Stabilisierung und Befriedung der gesamten Region zu verlieren.

[257] Altmann, Franz-Lothar: EU und Westlicher Balkan. Eine schwierige Verlobung, in: Südosteuropa, Jg. 53, Nr. 2, 2005, S. 185-212.

SAA und Stabilitätspakt - auferlegt wurde; Regionale Kooperation gewissermaßen als Katalysator zur Befriedung und Stabilisierung der gesamten Region.

Neben der Tatsache, dass regionale Kooperation und wirtschaftliche Integration mit den ehemaligen Nachbarrepubliken der SFRJ, d.h. Bosnien-Herzegowina, Mazedonien, Serbien und Montenegro, ausdrücklich im Stabilisierungs- und Assoziierungsabkommen (SAA) vorgesehen und gleichzeitig Vorbedingung einer EU-Integration ist, sollte Kroatien darüber hinaus an der engeren Zusammenarbeit mit seinen südöstlichen Nachbarn interessiert sein, und zwar aus folgenden Gründen: Zum einen kann nur durch wirtschaftlichen Aufschwung und eine langfristige EU-Perspektive für die gesamte Region eine Stabilisierung des westlichen Balkans gesichert werden, was nicht zuletzt auch Kroatien zu Gute kommt. Obwohl in den letzten Jahren die ethnischen Spannungen und Konflikte an Brisanz verloren haben, birgt die Region weiterhin manches Konflikt- und Unsicherheitspotenzial, und dass die Konfliktherde der südlichen Nachbarn - wenn sie erst ausbrechen – auch die eigene Wirtschaft bzw. Tourismusbranche in Mitleidenschaft ziehen können, musste Kroatien bereits während der 90er Jahre schmerzhaft erfahren. Eine stabile Nachbarschaft, wirtschaftlich wie politisch, mit einer EU-Beitrittsperspektive insbesondere für die direkten Nachbarn BiH und Serbien wäre auch im Bezug auf die Sicherung der EU-Außengrenzen vorteilhaft, da andernfalls Kroatien die äußeren EU-Grenzen gegenüber den südosteuropäischen Nachbarn langfristig absichern müsste. Dies wäre insbesondere mit Blick auf die Länge und Beschaffenheit der Grenzregion zu Bosnien-Herzegowina nicht nur außerordentlich kostspielig, sondern würde darüber hinaus langfristig Ressourcen binden und das Land unmittelbar möglichen Flüchtlingsströmen aus dem Südosten aussetzen. Nicht zuletzt aus dieser Überlegung waren und sind Länder wie Ungarn und Slowenien an einer raschen EU-Mitgliedschaft Kroatiens interessiert, da sie dadurch diese undankbare Aufgabe weiterreichen können: man ist nicht gerne Außenposten der EU.

Zum anderen ergeben sich im Rahmen der wirtschaftlichen Integration für Kroatien – als das wirtschaftlich stärkste Land der Region - Vorteile im Handel mit den südlichen Nachbarn. Seit Zerfall der SFRJ spielt die Region mit einem Anteil von etwa 25 Prozent der kroatischen Gesamtausfuhren inzwischen wieder eine bedeutende Rolle, liegt allerdings immer noch deutlich unter dem Niveau der 1980er Jahre. Für eine mögliche Ausweitung des Handelsvolumens innerhalb einer gemeinsamen Handelszone in Südosteuropa spricht die Tatsache, dass es sich größtenteils um alte und bekannte Märkte handelt, die von kroatischen Unternehmen nicht erst neu erobert werden müssen, und im Vergleich zu westlichen Märkten weitaus weniger anspruchsvoll sind. Bereits heute verzeichnet Kroatien auf diesen Märkten einen positiven Handelsbilanzsaldo und im Rahmen einer gemeinsamen Freihandelszone wird eine weitere Zunahme des Handelsvolumens erwartet.[258] Als Ersatz für die Integration in den europäischen Binnenmarkt eignet sich eine *Süd-süd* Integration jedoch nicht, insbesondere weil aufgrund des geringeren Anpassungsdrucks für die kroatischen Industrie die Gefahr besteht, notwendige Restrukturierungs- und Modernisierungsmaßnahmen aufzuschieben und damit das Ziel - Steigerung der Wettbewerbsfähigkeit - aus den Augen zu verlieren.[259]

Braucht Kroatien die EU?

Gerade erst hat Kroatien mit den Verhandlungen zur EU-Mitgliedschaft begonnen, schon wird im Land darüber debattiert, welche Vorteile sich mit einer Mitgliedschaft in der EU für Kroatien ergeben und ob man die EU überhaupt braucht? Und wenn ja, in welche Richtung sollte sich die EU künftig entwickeln? Dies ist kein typisch kroatisches Phänomen, auch die Polen, Tschechen und Ungarn haben ähnliche Erfahrungen gemacht. Die kritischen Ansichten über die EU und eine Mitgliedschaft in derselben kamen in diesen Ländern jeweils erst auf, nachdem die größten Hürden genommen waren und der Fahrplan zur Aufnahme in de EU festgeschrieben war. Als es unmissverständlich klar war, dass man demnächst zum „Club" gehören wird, wurde über die Satzung des Clubs diskutiert. Durchaus verständlich und nachvollziehbar. Auch in Kroatien ist eine ähnliche Entwicklung festzustellen, allerdings mit dem kleinen Unterschied, dass man hier die Debatier-Phase vorverlegt hat: Kroatien befindet sich zunächst lediglich in einem ergebnisoffenen Verhandlungsprozess, ohne festen Termin in der Tasche. Dies aber hindert die Kroaten nicht, schon jetzt Demokratiedefizite innerhalb der EU zu beklagen und darüber zu streiten, wer von wem eigentlich mehr zu lernen hat, ob die eigene Identität und Kultur nicht unter die Räder gerät und ob man den institutionellen Rahmen der EU oder den Besitzstand stillschweigend übernehmen oder eher durch „eigene" Inhalte bereichern soll. Diese Debatten werden überwiegend in kleineren intellektuellen Kreisen geführt, dennoch sind sie nicht ganz uninteressant.[260] Möglicherweise schwingt bei diesen Debatten die bekannte Phrase mit, dass man zu demjenigen Club, der einen aufzunehmen bereit ist, nicht dazugehören möchte. Jetzt, da die größeren Hürden mit Aufnahme der Beitrittsver-

---

[258] Wie aus verschiedenen Studien hervorgeht, liegt insbesondere im Handel mit Serbien und Montenegro noch Steigerungspotenzial. Siehe dazu WIIW, unter http://www.wiiw.ac.at/balkan/

[259] Grupe, C./Kušić, S.: Intra-regional cooperation in the Western Balkans: Under which conditions does it foster economic progress?, in: LSE - Discussion Paper No. 37 - Centre for the Study of Global Governance, London School of Economics and Political Science, London 2005.

[260] U kakvu europsku uniju želimo? U potrazi za razlozima demokratskog defizita (EU I RH), Fondacija Heinrich Böll (Hrsg.), Zagreb 2006.

handlungen beseitigt wurden, treten erst die Begleitumstände und mögliche Nebenwirkungen einer EU-Mitgliedschaft zutage, wie etwa der (Teil-)Verlust an staatlicher Souveränität.

Bei all den Diskussionen über das Für und Wider wird aber häufig vergessen, dass sich der mit einer EU-Mitgliedschaft verbundene und notwendige Souveränitätstransfer an Brüssel sowie die Mitgliedschaft in der Union bislang für alle EU-Mitglieder auf die eine oder andere Weise auszahlt - nicht nur für den langjährigen Exportweltmeister Deutschland, das den enormen Wirtschaftsaufschwung seit den 50er Jahren nicht zuletzt der Europäischen Gemeinschaft verdankt, sondern auch für die kleineren Mitgliedsländer. Besonders augenfällig ist die Erfolgsgeschichte einiger Länder nach ihrem Beitritt zur Europäischen Gemeinschaft, wie etwa die Beispiele Spaniens oder Irlands eindrucksvoll belegen. Im umgekehrten Fall, d.h. ohne einen Mehrwert der Mitgliedschaft, wäre es höchst unwahrscheinlich, dass die EU bis heute eine so große Anziehungskraft hätte entfalten können und inzwischen, nach Aufnahme von Bulgarien und Rumänien, auf 27 Länder angewachsen ist. Denn der Zusammenschluss zur europäischen Staatenfamilie und die EU-Mitgliedschaft beruht auf freiwilliger Basis, der einen möglichen Austritt aus dem Club zwar nicht explizit regelt, aber auch nicht ausschließt. Die freiwillige Mitgliedschaft im Club ist im übrigen auch ein wesentlicher Unterschied etwa zum ehemaligen Jugoslawien - eine Parallele die nicht selten in den kroatischen Debatten um die anstehende EU-Integration gezogen wird und dementsprechend einen gewisse Reserviertheit gegenüber neuen Assoziationen reflektiert – da die Mitgliedschaft in der Föderativen Sozialistischen Republik Jugoslawien nicht für alle Nationen oder Völker auf freiwilliger Basis beruhte und auch der Austritt aus dieser sich alles andere als einfach und schmerzlos erwies, wie die Ereignisse der 90er Jahre eindrucksvoll belegen.

Und so lässt sich die oben aufgeworfene Frage recht einfach beantworten: Kroatien braucht die EU! Weil für viele Veränderungen im Lande bislang die EU der wichtigste Anker war, weil die Reformen der letzten Jahre in engem Zusammenhang mit der Aussicht auf EU-Mitgliedschaft standen und weil der Beginn der Verhandlungen die Kroaten zusätzlich zwingt, sich notwendigen Veränderungen auch in Bereichen unterzuordnen, die nicht gleich sichtbar werden und unmittelbar Früchte tragen. Kroatien braucht die EU, weil die Reformbilanz der verantwortlichen Akteure im Lande während der 1990er Jahre alles andere als beeindruckend war. Auch wenn für manche Entwicklungs- und Transformationsstaaten zweifellos zutrifft, dass „Reformen, die einem Land von außen aufgezwungen werden, oftmals nur halbherzig erfolgen und daher wenig Erfolg versprechend sind“ - wie Joseph Stiglitz formulierte[261] - so sind im Bezug auf Kroatiens bisherigen Transformationsprozess zumindest Zweifel angebracht. Etwa zehn Jahre lang hatte Kroatien bzw. seine politische Elite Zeit, relativ unbehelligt von der Außenwelt (und der EU), im Lande selbst die Wende zu Marktwirtschaft und Demokratie zu vollziehen, d.h. entsprechende Reformen von innen heraus durchzuführen. Der Zustand des Landes gegen Ende der 90er Jahre lässt allerdings vermuten, dass die Assistenz von Außen - in Gestalt der EU - und die (aufgezwungene) Notwendigkeit der Übernahme der Besitzstandes der EU im Zuge der EU-Integration zu besseren Ergebnissen für die wirtschaftliche wie gesellschaftliche Entwicklung des Landes führen können.[262] Dabei war und ist es nicht nur die finanzielle und technische Assistenz im Rahmen des SAP und der Heranführungsstrategie der EU, die zu der erfreulichen Entwicklung im Bereich der Konsolidierung der Demokratie, der institutionellen Veränderungen oder im Bereich der Wirtschaft seit 2000 beigetragen hat, sondern vielmehr die Rolle Brüssels als externer Akteur im Rahmen der konditionierten Politik.

Kroatien braucht die EU, um den begonnenen Transformationsprozess in Richtung Demokratie und Marktwirtschaft möglichst bald beenden zu können und die noch ausstehenden Reformen voranzubringen. Da es bei der Implementierung einzelner Reformen mitunter zu schmerzhaften Einschnitten in Besitzstände kommen kann, wird es für die Akzeptanz solcher Maßnahmen entscheidend auf den gesellschaftlichen Konsens und die Einsicht in die Notwendigkeit der Maßnahmen ankommen. Im Zuge der begonnenen Beitrittsverhandlungen werden es die verantwortlichen Akteuren im Lande dementsprechend leichter haben, die Notwendigkeit bestimmter Reformmaßnahmen zu begründen und die Implementierung politisch auch durchzusetzen, zumal sich sämtliche größere Parteien die EU-Mitgliedschaft auf ihre Fahnen geschrieben haben. Umgekehrt wird es den Bürgern möglich sein, erfolgreiche Transformationspolitik am Verlauf der EU-Beitrittsverhandlungen zu erkennen und ihre Regierung am Geleisteten zu beurteilen. Entscheidend wird es aber auch sein, inwieweit es der politischen Elite gelingt nach Außen hin zu kommunizieren, dass die Reformanstrengungen nicht nur für das ferne „Brüssel" oder die Eintrittskarte in

---

[261] Stiglitz, J.: Im Schatten der Globalisierung, Berlin 2002, S. 277.

[262] Bislang kam es in der kroatischen Gesellschaft häufig zu Verkrustungen in den Bereichen Politik und Wirtschaft, wobei die äußeren Umstande der 90er Jahre ein Aufbrechen dieser inneren Zirkel erschwert haben. In der Regel wurden die Köpfe je nach politischer Ausrichtung und Ausgang der Wahlen zwischen lukrativen Posten in der Wirtschaft und Positionen in den Schaltzentralen der Macht aufgeteilt, um anschließend bei einem Regierungswechsel den umgekehrten Weg einzuschlagen. Statt Erneuerung kam es so zu einer Zirkulation bekannter Ideen und Köpfe innerhalb eines geschlossenen Kreises. Die enge Verzahnung zwischen Wirtschaft und Politik wurde zusätzlich unterstützt und begünstigt durch die spezifische kroatische Privatisierungsstrategie der 1990er Jahre.

die EU unternommen werden müssen, sondern dass sie notwendig sind für den Abschluss der Transformation in Richtung Marktwirtschaft und Demokratie und dass sie gleichzeitig die Entwicklungsmöglichkeiten Kroatiens auf Jahre hinaus beeinflussen.[263] Die Reformbemühungen und die Übernahme des EU-Besitzstandes sollten daher im eigenen Interesse liegen, wenn es gilt die Modernisierung Kroatiens voranzutreiben um den Anforderungen einer zunehmend globalisierten Welt gerecht zu werden.

Mentale Transformation

Ein umfassender Wandel der Gesellschaftsform, wie er in Kroatien seit Anfang der 1990er Jahre stattfindet, betrifft nicht nur Ressourcen und Kapital, sondern erfordert auch einen Bewusstseinswandel der ganzen Gesellschaft. Dies beinhaltet zunächst die Akzeptanz dieses Wandels und schließlich auch die Einsicht, dass die Dinge nicht mehr so sind, wie bisher. Wie also steht es heute um die mentale Transformation in Kroatien? Wenn man heute das Land bereist, so stellt man fest, dass sich die Veränderungen im Zuge der Transformation sehr schnell im Stadtbild bemerkbar machen, insbesondere in der kroatischen Metropole. Wenn man sich hingegen die Mühe macht, hinter die Kulissen zu schauen, so lässt sich feststellen, dass die mentale Transformation noch nicht vollständig abgeschlossen ist und so mancher in alten Denk- und Verhaltensmustern verharrt. So kann es in Kroatien auch nach 17 Jahren seit Beginn der Transformation effizienter sein, sich weiterhin um gute Beziehungen im Verwandten- bzw. Bekanntenkreis zu bemühen, als sich auf den Wettbewerb und auf ein Spiel mit offenem Ausgang einzulassen, sei es bei der Arbeits- oder Studienplatzsuche, bei verschiedenen Behördengängen oder in Rahmen öffentlicher Ausschreibungen. Verhaltensweisen, die sich viele Kroaten im alten System zu Eigen gemacht haben und die das tägliche Leben jener Zeit erleichterten. War das Abstreifen des alten, ungeliebten Korsetts in Form des Sozialismus und des ehemaligen Jugoslawien seit Anfang der 90er Jahre noch relativ schnell vor sich gegangen, so vollzog sich die Übernahme des Neuen weitaus schwieriger: Verantwortungsbewusstsein, Risikobereitschaft und unternehmerische Initiative sind nur einige Merkmale dieser neuen Zeit. Über vier Jahrzehnte totalitärer Herrschaft und anschließend die schwierigen 90er Jahre haben ihre Spuren hinterlassen, Selbstständigkeit im Denken und Handeln

---

[263] Dazu ausführlicher in: Đukec, Z./Kušić, S./Radić, D.: Cost-benefit analiza integracije Hrvatske u Europsku uniju, in: Ekonomski pregled, Zagreb, 7-8/2003, S. 651-677.

konnte sich unter diesen Umständen nur allmählich herausbilden. Sie aber ist die Grundlage der bürgerlichen Gesellschaft.[264]

Eine insgesamt langsame mentale Transformation lässt sich in anderen ehemals sozialistischen Gesellschaften ebenfalls feststellen, auch in denjenigen Ländern, die inzwischen Mitglied der Europäischen Union geworden sind. Problematisch wird es für ein Land allerdings dann, wenn Teile der Elite, d.h. verantwortliche Akteure in Wirtschaft, Politik, Justiz und öffentlicher Verwaltung ihre alte Denk- und Verhaltensweise noch nicht abgelegt haben. Dieser Zustand ist durchaus typisch für Gesellschaften im Umbruch. Man könnte hier Douglass North und seine Theorie des institutionellen Wandels bemühen. Sie erklärt warum es unter bestimmten Verhältnissen zu einem auseinanderdriften formeller und informeller Institutionen kommen und welche Auswirkungen dies auf die Entwicklung einer Gesellschaft haben kann. Das Verharren ererbter Verhaltensmuster führt dann zu degenerativen Verhalten der einzelnen Akteure und kann sich in allen Bereichen der Gesellschaft bemerkbar machen: von der Politik über die Wirtschaft bis hin zu Wissenschaft, Kultur und nicht zuletzt Sport.[265]

Die Kluft zwischen formellen und informellen Institutionen ist in Kroatien nach wie vor zu groß und degeneratives Verhalten wie beispielsweise Korruption spielt in vielen gesellschaftlichen Bereichen weiterhin eine zu große Rolle, als dass die Transformation in Richtung einer modernen und offenen Gesellschaft vollzogen wäre; der Weg zum Ziel scheint noch lang zu sein. Eine Integration in die europäische Staatenfamilie erfordert jedoch diese Transformation der kroatischen Gesellschaft sowohl auf breiter Front als auch unter der Elite, in diesem Zusammenhang fungiert die EU gewissermaßen auch als Katalysator und ist somit von enormer Bedeutung für den Abschluss der Transformation.[266]

---

[264] „Die Abwendung vom Kollektiven, von kollektiven Denk- und Handlungsmustern und die Hinwendung zum Einzelnen, zum Individuum, (ist) die Bedingung der Möglichkeit zur Bildung einer Zivilgesellschaft." Ralf Dahrendorf.

[265] North, Douglass: Theorie des institutionellen Wandels, Tübingen 1988, dazu auch Mummert, Uwe: Informelle Institutionen in ökonomischen Transformationsprozesses, Baden-Baden 1995.

[266] Obwohl das Bewusstsein über das Ausmaß der Korruption in Kroatien lange vorhanden war, wie verschiedene Umfragen belegen, ist es zu nennenswerten Aktionen zur Bekämpfung dieses Phänomens erst im Zuge der Annäherung an die EU und insbesondere nach Aufnahme der Beitrittsverhandlungen gekommen. In letzter Zeit häufen sich Berichte über Korruptionsfälle insbesondere in der öffentlichen Verwaltung und es bleibt zu hoffen, dass die breite Bevölkerung dadurch für die gesellschaftlichen Auswirkungen dieser Verhaltensweise sensibilisiert wird.

Zustimmung zur EU oder Euroskeptizismus?

Die Zustimmung zur EU innerhalb der kroatischen Gesellschaft war Anfang der 1990er Jahre sicherlich stärker ausgeprägt als sie es heute ist. Der inzwischen vorhandene Euroskeptizismus hat mehrere Ursachen und ist entsprechend der Wertorientierung einzelner gesellschaftlicher Gruppen - die nicht notwendigerweise nach sozialen Aspekten determiniert sein müssen - unterschiedlich verteilt. Die Ursachen reichen über die Angst vor steigenden Preisen, Arbeitsplatzverlusten und einem verstärkten Wettbewerb nach erfolgter EU-Integration, über geringes Interesse an Geschehnissen außerhalb des eigenen Staatsgebietes bis hin zu einem generell geringen Vertrauen in staatliche Institutionen, Parteien und Politiker.[267] Unbestreitbar trägt auch die weit vorhandene Uninformiertheit über die Funktionsweise der EU, ihrer Institutionen und Organe, vor allem der Werte, auf die sich die Europäische Idee begründet, zu einer stark volatilen Zustimmung zur EU, trotz verschiedener Maßnahmen im Rahmen der gemeinsamen Informationskampagne der kroatischen Regierung und der EU.

Die unterschiedlich stark ausgeprägte Zustimmung zur EU hat nach Hrvoje Paić aber auch mit der jeweiligen Sichtweise der Kroaten auf Europa zu tun. Da ist zunächst eine positive Sichtweise: Europa als Wiege und Synonym für Zivilisation und als Paradigma für kulturelle und religiöse Superiorität, wobei sich die Kroaten gerne als Teil eines solchen Europas sehen. Auf der anderen Seite die negative Sichtweise: Europa als „zynischer, arroganter und bisweilen unfähiger Voyeur", ein „neo-kapitalistischer Besatzer", der das Land ausbeuten und sich aufgrund der finanziellen Übermacht die nationalen Perlen des Landes einverleiben will.[268] Welche der beiden - gelegentlich von einzelnen gesellschaftlichen Gruppen gerne instrumentalisierten - Sichtweisen gerade überwiegt, bestimmt demnach auch die Ergebnisse der jeweiligen Umfragen zur EU-Zustimmung.

In den letzten sechs Jahren wurde die Stimmung in der kroatischen Bevölkerung gegenüber der EU und insbesondere zur Frage der EU-Integration zweimal jährlich in landesweiten Umfragen erhoben. Dabei hat sich gezeigt, dass sich die Zustimmung der kroatischen Bürger zur EU seit dieser Zeit in einem Veränderungsprozess befindet, der einer Fahrt mit der Achterbahn ähnelt.

[267] Sekulić und Šporer kommen in ihrer Untersuchung zum Ergebnis, dass innerhalb der kroatischen Gesellschaft das Vertrauen am ehesten in die Armee, Kirche und Polizei vorhanden ist, am wenigsten dagegen in politische Parteien. Sekulić, D. und Šporer, Z.: Vrijednosne orijentacije i povjerenje u institutcije građana Hrvatske, in: u kakvu europsku uniju želimo?, Fondacija Heinrich Böll, (Hrsg.), Zagreb, 2006, S. 100-101.

[268] Paić, Hrvoje: Kroatien - Das Bollwerk Europas?, in: Balkan diskurs #3, 2005, S. 96.

Ausgehend von einem relativ hohen Wert - etwa 79 Prozent – ist die Zustimmung im Frühjahr 2005 auf knapp über 40 Prozent abgerutscht, unmittelbar nach der Verschiebung der Aufnahme von EU-Beitrittverhandlungen von Seiten der EU, um im Herbst des gleichen Jahres wieder auf 63 Prozent zu steigen. Inzwischen hat sich die Zustimmung zur EU-Integration auf einen Wert zwischen 50 und 55 Prozent eingependelt, also eine insgesamt dünne Mehrheit der EU-Befürworter.

Als problematisch kann sich diese leichte Mehrheit bei stark schwankender Zustimmung dann erweisen, wenn vor dem Beitritt zur EU auf kroatischer Seite möglicherweise ein Referendum ausgeschrieben werden muss. In der kroatischen Verfassung ist nach wie vor ein Passus erhalten, der vor jeglicher Integration in staatsähnliche Gebilde bzw. Föderationen zwingend ein Referendum vorschreibt und bislang ist unter den Verfassungsrechtlern noch strittig, inwieweit dieser auch für eine mögliche Integration in die Europäische Union Anwendung findet.[269] Es wird abzuwarten sein, ob die politische Elite darauf vertrauen wird, dass bis Ende des Jahrzehnts die Zustimmung zur EU deutlich angestiegen sein wird oder aber ob sie sicherheitshalber den Gang der Verfassungsänderung wählt.

Was erwartet die EU von Kroatien?

Berücksichtigt man die bisher angeführten Argumente, so wird schnell klar, dass die Aussicht auf EU-Mitgliedschaft für den bisherigen Aufholprozess nicht unterschätzt werden darf und der Beitritt zur EU insgesamt für Kroatien von enormer Bedeutung ist. Gilt das aber auch umgekehrt? Welchen Vorteil hat die EU von einer künftigen Mitgliedschaft Kroatiens und was sind die Erwartungen, die an das südosteuropäische Land gestellt werden? Zunächst einmal erwartet Brüssel von Zagreb konstruktive Zusammenarbeit, ein größeres Engagement und eine aktivere Rolle bei dem gemeinsamen Versuch, die Kluft zwischen den EU-Mitgliedstaaten und den Ländern des Westbalkans zu reduzieren. Es erwartet von Kroatien auch Unterstützung, wenn es gilt, die Entstehung von „schwarzen Löchern" in Südosteuropa zu verhindern, d.h. eine politisch wie wirtschaftlich instabile Region mit schwachen Regierungen, die für Korruption sowie Drogen-, Waffen- und Menschenschmuggel anfällig sind. Kroatien als Beitrittskandidat mit guten Aussichten, noch in diesem Jahrzehnt der EU beizutreten, kann in diesem Sinne eine Brückenfunktion zwischen der Europäischen Union und denjenigen Nachbarn einnehmen, die zwar

---

269 Rodin, Siniša und Capeta, Tamara: (Ne)Ratifikacija Ustavnog ugovora – utjecaj na Hrvatsku, in: u kakvu europsku uniju želimo? Fondacija Heinrich Böll (Hrsg.) , Zagreb 2006.

eine langfristige aber keine unmittelbare Aussicht auf EU-Mitgliedschaft haben. Dazu muss sich Kroatien als verlässlicher Partner der Europäischen Union erweisen, der die Rolle eines stabilisierenden Faktors einnimmt und gleichzeitig als Vorzeigemodell für die gesamte Region Westbalkan fungiert. Zusätzlich erwächst Kroatien im Rahmen des Energie-Abkommens als künftiges Transitland auch strategische Bedeutung für die EU.

Kroatiens Rolle in der Region

Der Zerfall Jugoslawiens hat nicht nur unabhängige Staaten hervorgebracht, sondern zugleich ein Herausdrängen aus dem Raum. Neben Slowenien, das sich inzwischen eindeutig als Alpenvorland versteht, drängt auch Kroatien aufgrund des eigenen Verständnisses - als mitteleuropäisch geprägtes Land - auf Anschluss nach West- und Mitteleuropa. Gleichzeitig verbleibt Kroatien geographisch ein Teil Südosteuropas, einer Region, die sich bis in die jüngste Zeit als außerordentlich instabil zeigte, mit entsprechender Verpflichtung gegenüber seinen Nachbarn. Dies wird nach den Erfahrungen der 1990er Jahre nicht nur von Seiten der Europäischen Union so gesehen und im Rahmen der Heranführungsstrategie immer wieder eingefordert, sondern wurde auch von den letzten beiden Regierungschefs Kroatiens unterstrichen. So hatte beispielsweise Sanader bereits 2003 in seiner Regierungserklärung hervorgehoben, dass sich Kroatien auf seinem Weg in die EU nicht „aus der Region herausstehlen", sondern vielmehr gegenüber seinen Nachbarn im Südosten eine Brückenfunktion einnehmen wolle.[270] Das mäßigende Einwirken auf regionale Konfliktparteien ist nicht zuletzt auch Ausdruck dieses Bekenntnisses.[271]

In den letzten Jahren gelang es Kroatien bereits, sich als Stabilitätsanker in einer Region zu erweisen, deren Probleme bei weitem noch nicht gelöst sind. Nach der überwiegend friedfertigen Trennung von Serbien und der staatlichen Unabhängigkeit des direkten Nachbarn Montenegro ist der endgültige Status des Kosovo nach wie vor offen. Mit den entgegen gesetzten Forderungen nach Unabhängigkeit und Autonomie scheinen die Standpunkte der Serben und der Kosovaren zu weit entfernt zu sein und es bliebt daher abzuwarten, inwiefern sich EU-Unterhändler Arthisaari mit seinem Vorschlag auf internationaler Ebene durchzusetzen vermag. Die derzeitigen Stimmen aus Russland lassen

---

[270] Kapetanović, Sanja: Hrvatska je susjedu putokaz, in: Vjesnik, 29. April 2004.

[271] Kroatiens Ministerpräsident zeigte in der Vergangenheit ebenso Verständnis für die montenegrinischen Unabhängigkeitsbestrebungen gegenüber Serbien wie er auch davor warnte, dass eine de jure Abspaltung des Kosovo von Belgrad die gemäßigten Kräfte in Serbien destabilisieren könnte.

vermuten, dass eine einfache Lösung nicht in Sicht ist.[272] Zusätzliches Konfliktpotenzial birgt weiterhin auch Bosnien und Herzegowina, wobei die bosnischen Kroaten zunehmend lauter eine dritte Entität einfordern. Die bosnischen Serben wiederum schauen gespannt auf den Ausgang der Kosovo-Krise und widersetzen sich gleichzeitig der amerikanischen Forderung nach Umbenennung ihrer „Republika Srpska". Eine künftige Unabhängigkeit des Kosovo könnte darüber hinaus Auswirkungen auch auf die südlichen Nachbarrepubliken wie Makedonien oder Albanien haben, so dass insgesamt die Region weit davon entfernt ist, als stabil eingestuft werden zu können. Zu vielen dieser Probleme hat Kroatien einen authentischeren Zugang als das ferne Brüssel; es kann daher weiterhin mit behutsamer Politik zwischen den Konfliktparteien vermitteln und somit stabilisierend einwirken, so dass die Rolle des Landes für die Befriedung der gesamten Region für die Europäische Union nicht unterschätzt werden sollte.

Umso mehr als die verantwortlichen Akteure in Kroatien inzwischen an politischer und diplomatischer Reife gewonnen haben, wie der Ausgang der Debatte um eine neue Freihandelszone beweist. Die Art und Weise wie es dem kroatischen Ministerpräsidenten gelungen ist, alle Beteiligten von der Vorteilhaftigkeit einer Erweiterung der CEFTA zu überzeugen, verdeutlicht den Verantwortlichen in Brüssel, dass Kroatien durchaus bereit ist mit einer konstruktiven Politik zur Stabilisierung beizutragen und die zugedachte Rolle in der Region einzunehmen.[273] Denn entgegen der Praxis früherer Jahre auf sämtliche Vorschläge mit Argwohn zu reagieren, wenn neue Arrangements mit den Ländern der Region in der Luft hängen, unterbreitete Ivo Sanader den EU-Diplomaten einen Vorschlag, der im Wesentlichen auf folgender Überlegung beruhte: da sich die alte CEFTA zur Vorbereitung der MOEL auf die spätere EU-Mitgliedschaft bestens bewährt hat, sei es naheliegend, diese auch für die Länder des westlichen Balkans zu öffnen bzw. um diese zu erweitern, statt eine

[272] Am Kosovo begann die Jugoslawien-Krise in den 80er Jahren, sie konnte trotz massiver Bemühungen der internationalen Gemeinschaft bis heuten nicht gelöst werden. so dass für Serbien eine EU-Perspektive möglicherweise noch auf Jahre hin unrealistische bleibt. Damit hätten sich die Stimmen vor der Unabhängigkeit Montenegros bestätigt, dass man gemeinsam mit Serbien keine Perspektive hat. Eine Meinung übrigens, die Anfang der 90er Jahre auch die Kroatien dazu bewogen hatte, konsequent an der Loslösung vom ehemaligen Jugoslawien hinzuarbeiten.

[273] Im Dezember 2006 unterzeichneten die Premierminister der südosteuropäischen Länder das neue mitteleuropäische Freihandelsabkommen (Central European Free Trade Agreement - CEFTA). Dies markiert den Abschluss ehrgeiziger Verhandlungen, die am 6. April 2006 aufgenommen wurden. „EU begrüßt Unterzeichnung eines neuen mitteleuropäischen Freihandelsabkommens" http://europa.eu/rapid/pressReleasesAction.do?reference=IP/06/1837&format=HTML&aged=1&language=DE&guiLanguage=de

neue Freihandelszone mit dem Namen „Westbalkan" zu gründen.[274] Der Clou an Sanaders Vorschlag war die Einbeziehung der Ukraine in eine erweiterte CEFTA, die den Fleckenteppich aus einzelnen kleinen Märkten im Südosten Europas mit einer Vielzahl an bilateralen Handelsverträgen in eine ansehnliche gemeinsame Freihandelszone verwandeln und gleichzeitig die Ukraine näher an Europa rücken ließe, wenn man ihr - wie es heute scheint - keine konkrete Beitrittsperspektiven anbieten kann.[275]

Zusätzliche strategische Bedeutung für die Europäische Union erwächst Kroatien im Rahmen des unterzeichneten Energieabkommens und der Tatsache, dass eine „sichere Zukunft nur mit einer gesicherten Energieversorgung" gewährleistet werden kann.[276] Eine Diversifizierung der Lieferanten und der Lieferwege ist - nicht allein aufgrund der immer problematischeren Beziehungen zum wichtigen Energielieferanten Russland - erklärtes Ziel der europäischen Energiepolitik, so dass bereits mit dem Vertrag vom Oktober 2005 zur Gründung der Energiegemeinschaft zwischen der EU und neun südosteuropäischen Staaten, darunter Kroatien, ein Rechtsrahmen für einen integrierten Energiemarkt in Südosteuropa geschaffen wurde. Inhaltlich konzentriert sich der Vertrag auf Erdgas und Elektrizität. Durch neue Erdgasleitungen und die Harmonisierung mit EU-Regelungen und technischen Standards soll Südosteuropa zur wichtigen Erdgas-Transitregion zwischen Zentralasien, der Kaspischen See, der Schwarzmeerregion, dem Nahen Osten und der EU ausgebaut werden.[277]

Neben der Eingliederung in den europäischen Energieverbund gewinnt Kroatien an strategischer Bedeutung zusätzlich im Rahmen der geplanten neuen Ölpipeline, die vom rumänischen Schwarzmeerhafen Constanţa über Serbien nach Triest zu einem großen Teil über kroatisches Territorium verlaufen soll. Die Deklaration dazu wurde im Rahmen des Forums zur Sicherheit der Energieversorgung im April 2007 während des kroatischen Vorsitzes des SEECP (South-East European Cooperation Process) in Zagreb unterzeichnet.[278] Aus (energie-)strategischer Sicht ist Kroatien gewissermaßen bereits heute Teil der Europäischen Staatengemeinschaft und die strategische Bedeutung des Landes

---

[274] Ivo Sanader hätte anderenfalls so manche Mühe gehabt, seinen Wählern die Mitgliedschaft in einer Freihandelszone mit der Bezeichnung „Westbalkan" schmackhaft zu machen. Ein Großteil der Kroaten sieht in solchen Arrangements nach wie vor die Gefahr ein neues Jugoslawien am Horizont heraufziehen und ist dementsprechend negativ eingestellt.

[275] Kušić, Siniša: Može i drukčije - Debata o proširenoj CEFTA-i, in: Vjesnik, 17. März 2006.

[276] Aus einer Rede von Außenminister Steinmeier vor der SPD-Bundestagsfraktion im September 2006.

[277] Altmann, F.-L.: Südosteuropa und die Sicherung der Energieversorgung der EU, SWP - Studie, Januar 2007.

[278] „Deklaracija o Paneuropskom naftovodu", Večernji list, 04. April 2007.

für die internationale Staatengemeinschaft wird nach erfolgter Aufnahme in die NATO weiter zunehmen. Denn nachdem sich die USA für eine baldige Aufnahme Kroatiens ausgesprochen haben, gilt es als nahezu sicher, dass man bereits im Frühjahr 2008 bei der nächsten NATO-Konferenz in Rumänien die Einladung für die Mitgliedschaft erhält. Eine Aufnahme Kroatiens in die NATO Ende 2008 oder Anfang 2009 läge dann im Bereich des Möglichen[279]

Perspektiven als EU-Mitglied

„Die EU-Integration ist ein langer Prozess, der mit Euphorie beginnt und mit Pessimismus endet". Damit sich das Wort des bulgarischen Journalisten Vasilev[280] nicht im Zuge des kroatischen Beitrittsprozesses bewahrheitet, muss sich das Land bereits heute für die Zeit nach dem EU-Beitritt gut vorbereiten. Denn obwohl aufgrund der „ergebnisoffenen" Verhandlungen zwischen Kroatien und der EU nichts in trockenen Tüchern ist und daher alles möglich ist, scheinen die Signale inzwischen doch auf grün gestellt worden zu sein, so dass der Zagreber „Integrationsexpress" letztlich im Brüsseler Bahnhof ankommen wird und Kroatien den 28. Platz innerhalb der Europäischen Staatenfamilie fest anvisieren kann. Möglicherweise auch ohne einen neu ausgehandelten Verfassungsvertrag für Europa. Grund für die positive Einschätzung ist die Verlautbarung des Europäischen Parlaments vom April 2007, in der erstmals in einer offiziellen Stellungnahme das Jahr 2009 als mögliches Beitrittsdatum genannt wird und gleichzeitig eine Aufnahme Kroatiens auch mit dem bisherigen institutionellen Rahmen der EU im Bereich des möglichen angesehen wird.[281]

Für Kroatien bedeutet dies, ab sofort nicht mehr auf jeden noch so kleinen Wink und jede Meldung aus Brüssel über mögliche Beitrittstermine schielen zu müssen, sondern ab sofort den Blick über den Tellerrand des Beitrittsprozesses zu werfen. So wichtig die Angleichung an den Besitzstand der Europäischen Union für die weitere Entwicklung des Landes auch ist, die Erfüllung der EU-Beitrittskriterien auf politischer, wirtschaftlicher und institutioneller Ebene sowie ein erfolgreicher Abschluss der Beitrittsverhandlungen alleine wird das Land nicht in die Lage versetzen, den verschärften Wettbewerbsbedingungen innerhalb der EU standhalten zu können, wie oben bereits gezeigt

---

[279] „Hrvatskoj pozivnica za NATO u proljeće iduće godine", in: Večernji list, 25. 03. 2007. Ähnlich optimistisch äußerte sich auch der amerikanische Botschafter in Kroatien R. A. Bradtke in dem Beitrag „Hrvatska zauzima svoje povijesno mjesto u srcu Europe" in: Vjesnik, 31. März 2007.

[280] Südosteuropa Mitteilungen, Nr. 5, 2004.

[281] „Prva službena najava ulaska Hrvatske u EU 2009", in: Vjesnik, 25. April 2007. Dazu auch in: „Hrvatska u EU 2009. kao iznimka" in: Večernji list, 25. 04. 2007.

wurde. Dies aber wird notwendig sein, um die hohen Erwartungen der Kroaten nicht zu enttäuschen, die sie mit dem Eintritt in die EU verbinden, schließlich will man ja in *EU*ropa nicht die Rolle des armen Mannes spielen, oder wie in einer kroatischen Zeitschrift zu lesen war „keine Kellner innerhalb der EU sein".[282] Es gilt daher bereits jetzt die nächsten Herausforderungen in den Blick zu nehmen und mit kluger und weitsichtiger Politik die Rahmenbedingungen dafür zu setzten.

Plädoyer für eine langfristige Entwicklungsstrategie

Was aber sind die strategischen Ziele, was die Wettbewerbsvorteile des Landes? Kurioserweise existiert in Kroatien bis heute, also nach über fünfzehn Jahren seit Erlangung der staatlichen Unabhängigkeit, kein gesamtgesellschaftlicher Konsens über die langfristige Entwicklung des Landes. Es existiert keine in sich geschlossene Entwicklungsstrategie für die nächsten 15 bis 20 Jahre, so ist beispielsweise nach wie vor offen, ob man den Weg der Re-Industrialisierung wählen, oder die begonnene Entwicklung hin zur Dienstleistungsgesellschaft weiter fördern soll. Welche Rolle soll der Tourismus weiterhin spielen und welches wirtschaftspolitische Gewicht soll etwa die stark subventionierte Werftindustrie künftig einnehmen, bedenkt man dass die EU energisch auf die Reduzierung der staatlichen Hilfen drängt. Mit welchen Branchen will man in den Ring eines gemeinsamen Binnenmarktes eintreten, wo sind die eigenen Potenziale? Wie steht es um den Aspekt der Nachhaltigkeit? Wenn wir mit Kroatien ein Land haben, in dem der Tourismus eine wesentliche ökonomische Rolle spielt, dann muss eine künftige Entwicklungsstrategie diesem Aspekt entsprechend berücksichtigen, um den schonenden Umgang mit der Natur auf sämtlichen Ebenen auch zu verinnerlichen, auch dann wenn das schnelle Geld lockt. Dies gilt für Umweltschutz bei bestehenden Unternehmen ebenso wie für Genehmigungen von Neuansiedlung und Auflagen für Industrieunternehmen, gilt sowohl bei der Frage der Energiegewinnung als auch bei der Steuerung des Energieverbrauchs. Zum anderen gilt es jene traditionell starken Industriebereiche zu stärken, die durch gezielte Restrukturierung, Modernisierung und Verlagerung auf Nischenproduktion an Wettbewerbsfähigkeit gewinnen können – insbesondere indem sie flexibler auf eine rasch ändernde Marktnachfrage reagieren - und so gesamtwirtschaftlich zu einer höheren Wertschöpfung beitragen. Wichtig ist zudem, die Finanzierung innovativer und dynamischer Unternehmen zu sichern, damit aus neuen Ideen auch neue Produkte werden, ohne das seitens der Banken ausschließlich auf bestehende

[282] „Ne želimo biti konobari u EU" in: Večernji list, 07.05.2006.

Sicherheiten abgestellt wird. Die Einbettung der genannten Teilbereiche in ein Gesamtkonzept kann für Kroatien zum entscheidenden Faktor werden, wenn es darum geht, mit heimischen Produkten innerhalb des gemeinsamen Binnenmarktes zu bestehen, die große Lücke zum EU-Durchschnitt (BIP) zu schließen und insbesondere den jüngeren unter den Kroaten eine Perspektive in ihrer Heimat zu eröffnen. Die Alternative dazu wäre - spätestens nach erfolgter EU-Integration - ein Auszug der „Köpfe" Richtung Westen mit verheerenden Folgen für die weitere Entwicklung des Landes.[283]

In der kroatischen Medienlandschaft wird häufig und gerne Irland als erstrebenswertes Beispiel für einen bemerkenswerten Aufholprozess angeführt, der im Zusammenhang mit einem umfassenden Strukturwandel steht. Dabei wird jedoch vergessen, dass diese Entwicklung keineswegs zufällig und überraschend kam, sondern das Ergebnis einer langfristig angelegten Entwicklungsstrategie, deren Anfänge in die späten 70 bzw. frühen 80er Jahre zurückreichen. Will Kroatien eine ähnliche Entwicklung nehmen - was zu wünschen wäre - dann muss zunächst mit breiten gesellschaftlichen Konsens definiert werden, welchen Weg das Land an der Adria künftig nehmen soll, und zwar unabhängig davon, welche Regierungsmannschaft am Ruder ist. Mit anderen Worten: Um den Grundstein für langfristiges und nachhaltiges Wachstum zu legen, gilt es strategische Wirtschaftssektoren zu definieren, um daraufhin die entsprechenden – langfristigen - wirtschaftspolitischen Maßnahmen einleiten zu können.

Branchen mit Potenzial

Bei der oben aufgeworfenen Frage nach den Perspektiven des Landes kommt man an einigen Branchen nicht vorbei, wobei insbesondere der kroatische Tourismus erhebliches Potenzial aufweist. Seit den turbulenten und dramatischen 1990er Jahren hat sich Kroatien in einem beeindruckenden Prozess zu einem international gefragten touristischen Brand entwickelt. Das alte und neue Reiseland hat es inzwischen wieder in die Riege der Top-Reiseziele im Mittelmeerraum geschafft, wie die Wahl Kroatiens zur Topdestination 2006 durch den *National Geographic Adventure* eindrucksvoll belegt.[284] Inzwischen

---

[283] Bereits heute stellt der Auszug der „Köpfe" ein ernstes Problem für die kroatische Wirtschaft dar. Zahlreiche Headhunter sind seit einigen Jahren relativ „erfolgreich" bei der Abwerbung der besten Absolventen und hoch qualifizierter Kroaten für ihre international agierenden Auftraggeber. Siehe dazu „Lov na hrvatske talente", in: Vjesnik, 28. Mai 2007.

[284] Auch 2007 wurde Kroatien von diversen Reisemagazinen wiederholt zur Top Destination gewählt. „SAD magazin 'Travel Girl' preporučuje Hrvatsku kao top destinaciju" in: Večernji list, 21. Januar 2007.

sind es über 10 Millionen Touristen, die das Land jährlich besuchen und damit helfen, die negativen Ergebnisse der Handelsbilanz zumindest abzufedern.

Als Wettbewerbsvorteile des kroatischen Tourismus werden die Unberührtheit der Natur und kulturelle Highlights genannt, aber auch die Tatsache, dass man die Bausünden anderer touristischer Destinationen wie etwa die Spaniens der 70er Jahre und 80er Jahre aufgrund des Kapitalmangels nicht oder zumindest nicht in solchem Umfang begangen hat. Dies erweist sich heute als entscheidender Vorteil, da man inzwischen dazu übergegangen ist, das vorhandene Hotelangebot durch kleinere, exklusive Anlagen zu ergänzen, die sich in die natürliche Umgebung einfügen. Damit ist man gleichzeitig im Trend der touristischen Nachfrage, wie die Buchungszahlen auch für das Jahr 2008 belegen. Kroatiens Vorteile liegen in einem breitgefächerten Angebot in einer teils unberührten Landschaft. In erster Linie sind es die Küstenabschnitte der östlichen Adria mit den zahlreichen vorgelagerten Inseln, gesäumt von bis zu 1700 Meter hohen Gebirgszügen und die geschichtsträchtigen Hafenstädte wie Pula, Rijeka, Trogir, Split oder Dubrovnik, die den Reisenden anziehen. Aber auch die Hauptstadt Zagreb hat sich inzwischen zu einer sehenswerten Kultur- und Wirtschaftsmetropole mit prachtvoll restaurierter Innenstadt entwickelt.[285]

Obwohl die bisherigen Zuwachsraten enorm waren und der Tourismus schon heute direkt oder indirekt etwa 22 Prozent zum kroatischen BIP beiträgt, bietet der kroatische Tourismus auch weiterhin ausreichend Entwicklungspotenzial. Inwieweit dieses genutzt werden kann, hängt unter anderem davon ab, wie schnell die Verantwortlichen realisieren, dass künftig das Angebot von Sonne und Meer alleine nicht ausreichen wird, um sich dauerhaft gegen die Konkurrenz behaupten zu können. Von etwa 600 kroatischen Hotels entsprechen bislang nur etwa 60 der gehobenen Kategorie und lediglich 13 der obersten Kategorie mit 5 Sternen. Es wird künftig notwendig sein, sich der veränderten Nachfragesituation auf dem Markt (Aktiv-, Exklusiv-, Robinson-, New age- und Nautik-Tourismus) anzupassen, und im Zuge der Privatisierungsstrategie durch gezielte Attrahierung von Auslandskapital die Mittel und das Know how dafür bereitzustellen.[286] Eine der Herausforderungen wird zusätzlich sein, die

---

[285] Zagreb stand mehrere Jahrzehnte im Schatten von Belgrad, der Hauptstadt des ehemaligen Jugoslawiens, und wurde finanziell und städteplanerisch größtenteils vernachlässigt. In den 70er und 80er Jahren noch überwiegend grau und farblos, hat sich Zagreb seit der staatlichen Unabhängigkeit Kroatiens allmählich in eine bunte und freundliche Stadt verwandelt, zumindest was die Kernbezirke und die Altstadt betrifft. Hier sind vielerorts noch Einflüsse der K.u.K. Zeit zu spüren, zahlreiche Bauten wurden in den letzten Jahren liebevoll und aufwendig restauriert. In den Außenbezirken hingegen leidet Zagreb nach wie vor – ebenso wie viele andere ost- und südosteuropäischen Metropolen auch - unter den Bausünden der sozialistischen Ära.

[286] Kušić, S. und Markotić, L.: Perspektiven des kroatischen Tourismus und die Rolle ausländischer Direktinvestitionen, in: Südosteuropa Mitteilungen, 1/2005, S. 56-65.

Saison über die wenigen Sommermonate hinweg auszudehnen und zusammen mit den Hotelanlagen und den einzelnen Gemeinden vor Ort ein Ganzjahresangebot für die Touristen zu kreieren.

Neben den traditionell starken Zweigen wie Elektroindustrie, Telekommunikation und Pharma bieten sich Kroatien günstige Entwicklungsmöglichkeiten auch im Bereich der Lebensmittelindustrie sowie beim biologischen Anbau. Im Vergleich zu einigen anderen MOEL wurde Kroatien zu sozialistischen Zeiten in punkto forcierte Industrialisierung nur verhältnismäßig wenig in Mitleidenschaft gezogen und gilt in ökologischer Hinsicht als eines der am wenigsten belasteten Gebiete Europas. Die Industrie konzentriert sich auch heute auf einige wenige Zentren des Landes, beispielsweise im so genannten Speckgürtel um die Hauptstadt Zagreb. Große Teile des Landes dagegen sind landwirtschaftlich geprägt, so etwa Slawonien, die Kornkammer des Landes. Der schmale Küstenstreifen mit den zahlreichen Inseln wiederum ist überwiegend touristisch ausgerichtet mit entsprechend geringer Industrieansiedlung. Dies alles sind gute Voraussetzungen für die Verknüpfung von hochwertiger landwirtschaftlicher Produktion und der heimischen Lebensmittelindustrie, die sich einem wachsenden Bedarf insbesondere von Seiten der Tourismusbranche gegenüber sieht. Zurzeit übersteigen die Lebensmitteleinfuhren allerdings noch die kroatischen Ausfuhren, alleine aus Deutschland werden Lebensmittel im Wert von etwa 120 Millionen Euro importiert. Einer der Gründe liegt in den vielfach veralteten Produktionsanlagen und den zum Teil fehlenden Kühlmöglichkeiten.[287] Zum anderen existieren Defizite im Vertrieb und in der Herstellung der - für westeuropäische Märkte – erforderlichen Mengen. Das Potenzial im Bereich der Nahrungsmittelindustrie ist aber zweifellos vorhanden und langfristig ist davon auszugehen, dass das Land in der Lage sein wird, den Bedarf aus eigener Kraft decken zu können. Mit finanzkräftigen Partnern kann Kroatiens Lebensmittelindustrie auch die umliegenden südosteuropäischen Märkte in den Blick nehmen, so dass hier Nachhol- und Wachstumspotenzial besteht.

Wachstumspotenzial besteht ebenfalls im Schiffsbau. Zwar wird die traditionsreiche kroatische Werftindustrie im Zuge der EU-Integration künftig ohne umfangreiche Subventionen auskommen müssen – es ist daher mit Zusammenlegung aber auch Schließung einiger Werften zu rechnen - daraus eröffnen sich allerdings auch Chancen, insbesondere den längst überfälligen Restrukturierungsprozess energischer einzuleiten und eine Umorientierung auf verschiedene zukunftsträchtige Nischenmärkte vorzunehmen. Beispielsweise konnten sich die kroatischen Schiffsbauer von *AD Brodovi* mit der Segelyacht *Salona*

---

[287] Laut Joachim Steinhoff, EU-Berater im kroatischen Landwirtschaftsministerium.

bereits erfolgreich auf dem internationalen Markt platzieren, wie die Verkaufszahlen sowie die ersten Auszeichnungen auf internationalen Messen belegen.[288]

Auf dem Weg zur Wissensgesellschaft?

Trotz des Potenzials einiger Branchen wird es Kroatien ohne einen nennenswerten Schritt in Richtung der so genannten *Wissensgesellschaft* künftig schwer haben, den gehobenen Ansprüchen auf den EU-Binnenmarkt zu entsprechen und den zunehmend schärferen Konkurrenzdruck – resultierend aus der Globalisierung – standhalten und einen Anstieg des Lebensstandards verzeichnen zu können. Insbesondere mit Blick auf den jetzigen Stand der Dinge, d.h. den - gemessen am EU-Durchschnitt - relativ geringen Anteil gut ausgebildeter und hoch qualifizierter Personen an der Gesamtbevölkerung.[289] Nachhaltiges Wachstum kann aber ohne eine gut ausgebildete Arbeitnehmerschaft, einen entsprechenden Anteil an Wissenschaftlern und einer guten und engen Verknüpfung zwischen Wirtschaft und den Forschungseinrichtungen nicht erreicht werden. Die Politik muss daher in diese Richtung agieren, insbesondere wenn es gilt an höherer Wertschöpfung künftiger Wachstumsbranchen teilzuhaben, in einer Zeit, in der Wissen immer mehr die Rolle des Kapitals übernimmt und Innovation zum Motor des Fortschritts und des Wachstums wird.

Wie der kroatische Wissenschaftsminister bei seinen Reden immer wieder unterstreicht, fängt der Weg in die Wissensgesellschaft bereits früh, d.h. auf den unteren Stufen der Bildungsleiter an. Er spricht sich dementsprechend für die Einführung von Ganztagsschulen, Bildungsstandards, zentralen Prüfungen, einer Profiloberstufe, sowie der Einführung von school boards ein. Oberstes Ziel sei es die Zahl derjenigen zu reduzieren, die ohne Schul- oder Berufsausbildung auf den Arbeitsmarkt drängen und dort inzwischen geringe Vermittlungschancen haben. Ein weiterer Schwerpunkt seiner Wissenskampagne ist, eine bessere Versorgung mit Schulen und höheren Bildungseinrichtungen auch außerhalb der großen Zentren zu sichern und so gleichzeitig die notwendige

---

[288] Auf der Düsseldorfer BOOT wurde die Salona 37 im Frühjahr 2007 zur „europäischen Yacht" des Jahres in ihrer Kategorie gewählt und von der amerikanischen Zeitschrift "Sailing World" zur Yacht zur Yacht des Jahres in der Kategorie 10 bis 12 Meter Länge ernannt. Večernji list, 21. Januar 2007.

[289] Interessant ist in diesem Zusammenhang auch die Bereitschaft junger Kroaten, Zeit und Geld in die eigene Ausbildung zu investieren. Laut einer Untersuchung in Kroatien hatten 2006 von 100 Bürgern nur etwa 32 vor, ein Hochschulstudium zu absolvieren. In Skandinavien liegt der vergleichbare Wert bei über 60, in Neuseeland gar über 75 Prozent.

Dezentralisierung des Landes zu unterstützen.[290] Neben der Hauptstadt Zagreb, mit der größten Universität des Landes und zahlreichen Forschungsinstituten, sind inzwischen einige regionale Zentren wie Split, Rijeka, Pula und Osijek mit ihren Universitäten und Fachhochschulen auf dem Weg sich einen Namen zu machen. Die Universität in Zadar folgt seit kurzem ebenfalls diesem Trend. Ein interessantes Projekt ist auch das von verschiedenen kroatischen Unternehmen mitfinanzierte Projekt *Otok znanja* (The Isle of Knowledge), das darauf abzielt auf der Insel Koločep, in unmittelbarer Nähe zu Dubrovnik, Forschungseinrichtungen zu gründen, eine moderne Infrastruktur zu schaffen und mittelfristig ein Zentrum des Wissens zu etablieren.

Wenn es um Standortvorteile und Wettbewerbsfähigkeit eines Landes innerhalb der international organisierten Arbeitsteilung geht, spielt das intellektuelle Kapital bereits heute eine große Rolle und wird künftig zu einem der entscheidenden Faktoren werden.[291] Das von der kroatischen Regierung 2006 vorgestellte Strategiepapier für den Zeitraum 2007-2013 hebt dementsprechend die Bedeutung der Human Ressource für die weitere Entwicklung des Landes heraus, mit dem Ziel den Anteil hoch qualifizierter Arbeitnehmer, Wissenschaftler und Professoren durch höhere Zuweisung aus dem staatlichen Budget zu erhöhen.[292] In diese Richtung zielt aber auch das im April 2006 vorgestellte Strategiepapier (Znanstvena i tehnologijska politika RH 2006.-2010), das von Wissenschaftlern aus Forschung und Industrie konzipiert und von der Regierung angenommen wurde. Das Programm, das mit Mitteln der kroatischen Regierung und der Weltbank finanziert wird, soll die Entwicklung kroatischer Institute und deren Innovationsfähigkeit fördern sowie mit Hilfe der Agentur BICRO und Gründung der Agentur für Innovationen am bekannten Institut „Ruđer Bošković“ insgesamt die technologische Entwicklung in Kroatien beschleunigen.

Back to Croatia - Von Brain drain zu brain gain?

Erfreulicherweise hat die Regierung in Zagreb inzwischen realisiert, dass man mit den etwa 3,5 bis 4 Millionen Auslandskroaten - vornehmlich auf Westeu-

---

[290] Aus einer Rede des Wissenschaftsministers Primorac auf dem zweiten Kongress kroatischer Wissenschafter aus der Heimat und der Diaspora im Split 2007.

[291] Allerdings entwickelt sich die Hochschulbildung immer mehr zur Investition mit Risiko, denn bereits heute kann sich niemand sicher sein, ob das was er einmal gelernt hat, in Zukunft noch gefragt sein wird. Das Humankapital, das eigentlich als sichere Anlage bezeichnet wurde, ist wie jedes andere Kapital auch inzwischen dem Markt ausgeliefert. Kurnitzky, Horst: Die unzivilisierte Zivilisation, Frankfurt 2002.

[292] Dazu mehr unter www.vlada.hr (09.07.2006)

ropa, Amerika und Australien verteilt - eine weitestgehend ungenutzte Ressource mit hohem Potenzial besitzt, die es künftig verstärkt zu nutzen gilt, insbesondere mit Blick auf die bevorstehende euro-atlantische Integration. Verschiedene Maßnahmen und Programme des Ministeriums für Wissenschaft, Ausbildung und Sport (MZOŠ), etwa der kürzlich aufgelegte *Unity Through Knowledge Fund* oder die beiden Kongresse kroatische Wissenschaftler aus der Heimat und der Diaspora 2004 und 2007 sollen helfen, die eigene akademische Diaspora in wissenschaftliche Netzwerke des Landes einzubinden, den negativen Trend des *brain drain* im Lande zu stoppen und die Rückkehr der „Köpfe" nach Kroatien zu unterstützen.[293]

Obwohl von Seiten der Verantwortlichen Akteure - insbesondere auf höchster Ebene - das Potenzial der akademischen Diaspora für die weitere Entwicklung Kroatiens zweifellos erkannt worden ist, bleibt abzuwarten, wie dieses Potenzial auch von der kroatischen Gesellschaft angenommen wird. In diesem Zusammenhang wird es insbesondere darauf ankommen, inwieweit bestehende Barrieren von Seiten der Bürokratie, aber auch der wissenschaftlichen Institutionen, in absehbarer Zeit abgebaut werden können. Denn auch die einheimische wissenschaftliche „Szene" begegnet der akademischen Diaspora gelegentlich mit Zurückhaltung, insbesondere wenn sie in direkte Konkurrenz um Posten und Ansehen tritt.[294] In welchem Ausmaß es tatsächlich zu einer engen Zusammenarbeit und gegenseitigen Befruchtung auf wissenschaftlichem Gebiet kommt, wird also die Zeit zeigen müssen. Das auf Seiten der akademischen Diaspora durchaus Interesse an einer solchen Zusammenarbeit vorhanden ist und Bereitschaft besteht, sich aktiv an der Entwicklung der Landes zu beteiligen, sei es im Rahmen gemeinsamer Projekte, zeitlich befristeter Arbeitsverträge oder gar einer endgültigen Rückkehr in die Heimat, konnte zumindest für die in Deutschland lebenden Auslandskroaten im Rahmen der Studie „Back to Croatia" bestätigt werden.[295]

---

[293] Siehe dazu die website des Ministeriums für Wissenschaft, Ausbildung und Sport unter: http://public.mzos.hr/kongres-znanstvenika

[294] Insbesondere in diesem Bereich gilt es bestimmte *closed shops* zu durchbrechen, damit neue Gesichter frischen Wind in die mitunter verkrusteten Strukturen an verschiedenen Instituten und Universitäten bringen.

[295] Die Feldstudie „Back to Croatia – Zukunft in der Heimat Kroatien?" wurde als gemeinsames Projekt von M. Marić, (Kroatischer Weltkongresses in Deutschland - HSKNj) und S. Kušić (J.W. Goethe-Universität Frankfurt) konzipiert und von Christine Klahr in der zweiten Jahreshälfte 2006 im Rahmen ihrer Diplomarbeit unter hoch qualifizierten in Deutschland lebenden Kroaten durchgeführt. Siehe dazu Koritnik, M.: „Svi bi u Hrvatsku", in: Banka, März 2007, S. 45-46.

Ausblick

Das notwendige Arbeitspensum für die Erfüllung der EU-Beitrittskriterien im Lande ist bekannt und das Ziel der Vollmitgliedschaft in der EU anvisiert. Ende dieses Jahres stehen in Kroatien wieder Parlamentswahlen an, und so wird es interessant sein zu beobachten, wie die Reformbemühungen der nächsten Wochen und Monate voranschreiten. Erfahrungsgemäß nimmt die Reformbereitschaft der Regierungen vor den Wahlen ab, die verantwortlichen Akteure sind in erster Linie mit sich und dem eigenen Wahlprogramm beschäftigt, so dass weniger Raum für schmerzhafte und ungeliebte Einschnitte verbleibt. Will Kroatien tatsächlich bis 2009 oder 2010 fit sein für die EU, wird man sich allerdings keine lange Pause leisten können und die Reformbemühungen daher parallel zum Wahlkampf intensivieren müssen.[296] Der Wahlkampf ist dabei nicht nur eine Periode intensiven politischen Wettbewerbs sondern gleichsam ein dankbares Podium für Parteien an den äußeren Rändern des Parteienspektrums. Wie die Erfahrungen der übrigen MOEL zeigen, konnten diese insbesondere in der Endphase der EU-Beitrittsverhandlungen mit anti-europäischen Parolen auf Wählerfang gehen und waren dabei mitunter recht erfolgreich. In Kroatien besteht zu einer ähnlichen Entwicklung weniger Anlass zur Sorge, und zwar trotz unverkennbar zunehmender Euroskepsis. Im Vorfeld der Wahlen konnte sich bis zum heutigen Zeitpunkt keine Partei formieren, die eine anti-europäische Stimmung verbreitet, bzw. mit einer eindeutigen „Anti-EU" Haltung auf Stimmenfang aus ist. Somit sind die Rahmenbedingungen für die anstehenden Bemühungen in Sachen EU-Integration im Vorfeld der Wahlen so schlecht nicht. Zumal auch unter den größeren im Sabor vertretenen Parteien mit der *Allianz für Europa* ein breiter Konsens über das Ziel einer baldigen Vollmitgliedschaft besteht. Dieser kann helfen, wenn es darum geht, populistische Stimmungsmache und Fragen über die Notwendigkeit schmerzhafter Reformen aus dem Wahlkampf herauszuhalten. Neven Mimica, Vorsitzender des Ausschusses für die europäische Integration und zugleich Abgeordneter im Sabor, beurteilt dementsprechend die bisherige Zusammenarbeit über Parteigrenzen hinweg als überaus konstruktiv und am gemeinsamen Ziel einer starken Verhandlungsposition gegenüber Brüssel ausgerichtet.[297] Es ist davon auszugehen, dass es auch in der Endphase des Wahlkampfs, der voraussichtlich im Herbst in die entscheidende Phase eintreten wird, zu keiner nennenswerten Zuspitzung im Hinblick auf die anstehende EU-Integration kommen wird.

---

[296] Kušić, Siniša: Kroatien, in: Jahrbuch der Europäischen Integration 2007, (Hrsg.) Weidenfeld und Wessels, Baden-Baden (forthcoming).

[297] "Za dvije godine spremni smo za EU" Interview mit Neven Mimica in: Vjesnik, 02.04.2007.

Die Chancen stehen damit außerordentlich gut, dass Kroatien - unabhängig von Ausgang der kommenden Parlamentswahlen - seinen EU-Kurs weiterführen kann; mit der EU-Mitgliedschaft rückt damit auch das zweite große Vorhaben der Kroaten nach der staatlichen Unabhängigkeit in greifbare Nähe. Bei der Verwirklichung dieses Zieles wird es umso wichtiger sein, dass es nach den Wahlen rasch zu Bildung einer handlungsfähigen Regierung kommt, damit man nicht wertvolle Zeit vergeudet. Zudem sollte man in den anstehenden Monaten und Jahren nicht nur auf den schnellen Abschluss von Beitrittsverhandlungen schielen, sondern eher auf schnelle Umsetzung der Reformen. Was künftig zählt ist die Implementierung, nicht allein das Erlassen neuer Gesetze. Dies gilt insbesondere dann, wenn nach der abgeschlossenen Odyssey mit Kurs auf die Europäische Union keine landesweite Ernüchterung eintreten soll. Von Bedeutung sollte daher nicht allein die Frage sein, wann Kroatien in die EU eintreten kann, sondern wie gut das Land für die Mitgliedschaft in der EU vorbereitet sein wird; wirtschaftlich, politisch, institutionell und mental. Wenn es Zagreb bis 2009 gelingt, umso besser, dann nämlich ist die Europäische Union in der Pflicht.

Literatur

ALTMANN, F.-L.: Die Balkanpolitik der EU – Regionalansatz und Prinzip der Konditionalität, in: Südosteuropa, Heft 10/11, 1998.

ALTMANN, F.-L.: EU und Westlicher Balkan. Eine schwierige Verlobung, in: Südosteuropa, Jg. 53, Nr. 2, 2005.

ALTMANN, F.-L.: Südosteuropa und die Sicherung der Energieversorgung der EU, SWP-Studie, Januar 2007.

BALCEROWICZ, L.: Socialism, Capitalism, Transformation, Budapest 1995.

BALETIC, M. (HRSG.): Ljudi iz 1971. Prekinuta Šutnja, Zagreb 1990.

BANAC, I.: The National Question in Yugoslavia, Ithaca, NY 1984.

BETHKE, C. UND SUNDHAUSSEN, H.: Zurück zur „alten Übersichtlichkeit"? Geschichte in den jugoslawischen Nachfolgekriegen 1991-2000, in: GegenErinnerung, Geschichte als politisches Argument, H. Altrichter (Hrsg.), Oldenbourg 2006.

BIĆANIĆ, R.: Ekonomska podloga hrvatskog pitanja. (Hrsg.) Maček, V. Zagreb 1938.

BURIĆ, CH.: Kroatiens Innenpolitik und seine euro-atlantischen Integrationsbestrebungen, in: Südosteuropa, 4-6/2002.

BÜSCHENFELD, H.: Die Nachfolgestaaten Jugoslawiens, Geographische Rundschau, 46. Jg, Heft 3, 1994, S. 148-154.

CAPLAN, R.: Europe and the Recognition of New States in Yugoslavia, Cambridge 2005.

DAHL, R. A.: Vorstufen zur Demokratietheorie, Tübingen 1976.

DIZDAREVIĆ, S.: Die Außenpolitik Kroatiens unter besonderer Berücksichtigung der Beziehungen zu den Nachbarländern, Fachtagung: Kroatien ein Jahr nach dem Umbruch – erste Bilanz, Berlin 2001.

DOBIAS, P.: Das jugoslawische Wirtschaftssystem. Tübingen 1969.

DOBIAS, P. ET AL.: Marktwirtschaftliche Transformation in Kroatien, Berlin 2000.

ĐUKEC, Z., KUŠIĆ, S. UND RADIĆ, D.: Cost-benefit analiza integracije Hrvatske u Europsku uniju, in: Ekonomski pregled, Zagreb, 7-8/2003, S. 651-677.

EGER, TH.: Ökonomische Anreizstrukturen und Wirtschaftskrise in Jugoslawien, in: Südosteuropa, 3/1987.

ESTRIN, S.: Privatisation, Self-management and Social Ownership, in: Communist Economies and Economic Transformation, Vol. 3, No. 3, 1991, S. 355-365.

FONDACIJA HEINRICH BÖLL, (HRSG.), U Kakvu Europsku uniju želimo?, Zagreb, 2006.

GAUCAITE-WITTICH, V.: Some Aspects of Recent Trade Developments in South-East Europe, Discussion paper series No. 7, United Nations Economic Commission for Europe, December 2005.

GOLDSTEIN, I.: Croatia. A History. London 1999.

GOLDSTEIN, S.: Der Zweite Weltkrieg, in: Dunja Melčić (Hrsg.), Der Jugoslawienkrieg. Handbuch zu Vorgeschichte, Verlauf und Konsequenzen, Wiesbaden 1999.

GRANIĆ, M.: Vanski poslovi. Iza kulisa politike, Zagreb 2005.

GRDEŠIĆ, I. ET AL.: Hrvatska u izborima ′90. Zagreb 1991.

GRUPE, C. UND KUŠIĆ, S.: Innovative Entrepreneurship in Croatia. Is There a Market for Venture Capital?, Baden-Baden 2005.

GRUPE, C. UND KUŠIĆ, S.: Intra-regional cooperation in the Western Balkans: Under which conditions does it foster economic progress?, in: LSE - Discussion Paper No. 37 - Centre for the Study of Global Governance, London School of Economics and Political Science, London 2005.

HELMERICH, A.: Kroatien unter Franjo Tuđman, in: Südosteuropa, 53. Jg, Heft 2, 2005.

HOPPE, H.-J.: Kroatien, in: Sicherheits- und Bedrohungsvorstellungen in Südosteuropa, Sonderveröffentlichung des BIOst, 1995.

HÖSCH, E.: Geschichte des Balkans, München 2004.

IVANKOVIĆ, Ž.: Tko smo, kuda idemo, in: Banka, Zagreb, 12/1998, S. 18.

IVELJIĆ, I.: Cum ira et studio, in: GegenErinnerungen. Geschichte als politisches Argument, H. Altrichter (Hrsg.), Oldenbourg 2006.

JANEZ, J.: Die Entstehung des slowenischen Staates 1988-1992. Der Zerfall Jugoslawiens, Klagenfurt 1994.

JELAVICH, CH.: Južnoslavenski nacionalismi, Zagreb 1992.

JUREKOVIĆ, P.: Zur Neuordnung des südslawischen Raumes: Außen- und sicherheitspolitische Bedeutung der politischen Wende in Kroatien, in: Österreichische Militärzeitschrift, 2/2000.

JURČEVIĆ, J.: Die schwarze Liste des Kommunismus in Kroatien, Zagreb 2006.

KAPETANOVIĆ, SANJA: Hrvatska je susjedu putokaz, in: Vjesnik, 29. April 2004.

KASAPOVIĆ, M.: Parlamentary Elections in Croatia, in: Šiber, Ivan (Hg.): The 1990 and 1992/93 Sabor Elections in Croatia. Analyses, Documents and Data. Berlin 1997

KASAPOVIĆ, M.: Ten Years of Democratic Transition in Croatia, in: Transformation Process in the Yugoslav Successor States between Marginalization and European Integration (ed.) Riegler, H., Baden-Baden 2000.

KATIČIĆ, R.: Kultur – Literatur – Sprache: das Kroatische, in: Lauer, Reinhard (Hrsg.), Kroatien, Kultur – Sprache - Literatur, Göttingen 2005.

KIMMINICH, O. UND HOBE, S.: Einführung in das Völkerrecht, Tübingen 2000.

KORCZYNASKI, N. J.: Deutschland und die Auflösung Jugoslawiens, in: Studien zur internationalen Politik, 1/2005.

KORITNIK, M.: „Svi bi u Hrvatsku“ in: Banka, März 2007, S. 45-46.

KÖNIG, M. UND KUŠIĆ, S.: Zemlje istočne europe na putu u Europsku uniju – Od tranzicije do integracije, in: Ekonomski Pregled, Zagreb 1-2/2004, S. 132-156.

KURNITZKY, H.: Die unzivilisierte Zivilisation, Frankfurt 2002.

KUŠIĆ, S. UND CVIJANOVIĆ, V.: The Importance of Foreign Direct Investment for Stimmulating Economic Growth in Croatia, in: Osteuropa-Wirtschaft, 1/2003, S. 64-85.

KUŠIĆ, S. UND GRUPE, C.: Ohrfeige aus Brüssel - Kurzer Schall oder langer Schmerz? Über die Verschiebung der EU-Beitrittsverhandlungen mit Kroatien, in: Südosteuropa - Zeitschrift für Gegenwartsforschung, 53. Jg., 2/2005, S. 227-241.

KUŠIĆ, S. UND GRUPE, C.: Scrutinising EU Policy: Does Intra-Regional Cooperation in the Western Balkans Contribute to Economic Progress?, in: The Western Balkans an their Way to the EU?, (Hrsg.) Kušić/Grupe, Frankfurt 2007, S. 121- 156.

KUŠIĆ, S. UND GRUPE, C.: Zwischen Brüssel und Balkan – Kroatiens Wirtschaft auf dem Weg in die EU, in: Südosteuropäischer Dialog – Balkan Diskurs, Jg. 4, Heft 5, 2005, S. 71-78.

KUŠIĆ, S. UND KÖNIG, M.: Zwei ungleiche Brüder auf dem Weg nach Europa. Die Entwicklung Sloweniens und Kroatiens seit der staatlichen Unabhängigkeit und die Annäherung an die Europäische Union, in: Südosteuropa-Mitteilungen, Jg. 39, Heft 3, 1999.

KUŠIĆ, S. UND KÖNIG, M.: Ausländische Direktinvestitionen in Kroatien – Qualität statt Quantität? in: Südosteuropa, 52, 10-12/2003, S. 583-596.

KUŠIĆ, S. UND MARKOTIĆ, L.: Perspektiven des kroatischen Tourismus und die Rolle ausländischer Direktinvestitionen, in: Südosteuropa Mitteilungen, 1/2005, S. 56-65.

KUŠIĆ, S.: Privatisierung im Transformationsprozess. Das Beispiel der Republik Kroatien, Wiesbaden 2001.

KUŠIĆ, S.: Vor- und Nachteile einer EU-Integration: wirtschaftliche und soziale Folgen des Beitritts am Beispiel Kroatiens, in: EU-Beitritt, Verheißung oder Bedrohung?, in: Jahrbuch für Europa- und Nordamerika-Studien, Göttingen 2002, S. 255-275.

KUŠIĆ, S.: Wie wettbewerbsfähig ist Kroatiens Wirtschaft?, in: Südosteuropa Mitteilungen, Jg. 43, Heft 4-5, 2003, S. 56-69.

KUŠIĆ, S.: Institucionalni i evolucijski aspekti privatizacije u srednjoj i istocnoj europi, in: Ekonomski pregled, Jg. 58, 1-2/2007, S. 91-105.

KUŠIĆ, S.: Kroatien nach dem Regierungswechsel: Weiterhin auf EU-Kurs ?, in: Südosteuropa, Zeitschrift für Gegenwartsforschung, Jg. 52, Nr. 7-9, 2003, S. 381-385.

KUŠIĆ, S.: Croatia: Advancing Political and Economic Transformation, in: Southeast European and Black Sea Studies, Vol. 6, 1/2006, S. 65-81.

KUŠIĆ, S.: Ende der Warteschleife - Kroatien nach Aufnahme der EU-Beitrittsverhandlungen, in: Südosteuropa Mitteilungen, Jahrgang 46, Heft 2, 2006.

KUŠIĆ, S.: Kroatien, in: Jahrbuch der Europäischen Integration 2005, Weidenfeld, W./Wessels, W. (Hrsg.), Institut für Europäische Politik, Baden-Baden 2006, S. 439-440.

KUŠIĆ, S.: Kroatiens Wirtschaft auf dem Weg in die EU, in: Südosteuropa-Zeitschrift für Gegenwartsforschung, 54. Jg., 2/2006, S. 214-234.

KUŠIĆ, S.: Može i drukčije - Debata o proširenoj CEFTA-i, in: Vjesnik, 17. März 2006.

KUŠIĆ, S.: Kroatien, in: Jahrbuch der Europäischen Integration 2006, Weidenfeld, W./Wessels, W. (Hrsg.), Institut für Europäische Politik, Baden-Baden 2007, S. 445-446.

KUŠIĆ, S.: Kroatien, in: Jahrbuch der Europäischen Integration 2007, (Hrsg.) Weidenfeld und Wessels, Baden-Baden (forthcoming).

KREGAR, J.: Der Kampf gegen die Korruption: Haben wir es nicht geschafft? in: Balkan Diskurs, Kroatien und die EU: Fakten und Analysen, 2005.

KRIŽAN, M.: Postkommunistische Wiedergeburt ethnischer Nationalismen und der Dritte Balkankrieg, in: Osteuropa, 1995.

LAMPE, J. R.: Yugoslavia as history: twice there was a country, Cambridge u. a. 2000.

MACAN, T.: Povijest Hrvatskog Naroda, Zagreb 1992.

MAPPES-NIEDIEK, N.: Die Ethno-Falle, Berlin 2005.

MARCH, J. AND OLSEN, J.: The New Institutionalism: Organizational Factors in Political Life, in: American Political Science Review, 78/1984.

MARKO, J.: Die neuen Verfassungen: Slowenien - Kroatien - Serbien. Ein Vergleich, in: Marko/Barić (Hrsg.), Slowenien, Kroatien, Serbien, Die neuen Verfassungen, Wien 1991.

MELČIĆ, D.: Kroatien auf dem Weg nach Europa, in: Ost-West – Europäische Perspektiven, 2001.

MEIER, M.: Das Engagement der Schweiz in den Konflikten im ehemaligen Jugoslawien, Bern 2006.

MEIER, V.: Wie Jugoslawien verspielt wurde, München 1999.

MEIER, V.: Jugoslawiens Erben. Die neuen Staaten und die Politik des Westens, München 2001.

MESIĆ, S.: Kako smo srušili Jugoslaviju – politički memoari. Zagreb 1992.

MIEDLIG, H.-M., Gründe und Hintergründe der aktuellen Nationalitätenkonflikte, S. 119-120.

MUMMERT, U.: Informelle Institutionen in ökonomischen Transformationsprozesses, Baden-Baden 1995.

NEU, A.: Die Zukunft des Kosovo, in: Osteuropa, 2005.

NORTH, D. C.: Theorie des institutionellen Wandels, Tübingen 1988.

PAECH, N. UND STUBY, G.: Völkerrecht und Machtpolitik in den internationalen Beziehungen, Hamburg 2001.

PAIĆ, H.: Kroatien – das Bollwerk Europas?, in: Südosteuropäischer Dialog: Balkan diskurs #3 – Kroatien und die EU, Jg. 4, Heft 5, 2005.

PODGORNIK, B.: Predsjednik Tuđman u Zagrebu: Ne moramo brinuti za budučnost Hrvatske, in: Vjesnik, 24.11.1996.

PRADETTO, A. UND WECKMÜLLER, C.: Eliten in postkommunistischen Ländern, in: Studien zur internationalen Politik, Heft 2, Hamburg 2000.

PUHLE, H.-J.: Politische Parteien und demokratische Konsolidierung in Südosteuropa, in: Merkel, W. / Sandschneider, E. (Hrsg.), Systemwechsel 3, Parteien im Transformationsprozess, Opladen, 1997.

RAZUMOVSKI, D.: Titos Erben, Würzburg 1978.

REHN, O.: Europe's Next Frontiers, Münchener Beiträge zur europäischen Einigung, Bd. 14, (hrsg.) Weidenfeld, W., Baden-Baden 2006.

REUTER, J.: Jugoslawiens Stellung in Europa, in: Südosteuropa, 6/1990, S. 350-367

REUTER, J.: Jugoslawien vor dem Zerfall, in: Aus Politik und Zeitgeschichte, 42(14), 1992.

REUTER, J.: Wirtschaftliche und soziale Probleme Kroatiens, in: Südosteuropa, Jg. 42, Heft 9, 1993, S. 475-490.

REUTER, J.: Die wirtschaftliche Lage in Slowenien und Kroatien, in: Südosteuropa, Jg. 44, 8/1995.

RICHTER, S.: Kroatien: Zitterpartie nach Europa, in: Südosteuropa Mitteilungen, 6/2005, S. 6-15.

RIEMECK, R.: Mitteleuropa – Bilanz eines Jahrhunderts, Frankfurt 1983.

RODIN, S. UND ĆAPETA, T.: (Ne)Ratifikacija Ustavnog ugovora – utjecaj na Hrvatsku, in: u kakvu europsku uniju želimo? Fondacija Heinrich Böll (Hrsg.) , Zagreb 2006.

RUPNIK, J.: The postcommunist Divide, in: Journal of Democracy, 1/1999.

RÜB, M.: Balkan Transit, Wien, 1998.

SCHMIDT, H.: Die Mächte der Zukunft, München 2006.

SCHÖNFELDER, B.: Croatia between Reform and Post-communist Populism, in: Communist Economies and Economic Transformation, Vol. 5, No. 3, 1993, S. 317-329.

SCHÖNFELDER, B.: The Doubtful Blessing of Capital Imports. Reflections on the Fragility of Croatian Stabilisation, in: Communist Economies and Economic Transformation, Vol. 8, No.1, 1996, S. 67-78.

SEKULIĆ, D. UND ŠPORER, Z.: Vrijednosne orijentacije i povjerenje u institutcije građana Hrvatske, in: u kakvu europsku uniju želimo?, Fondacija Heinrich Böll, (Hrsg.), Zagreb, 2006,

SEUFERT, G.: Türkei, in: Jahrbuch der Europäischen Integration 2006, (Hrsg.) Weidenfeld, Wessels, Baden-Baden 2007, S. 453-458.

SIEBURGER, M.: Verfassungsänderungen zur Wirtschaftsreform: Ein Weg aus der Krise Jugoslawiens ?, in: Südosteuropa, 37. Jg., Heft 11-12, 1988, S. 649-665.

SIRC, LJ.: The Revival of Entreprenuership: Comments on the Draft of the Slovene Act on Privatisation, in: Communist Economies and Economic Transformation, Vol. 3, No. 3, 1991, S. 375-382.

SUNDHAUSEN, H.: Geschichte Jugoslawiens 1918-1980, Stuttgart 1982.

SUNDHAUSSEN, H.: Das „Wiedererwachen der Geschichte“ und die Juden: Antisemitismus im ehem. Jugoslawien, in: Juden und Antisemitismus im östlichen Europa, (Hrsg.) M. Hausleitner und M. Katz, Berlin 1995.

STEINDORFF, L.: Kroatien, Regensburg 2001.

STIGLITZ, J.: Im Schatten der Globalisierung, Berlin 2002.

UVALIĆ, M.: The Desintegration of Yugoslavia, Costs and Benefits, in: Communist Economies and Economic Transformation, Vol. 5, No. 3, 1993.

TODOROVA, M.: Die Erfindung des Balkans, Darmstadt 1999.

TUDJMAN, A.: Moj život sa Francekom, Zagreb 2006.

TUDJMAN, F.: Bespuća povijesne zbiljnosti, Zagreb 1990.

WECKBECKER, A. UND HOFFMEISTER, F.: Die Entwicklung der politischen Parteien im ehemaligen Jugoslawien, München 1997.

WEIDENFELD, W. UND WESSELS, W., (HRSG.): Jahrbuch der Europäischen Integration 2006, Baden-Baden 2007.

WEIDENFELD, W.: Die Bilanz der Europäischen Union 2006, in: Jahrbuch der Europäischen Integration 2006, (Hrsg.) Weidenfeld und Wessels, Baden-Baden 2007

ZAKOŠEK, N.: Kroatien – das Ende der Fassadendemokratie, Friedrich-Ebert-Stiftung, 2000.

ZAKOŠEK, N.: Das politische System Kroatiens, in: Ismayr, W. (Hrsg.) Die politischen Systeme Osteuropas, Opladen 2004.

ZANIĆ, I.: Das politische Imaginarium der kroatischen Nationalgeschichte, in: Melčić, D. (Hrsg.), Der Jugoslawienkrieg. Handbuch zu Vorgeschichte, Verlauf und Konsequenzen, Wiesbaden 1999.

ZIEMER, K.: Ausgangsbedingungen für den politischen und wirtschaftlichen Transformationsprozess in Südost- und Ostmitteleuropa, in: Südosteuropa, Zeitschrift für Gegenwartsforschung, Jg. 45, Nr. 2, 1996.

Weitere Quellen

BERTELSMANN-TRANSFORMATIONS-INDEX (BTI) 2003.

BERTELSMANN-TRANSFORMATIONS-INDEX (BTI) 2006.

COMMISSION OF THE EUROPEAN COMMUNITIES: Report from the Commission. The Stabilization and Association Process for South East Europe. Brussels, 30.03.2004 – COMM /2004.

HRVATSKI TURIZAM U BROJKAMA, Ministarstvo turizma Republike Hrvatske, Zagreb 1995

OECD, World Competitiveness Report 1997.

Opinion on Croatia's Application for Membership of the European Union, Brussels, 20. April, KOM (2004) 257 final.

FORTSCHRITTSBERICHT DER EU-KOMMISSION, 2005 (KOM. 2005 561 endgültig).

http://ue.eu.int/ueDocs/cms_Data/docs/pressData/de/ec/83221.pdf (17.12.2004).

http://www.nato.int/docu/speech/2005/s050301a.htm, RFE/RL,Vol. 9, No. 95, 19.05.2005.

War-Inflicted Demage on Cultural Monuments 1991-1995, Final Report, Republic of Croatia, Ministry of Culture, Agency for the Protection of Cultural Heritage, Zagreb 1999.

Sozio-ökonomische Perspektiven in Südosteuropa
Socio-Economic Perspectives in South-Eastern Europe

Herausgegeben von Siniša Kušić, Slavko Kulić und Vladimir Cvijanović

Band 1 Siniša Kušić: Zwischen Euphorie und Ernüchterung – Kroatien auf dem Weg in die EU. 2007.

www.peterlang.de

FSC
www.fsc.org
MIX
Papier | Fördert
gute Waldnutzung
FSC® C083411

Kolibri 360 GmbH
Ferdinand-Jühlke-Straße 7
99095 Erfurt, Deutschland
produktsicherheit@kolibri360.de

Druck:
CPI Druckdienstleistungen GmbH
im Auftrag der
Kolibri 360 GmbH
Ferdinand-Jühlke-Str. 7
99095 Erfurt